関西学院大学研究叢書　第266編

いじめをめぐる意識と行動

「いじめ集団の四層構造論」の批判的検討

久保田真功
Makoto Kubota

関西学院大学出版会

いじめをめぐる意識と行動

「いじめ集団の四層構造論」の批判的検討

目次

序章　研究の課題と方法 …………………………………………………1

第1節　本研究の目的　1
第2節　文部科学省統計に見るいじめ　4
第3節　いじめ研究の整理検討　15
第4節　本研究の分析課題と構成　37

第1章　学級集団特性といじめ
　　　　　──教師によるいじめ予防策に着目して── …………………47

第1節　問題の設定　47
第2節　方法　50
第3節　結果（学級集団特性といじめ）　52
第4節　まとめと考察　59

第2章　いじめ体験が被害者の心身に及ぼす影響
　　　　　──子どもたちがいじめ被害経験を乗り越えるためには何が必要なのか？── ……………65

第1節　問題の設定　65
第2節　方法　68
第3節　結果（子どもたちがいじめ被害経験を乗り越えるためには何が必要なのか？）　70
第4節　まとめと考察　78

第3章　いじめ被害者による抵抗の試み
　　　　　──いじめへの対処行動の有効性に関する分析── …………87

第1節　問題の設定　87
第2節　方法　93
第3節　結果（被害者のいじめへの対処行動は、いじめの解決において有効なのか？）　95
第4節　まとめと考察　107

第4章 いじめを正当化する子どもたち
　　　　　――いじめ行為の正当化に影響を及ぼす要因の検討―― ……………………117

- 第1節　問題の設定　117
- 第2節　方法　120
- 第3節　結果（加害者によるいじめ行為の正当化に影響を及ぼす要因は何なのか？）　123
- 第4節　まとめと考察　135

第5章 なぜいじめはエスカレートするのか？
　　　　　――いじめ加害者の利益に着目して―― ……………………………………143

- 第1節　問題の設定　143
- 第2節　方法　147
- 第3節　結果（加害者の私的利害は、いじめのエスカレート化にどのような影響を及ぼすのか？）　149
- 第4節　まとめと考察　157

第6章 いじめを傍観する子どもたち
　　　　　――逸脱傾向にある子どもたちはなぜいじめを傍観するのか？―― ………167

- 第1節　問題の設定　167
- 第2節　方法　169
- 第3節　結果（子どもたちはなぜいじめを黙って見ているのか？）　171
- 第4節　まとめと考察　181

第7章 「スクールカースト」はなぜ生じるのか？
　　　　　――男子仲間集団と女子仲間集団の違いに着目して―― …………………191

- 第1節　問題の所在　191
- 第2節　方法　195
- 第3節　結果（「スクールカースト」はなぜ生じるのか？）　198
- 第4節　まとめと考察　214

第8章　部活動におけるいじめはなぜ起きるのか？
　　　── 大学生を対象とした回顧調査をもとに ── ……………………223

第1節　問題の所在　223
第2節　方法　227
第3節　結果（部活動におけるいじめはなぜ起きるのか？）　231
第4節　まとめと考察　248

終章 ──────────────────────────── 255

第1節　結果の要約　255
第2節　「いじめ集団の四層構造論」の限界と今後のいじめ研究の方向性　268
第3節　今後の課題　272

　　引用・主要参考文献　277
　　初出一覧　289
　　あとがき　291

□本文中の図表のうち、出所を記載したもの以外はすべて筆者が作成したものである。

― 序章 ―

研究の課題と方法

第1節　本研究の目的

　本研究の目的は、いじめの渦中にある小中学生および大学生を対象とした質問紙調査をもとに、いじめをめぐる子どもたちの意識と行動について検討することを通じて、「いじめ集団の四層構造論」（森田・清永［1986］1994）を批判的に検討することにある。

　「いじめ集団の四層構造論」とは、いじめを被害者と加害者の二者間の問題として考えるのではなく、「観衆」と「傍観者」とを含めた四層構造でとらえる必要がある、とする考え方のことである。「観衆」とは、「自分で直接手をくだしてはいないが、まわりでおもしろがり、ときにははやしたてることによって、燃え上がるいじめの炎に油を注ぎこむ存在」（森田・清永［1986］1994, 49頁）のことである。彼らはいじめ加害者にとって、いじめを積極的に認めてくれる応援者のような存在であると考えられている。「傍観者」とは、「いじめを見ながらも知らぬふりを装っている子どもたち」（森田・清永［1986］1994, 49頁）のことである。彼らはいじめを黙認していることから、いじめを暗黙的に支持している存在であると考えられている。

　「いじめ集団の四層構造論」は、学問分野の壁を越えて数多くの調査研究の理論的枠組みとして採用されている。ただし、「いじめ集団の四層構造論」が提唱されて以降、早40年近くが経過している。その間、「いじめ集団の四層構造論」の課題が徐々に浮き彫りとなってくるとともに、必ずしも「いじめ集団の四層構造論」の枠組みに収まらない研究（とりわけ理論的研究）も蓄積されてきた。この点に鑑みれば、あらためて「いじめ集団の四層構造論」の課題を整理検討するとともに、「いじめ集団の四層構造論」を理論的枠組

みとして採用しつつも、「いじめ集団の四層構造論」とは異なる形で展開してきた研究の知見も積極的に取り入れた分析を行うことは、今後の日本におけるいじめ研究の発展にとって必要不可欠な作業であると言えるだろう。この作業に取り組むということが、本研究を貫くテーマとなる。

　また、本研究では、逸脱の社会学理論、主にはラベリング理論（Becker, 訳書 1978）の知見も採用する。具体的には、ラベリング理論における逸脱の定義にもとづき、いじめ被害者を集団内規則からの逸脱者とみなすということである。ただし、このことは、いじめの原因を被害者に求めるというわけでは決してない。ラベリング理論では、逸脱を次のように定義している。「社会集団は、これを犯せば逸脱となるような規則をもうけ、それを特定の人々に適用し、彼らにアウトサイダーズのレッテルを貼ることによって逸脱を生み出すのである。この観点からすれば、逸脱とは人間の行為の性質ではなく、むしろ、他者によってこの規則と制裁とが『違反者』に適用された結果なのである」（Becker 訳書 1978, p. 17）。つまり、逸脱とは人間の行為の性質ではなく、ある行為に対する他者の反作用の結果、生み出されるものなのである。したがって、「逸脱者」とされた者を文字通り規則に違反した逸脱者と仮定する必要はない。ある者が実際に規則に違反していなかった場合にも、周囲の反応次第によっては逸脱者と判断されることがあるということである。

　以上を踏まえ、いじめ被害者について考えてみたい。いじめに関する先行研究を見ると、いじめを集団内におけるルールとの関係でとらえている研究は、決して少なくはない（竹川 1993, 赤坂 1995, 村瀬 1996, 森田 2010, 加野 2011 など）。これらの先行研究に鑑みれば、「いじめ被害者にも何らかの非がある」といった、いじめの原因の一端を被害者に帰する考えも、それ相応の妥当性を有しているように思えるかもしれない。

　しかし、ラベリング理論における逸脱の定義を思い起こしてもらいたい。ラベリング理論によれば、逸脱とは人間の行為の性質ではなく、ある行為に対する他者の反作用の結果であった。このことに倣えば、ある子どもが集団内規則からの逸脱者とみなされ、いじめの攻撃対象となったからといって、その子どもが実際に集団内規則から逸脱したと想定する必要はない。この点

について Becker, H. S. は、「セレクティブ・サンクション」という言葉を用いて説明している。「セレクティブ・サンクション」とは、警察官が"誰に対して法を執行するのか"という点において自由裁量の余地があること、すなわち選別的な方法で法を執行している可能性を強調するものである。

また、Becker, H. S.（訳書 1978）は、「法的規則は、当然、精密でしかも多義的でない規則であることが多い。これに対して、インフォーマルで慣習的な規則は、あいまいで多様な解釈のほどこされる余地を大きく残している場合が多い」(p. 195) としている。こうした Becker, H. S. の指摘に鑑みれば、子ども間のインフォーマルな集団内規則の執行は、法的規則以上に選別的になされる可能性が極めて高いと言えるだろう。つまり、いじめ被害者は、いじめ加害者の画策によって意図的に作り出されている可能性が高いということである。

このような考えのもと、本研究では、ラベリング理論の知見にもとづき、いじめ加害者によっていじめ被害者が作り出されるメカニズムについても検討することとする。それにより、「いじめ集団の四層構造論」の理論的枠組みを採用しつつも、「いじめ集団の四層構造論」について批判的に検討することが可能となろう。「いじめ集団の四層構造論」を批判的に検討するということは、「いじめ集団の四層構造論」を完全に否定し、それとはまったく異なる新たな理論的枠組みを提示するということではない。「いじめ集団の四層構造論」の有効性を認めつつも、その課題を整理・検討することを通じて得られた知見をもとに、「いじめ集団の四層構造論」において見逃されていた点を明らかにするとともに、「いじめ集団の四層構造論」の限界を示す、ということである。そのことにより、今後のいじめ研究の方向性を見定めることが可能になると考えられるからである。日本におけるいじめ研究（とりわけ調査研究）は、「いじめ集団の四層構造論」という強固な枠組みに囚われるあまり、自由さを欠き、なかば停滞状態にあると言えるのではないだろうか。本研究は、このような状態に少しでも風穴を開けることを目指している。

なお、調査研究を量的研究と質的研究の2つに分けた場合、本研究は前者の量的研究に位置づけられる。その一方で、ラベリング理論にもとづく研究

の多くは、質的研究に分類される。確かに、量的研究においてラベリング理論の知見を用いることには、自ずと限界がある。量的研究では、人々の相互作用のプロセスを丹念に見ることは極めて困難だからである。ただし、ラベリング理論の知見を仮説に盛り込んだ分析を行ったり、分析結果の解釈や考察に用いたりすることは可能であるとともに、これまでのいじめ研究の枠組みから抜け出し、新たな知見を導き出すためにも必要であると考える。本研究では、これまで個別に行われがちであった量的研究と質的研究との架橋も目指している。

本章の第2節では、文部科学省が毎年実施しているいじめに関する調査結果に着目する。ここでの主たる検討課題は、"文部科学省のいじめ統計は何を物語っているのか"というものである。

第3節では、いじめ研究の整理検討を行う。その際、いじめに関する研究の大半は、社会構築主義的研究と実態主義的研究の2つに大別されることから、それぞれの研究を概観する。

第4節では、多くの実態主義的研究において理論的枠組みとして採用されている「いじめ集団の四層構造論」に着目し、その課題について検討する。その結果を踏まえて、本研究の分析課題を示すとともに、本研究の構成を示すこととしたい。

第2節　文部科学省統計に見るいじめ

文部科学省（旧文部省）は、1985（昭和60）年度から現在にかけて、いじめに関する統計を取り続けている。その結果は、新聞やテレビなどのメディアで報道されるが、いじめ件数が昨年度に比べて増加した場合には、テレビのワイドショーのコメンテーターなどが教師批判や学校批判を声高に行う。このような光景は、もはやおなじみのものとなっている。コメンテーターなどが教師批判や学校批判を行う背景には、文部科学省（以下、文科省）のいじめ統計が子どもたちのいじめの現状を正確にとらえているという前提がある。

図表0-1　いじめ件数の時系列的推移

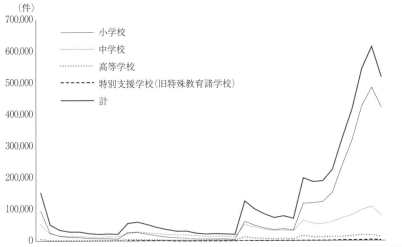

備考：特殊教育諸学校は、2007（平成19）年度から特別支援学校に一本化された。

　しかしはたして、このような前提は正しいと言えるのだろうか。図表0-1は、文科省のいじめ統計を時系列的に示したものである。

　これを見ると、いじめの件数が年度によって大きく変動していることがわかる。ここで素朴な疑問が生じる。その疑問とは、"仮に、文科省が子どもたちのいじめの実態を正確に把握しているとすれば、いじめの件数が調査年度によってこれほど大きく変動するだろうか"というものである。この点に鑑みれば、文科省のいじめ統計は実態以外の要因にも大きく左右されると考えたほうが自然ではないだろうか。実は、このような考えは決して新しいものではない。その事例として、Seidman, D. and Couzens, M. (1974) の研究を紹介してみよう。

　彼らは、犯罪統計が、実際に行われた犯罪数以外の要因にも大きく影響されていることを発見した。その要因とは、コロンビア特別区の警察署長にJ. Wilsonが就任したことによって、「犯罪の格下げ」が急激に増加したことに

ある。例えば、50ドル以上の窃盗罪が、警察官によって50ドル未満の窃盗罪へと格下げされるという事態が頻繁に発生した。というのも、公式の犯罪統計に数えられるのは、50ドル以上の窃盗であって、50ドル未満の窃盗罪は統計的データに数えられないからである。警察署長に就任したWilsonは、コロンビア特別区における犯罪排斥計画の実質的な担い手として、犯罪数が減少したことを周囲に示すために、このような手口を使ったのである。この「犯罪の格下げ」によって、犯罪の状況にはほとんど変化がないにもかかわらず、統計上は「減少」をもたらしたのである。

いじめ問題から脇道にそれたが、一見客観的な装いをしている統計が実態以外の要因によって影響を受ける可能性のあることが理解されたであろう。以下では、文科省のいじめ統計を左右した可能性のあるものとして、①調査方法の変更、②文部省の指導、③いじめの社会問題化、④いじめ防止対策推進法の成立、の4つを取り上げ、いじめ統計についての社会学的考察を加えたい。

1　調査方法の変更

文部科学省による調査方法の大きな変更は、これまで2度あった。1つは1994（平成6）年度に行われた変更であり、もう1つは2006（平成18）年度に行われた変更である。以下では、それぞれの時期に行われた変更がいじめ件数の急増をもたらした可能性について検討したい。

(1) 1994（平成6）年度の変更

文部省は、1994（平成6）年度から調査の方法を改めた。変更点は2つある。1つは、いじめの定義から「学校としてその事実（関係児童生徒、いじめの内容等）を確認しているもの」という文言を削除したことある。もう1つは、調査対象校に特殊教育諸学校（盲学校、聾学校、養護学校）を加えたことである。

以上を踏まえた上で、あらためていじめ件数の時系列的推移（図表0-1）を見ると、1994（平成6）年度になっていじめ件数が急激に増加していることがわかる。それゆえ、いじめの発生件数が増加した背景に、調査方法の変更が

あるのではないかと考えてみることも可能である。まずは、いじめの定義から「学校としてその事実（関係児童生徒、いじめの内容等）を確認しているもの」という文言が削除されたことの影響についてである。「学校としてその事実（関係児童生徒、いじめの内容等）を確認しているもの」という文言が削除されたとしても、学校がいじめの件数を把握し、それを各教育委員会へ報告し、都道府県教育委員会から集められた件数が、いじめの件数として確定していくという手続きに変更はない。そのため、統計上の数値に上がってくるのは、「学校によって確認されたいじめ」以外にはあり得ず、このことがいじめ件数の急増をもたらしたとは考えられない。

次に、調査対象校に特殊教育諸学校（現特別支援学校）が加わったことの影響についてである。図表0-2は、1994（平成6）年度から2004（平成16）年度にかけてのいじめの件数を学校種別に示したものである。これを見ると、特殊教育諸学校におけるいじめの件数は、ほかの学校と比べて圧倒的に少ないことがわかる。その理由は、特殊教育諸学校の数がほかの学校と比べて少なく、在籍児童・生徒数も少ないからである。学校基本調査報告書によれば、1994（平成6）年度の特殊教育諸学校数は、小学校数・中学校数・高等学校数の合計の2.3％に過ぎない。また、特殊教育諸学校に在籍する児童・生徒数

図表0-2　学校種別いじめの発生件数

	小学校	中学校	高等学校	特殊教育諸学校
平成6年度	25,295	26,828	4,253	225
平成7年度	26,614	29,069	4,184	229
平成8年度	21,733	25,862	3,771	178
平成9年度	16,294	23,234	3,103	159
平成10年度	12,858	20,801	2,576	161
平成11年度	9,462	19,383	2,391	123
平成12年度	9,114	19,371	2,327	106
平成13年度	6,206	16,635	2,119	77
平成14年度	5,659	14,562	1,906	78
平成15年度	6,051	15,159	2,070	71
平成16年度	5,551	13,915	2,121	84

に至っては、小学校・中学校・高等学校それぞれに在籍する児童・生徒数の合計のわずか0.5％となっている。これらの事実を踏まえると、調査対象校に特殊教育諸学校が加えられたことによって、いじめの件数が急増したとは考えられない。

(2) 2006 (平成18) 年度の変更について

文科省は、2006 (平成18) 年度からいじめの定義を改めた。新しい定義が用いられた2006 (平成18) 年度のいじめの件数は、前年度の6倍以上となっている。そのため、定義の変更がいじめ件数の急増をもたらした可能性がある。まずは、以前の定義と新しい定義のそれぞれを見てみたい。

以前のいじめの定義は次のようなものである。

【旧定義】

この調査において、「いじめ」とは、「①自分より弱い者に対して一方的に、②身体的・心理的攻撃を継続的に加え、③相手が深刻な苦痛を感じているもの。なお、起こった場所は学校の内外を問わない。」とする。

なお、個々の行為がいじめに当たるか否かの判断を表面的・形式的に行うことなく、いじめられた児童生徒の立場に立って行うこと。

一方、新しい定義は次のようなものである[1]。

【新定義】

本調査において、個々の行為が「いじめ」に当たるか否かの判断は、表面的・形式的に行うことなく、いじめられた児童生徒の立場に立って行うものとする。

「いじめ」とは、「当該児童生徒が、一定の人間関係のある者から、心理的、物理的な攻撃を受けたことにより、精神的な苦痛を感じているもの。」とする。

なお、起こった場所は学校の内外を問わない。

> (注1) 「いじめられた児童生徒の立場に立って」とは、いじめられたとする児童生徒の気持ちを重視することである。
> (注2) 「一定の人間関係のある者」とは、学校の内外を問わず、例えば、同じ学校・学級や部活動の者、当該児童生徒が関わっている仲間や集団（グループ）など、当該児童生徒と何らかの人間関係のある者を指す。
> (注3) 「攻撃」とは、「仲間はずれ」や「集団による無視」など直接的に関わるものではないが、心理的な圧迫などで相手に苦痛を与えるものも含む。
> (注4) 「物理的な攻撃」とは、身体的な攻撃のほか、金品をたかられたり、隠されたりすることなどを意味する。
> (注5) けんか等を除く。

　新しい定義とそれ以前の定義を見比べてみたい。以前の定義は、3つの要素から構成されていた。第1に、「力関係のアンバランス」である。被害者と加害者との力関係は（少なくとも、そのときの状況から見ると）決して対等ではない、というものである。第2に、「攻撃の継続性」である。加害者による被害者への攻撃は一過性のものではなく継続的に行われる、というものである。第3に、「被害者の苦痛」である。

　その一方で、新しい定義では、以前の定義に見られた2つの要素、すなわち「力関係のアンバランス」と「攻撃の継続性」がすっかり抜け落ちている。また、「被害者の苦痛」という構成要素については受け継がれてはいるものの、かつては「深刻な苦痛」という表現であったのが「精神的な苦痛」という表現に変わっている。

　以上のことからうかがえるのは、新しい定義は以前の定義と比べ、いじめの対象範囲がかなり広いということである。そのため、各学校現場が新しい定義にもとづいて忠実に調査を行ったとしたなら、以前の定義ではいじめとカウントされなかった現象がいじめとカウントされることは十分に考えられる。その結果、いじめの件数が急増することは十分に考えられると言えるだろう。

また、新しい定義では、「個々の行為が『いじめ』に当たるか否かの判断は、表面的・形式的に行うことなく、いじめられた児童生徒の立場に立って行うものとする」とされているとともに、(注1) において「『いじめられた児童生徒の立場に立って』とは、いじめられたとする児童生徒の気持ちを重視することである」と説明されている。このことからうかがえるのは、ある現象がいじめと判断されるかどうかという点において、被害者側の主観的感情がこれまで以上に重視されるようになった、ということである。このことがいじめ件数の急増をもたらした可能性は、十分に考えられる。「被害者」が「いじめられた」と主張した場合、「加害者」とされた子どもの弁解が十分に聞き入れられない可能性があるからである。

　加えて、被害者側の主観的感情がこれまで以上に重視されるようになったことは、いじめ件数の急増のみならず、学校段階別のいじめ件数の変化をもたらした可能性もある。いじめ件数の推移を見ると、1987 (昭和62) 年度から2005 (平成17) 年度にかけては、小学校よりも中学校でいじめの件数が多い。それが2006 (平成18) 年度以降になると、中学校よりも小学校でいじめの件数が多くなっており、その差は大きく拡大する傾向にある。その理由として考えられるのは、小学生と中学生とでいじめに対する認識が異なる、ということである。例えば、笠井 (1998) は、小中学生を対象とした質問紙調査をもとに、小学生は中学生と比べて様々な条件の行為をいじめと認識しやすい傾向にあることを明らかにしている。この結果は、小学生は中学生と比べ、いじめに対する認識が未発達であるため、あらゆる対人関係上のトラブルをいじめと認識する可能性が高いことを示唆している。

2　文部省の指導

　文部省は、1994 (平成6) 年に「いじめの問題について当面緊急に対応すべき点について」(平成6年12月16日付) という通知を出した。そのなかで、「全ての学校は、自らの学校にもいじめがあるのではないかとの問題意識を持って、直ちに学校を挙げて総点検を行うとともに、真剣に実情を把握し、適切な対応を取る必要がある。また、教育委員会においても、改めて、管下の学

校にいじめがあるのではないかとの問題意識を持って、各学校と自らの取組について見直す必要がある」と述べている。このような文部省の指導によって、いじめの件数が増加したことは想像に難くない。なぜなら、各学校は、文部省や教育委員会から「十分な実態把握が行われていない」と非難されることを恐れ、従来であれば「いじめ」とはみなさなかった事柄についても「いじめ」と判断した可能性が高いからである。

3　いじめの社会問題化

伊藤 (1996) によれば、いじめが最も重要な学校問題として位置づけられるようになったのは 1985 (昭和 60) 年である。1986 (昭和 61) 年 2 月には東京・中野富士見中学の 2 年生、S 君がいじめを苦に自殺したことにより、いじめへの注目はピークに達する。その後、いじめへの注目は下火になっていったが、1994 (平成 6) 年 4 月に起きた愛知県西尾市の中学 2 年生、O 君のいじめを苦にした自殺により、いじめへの注目は 2 度目のピークを迎えた。

ここで押さえておきたいのは、いじめが社会問題化した時期と、いじめ件数が急増した時期とが一致している点である。この点については徳岡 (1988) の説明が参考になる。徳岡は、「逸脱の徴候に敏感になっている新聞は、報道し、再解釈し、時には話題を創出することによって、読者を神経過敏にさせるための主要なメカニズムとして機能する。マス・メディアによるこのような『状況の規定』を受けて、一般大衆もますます神経過敏になる。そして、神経過敏化ということが無ければ、いじめとは解釈されなかったであろう些細で曖昧な出来事までが、潜在的な、あるいは現実のいじめとして再解釈される」(168-169 頁) としている。このことを踏まえて、以下では、いじめが社会問題化した時期といじめ件数が急増した時期とが一致する理由について考えてみたい。

1986 (昭和 61) 年の事件で話題となったのは、「葬式ごっこ」という名のいじめが行われていたことである。「葬式ごっこ」とは、S 君が亡くなったという設定のもと、S 君の机を黒板の前に持っていき、机の上に S 君の写真や「追悼」色紙、さらには花や線香をそえるというものであった。この「葬式

ごっこ」には担任教師も参加していた。また、1994（平成6）年の事件では、O君の遺書からO君が受けていたいじめの凄惨さ（矢作川で溺れさせられそうになる、多額の金銭を要求されるなど）が明らかとなった。

これら2つの事件を新聞やテレビといったマス・メディアは、センセーショナルに報道した。その結果、人々はいじめに対して神経過敏となり、従来であれば見過ごしていたであろう出来事も「いじめ」という枠組みでとらえるようになった。このことは学校現場においても例外ではなく、各学校はこぞって「いじめ探し」を行い、それがいじめ件数の急増へとつながっていったと推察される[2]。

4　いじめ防止対策推進法の成立

いじめ防止対策推進法が2013（平成25）年6月28日に成立し、同年9月28日に施行された。この法律の第一条では、その目的が次のように定められている。

> （目的）
> 第一条　この法律は、いじめが、いじめを受けた児童等の教育を受ける権利を著しく侵害し、その心身の健全な成長及び人格の形成に重大な影響を与えるのみならず、その生命又は身体に重大な危険を生じさせるおそれがあるものであることに鑑み、児童等の尊厳を保持するため、いじめの防止等（いじめの防止、いじめの早期発見及びいじめへの対処をいう。以下同じ。）のための対策に関し、基本理念を定め、国及び地方公共団体等の責務を明らかにし、並びにいじめの防止等のための対策に関する基本的な方針の策定について定めるとともに、いじめの防止等のための対策の基本となる事項を定めることにより、いじめの防止等のための対策を総合的かつ効果的に推進することを目的とする。

この法律が施行されて以降、いじめ件数はかつてないほどに急激に増加している。それでは、いじめ防止対策推進法の成立はいじめ件数の急増に影響

を及ぼしているのであろうか。結論から言えば、その可能性は極めて高いと言える。この法律の特徴は、様々な主体（国、地方公共団体、学校の設置者、学校および学校の教職員、保護者）の責務を示したことにある。具体的には、それぞれの主体（国、地方公共団体、学校の設置者、学校および学校の教職員）にいじめ防止基本方針を定めることが求められるとともに、地方公共団体にはいじめ問題対策連絡協議会の設置が求められた。また、各学校においては、当該学校におけるいじめの防止などの措置を実効的に行うための組織の設置が求められるとともに、「重大事態」[3]が起きたときには、事実関係を明確にするための調査を行うことが求められた。

　こうした状況の変化に対し、当然のことながら学校現場は無関心ではいられない。後に「重大事態」とされる可能性のあるいじめに対して適切な対処を怠った場合、当該学校は世間からバッシングを受けるリスクが極めて高いからである。このことは近年の報道を見ても明らかである。そのため、学校現場には子ども間のトラブルに対し絶えずアンテナを高く張っておくことが、これまで以上に強く求められるようになったと言えるだろう。

　加えて、いじめ防止対策推進法が成立して以降、文科省は教育委員会や学校に対して、いじめの積極的な認知を強く促すようになった。「平成26年度『児童生徒の問題行動等生徒指導上の諸問題に関する調査』の一部見直しについて（依頼）」（平成27年8月17日付）では、いじめの認知件数の都道府県格差の背景にはいじめの認知の問題があるとの認識のもと、「見直しに当たり注意すべき点」として「（1）初期段階のいじめや、ごく短期間のうちに解消したいじめ事案（解消したからといっていじめが発生しなかったことになるものではない）についても遺漏なく認知件数に計上すること」などをあげている。

　また、「いじめの正確な認知に向けた共通理解の形成及び新年度に向けた取組について（通知）」（平成28年3月18日付）では、「言うまでもなく、いじめを正確に漏れなく認知することは、いじめへの対応の第一歩であり、いじめ防止対策推進法が機能するための大前提であります。また、いじめの認知と対応が適切に行われなかったために重大な結果を招いた事案がいまだに発生していることを真摯に受け止める必要があります」と述べるとともに、「平

成27年度『児童生徒の問題行動等生徒指導上の諸問題に関する調査』への協力依頼」に先立って、いじめの認知に関する考え方を簡潔にまとめた教職員向け資料を作成したことが述べられている。その資料では「いじめの認知を正確に行うことは極めて重要です」という見出しのもと、「初期段階のいじめであっても、あるいは一回限りのいじめであっても、学校が組織として把握し（いじめの認知）、見守り、必要に応じて指導し、解決につなげることが重要です」と述べられており、いじめの積極的認知が強く求められていることがわかる。同様のことは、「いじめ防止対策の推進に関する調査結果に基づく勧告を踏まえた対応について（通知）」（平成30年3月26日付）からもうかがえる。

　以上を踏まえると、いじめ防止対策推進法が成立したことを契機に、学校現場はこれまで以上に子ども間のトラブルに注視することが求められるようになったとともに、軽微と思われる事案についてもいじめ件数に計上することが求められるようになったと言える。このことは当然ながら、いじめ件数の急増に結びつくこととなる。それは、いじめ防止対策推進法が成立して以降、いじめ件数がかつてないほどに急激に増加していることからも明らかである。

5　文科省のいじめ統計は何を物語っているのか？

　本項では、文科省のいじめ統計が実態以外の要因、具体的には、①調査方法の変更、②文部省の指導、③いじめの社会問題化、④いじめ防止対策推進法の成立、に大きく左右される可能性について論じてきた。これら4つの要因のうち、文科省のいじめ統計に影響を及ぼす最も根源的な要因は、いじめの社会問題化であると考えられる。いじめの社会問題化を除いた3つは、いずれもいじめが社会問題化した結果引き起こされた文科省の反応だからである。より具体的に言えば、2006（平成18）年度のいじめ定義の変更は、2005（平成17）年の北海道滝川市における小6女子児童の自殺事件を契機にいじめが社会問題化したことを受けてのことである。また、1994（平成6）年の文部省の指導は、1994（平成6）年の愛知県西尾市における中学2年生の自殺事件を

契機にいじめが社会問題化したことを受けて出された通知である。さらに、2013（平成25）年のいじめ防止対策推進法の成立には、2011（平成23）年の滋賀県大津市における中学2年生の自殺を契機としたいじめの社会問題化が大きく関わっている。

　それでは、いじめが社会問題化した時期とはどのような時期であると考えられるだろうか。端的に言えば、いじめに対する人々の関心が極めて高い時期であると言えるのではないだろうか。もしそうであるならば、いじめ件数の推移は、決していじめそのものの増減を物語っているものではなく、いじめに対する人々の関心の移り変わりを示していると解釈したほうが適切であろう。

　なお、いじめに対する人々の関心が一時的なピークを迎えたあとに低下する点については、「マスコミは、その社会のニーズに対応してか、あるいは新しい問題、話題の出現によってか、次々に話題を変えていく」（徳岡 1988, 179頁）ことに起因しているものと考えられる。

　以上を踏まえると、我々に求められるのは、いじめ件数の増減に一喜一憂することでは決してない。いじめ件数が子どもたちのいじめの実態以外の要因（とりわけ、いじめの社会問題化）の影響を強く受けるという認識のもと、我々一人ひとりが文科省のいじめ統計を冷静に読み取る力を培い、安易な学校批判や教師批判に陥らないことこそが肝要であると言えよう[4]。

第3節　いじめ研究の整理検討

　本節の目的は、いじめに関する先行研究を整理検討することにある。
　いじめはかつて、日本特有の現象と考えられる傾向にあった。そのため、日本人特有の集団主義や横並び意識がいじめを生み出すといった、日本文化論的考えも見られた。
　しかし、1990年代半ば以降、海外にも日本のいじめとよく似た現象が存在することが知られるようになってきた。こうした状況のなか、いじめに関

する国際比較研究が行われた。森田監修 (2001) は、日本、イギリス、オランダ、ノルウェーの4カ国で、共通のいじめの定義と質問紙を用いた、いじめの国際比較研究を行っている。その結果、一口にいじめと言っても日本とほかの国々では、現象面や対策などの面で大きく異なることが明らかとなっている。現象面に関して言えば、日本では学級におけるいじめが多数を占めるのに対し、海外では校庭におけるいじめが多く見られる。また、日本では同じクラスの子同士のいじめが多いのに対し、海外では年上の学年の子が年下の学年の子をいじめるケースが多い。このような現象面での違いは、いじめ対策への違いにも現れている。例えば Farrington, D. P. (1993) は、海外のいじめ研究を詳細にレビューしているが、校庭におけるいじめ予防策に多くの紙面を割いている。また、イギリスでは、校庭におけるいじめが多く発生しているということを踏まえ、①運動場に関する方針を持つこと、②ランチタイム・スーパーアドバイザー（昼休みの監督者）を訓練すること、③運動環境のデザイン、という3つを重要な予防方略としている(Smith, 訳書 2016 など)。

　以上を踏まえ、本節では、海外のいじめ研究の成果を参照しつつも、日本のいじめ研究に照準を合わせる。日本のいじめ研究の大半は、社会構築主義的研究と実態主義的研究に大別される。そこで、以下では、社会構築主義的研究と実態主義的研究のそれぞれについて概観することとしたい。

1　いじめに関する社会構築主義的研究

　社会構築主義の嚆矢である Spector, M. and Kitsuse, J. I. (訳書 1990) は、社会問題を「なんらかの想定された状態について苦情を述べ、クレイムを申し立てる個人やグループの活動である」(119頁) と定義している。そして、社会問題の中心課題を「クレイム申し立て活動とそれに反応する活動の発生や性質、持続について説明することである」(119頁) と述べている。このような理論的立場のもと、社会構築主義的立場にもとづく研究は、主にいじめの社会問題化のプロセスとその問題点について検討してきた。

　日本においていじめが社会問題化したのは、1980年代半ば以降のことである。いじめが社会問題化した契機を考えるにあたり、子どもの自殺を抜き

にすることはできない。いじめは自殺と直接結びつけられることによって、その悲劇性や問題性が高まり、人々の関心を広く集めることによって社会問題化したと言える[5]。このことの問題点について、山本 (1996) や間山 (2002) は、「いじめ」と「自殺」とを結びつける言説の流布によって、子どもたちにとって「いじめられること」が自殺の動機となり得る危険性を指摘している。そして、子どもたちによる「いじめ自殺」を防ぐ上で、「いじめ」と「自殺」とを結びつける言説を解体することの重要性について述べている。

伊藤 (2014) は、いじめや「いじめ自殺」に関する言説を語る者の大半が自身を被害者側に置いていることに対して、彼らがそのことによって自身を「イノセント」(無罪、無垢) で「フェア」(公正) な者として周囲に提示している可能性を指摘している。つまりは、人々が望ましいアイデンティティを確認し、他者からの承認を得るために、「いじめ自殺」という物語を消費しているということである。このことは、いじめについて語る者にとってはメリットがあると言えるが、いじめ被害者にとっては、自殺の教唆や後押しとして機能する危険性がある。このような状況を打開するための方法として、伊藤は、いじめに関する多様なストーリーや解釈が語られることの重要性を提起している。

北澤 (2015) は、「いじめ自殺」の社会問題化に伴って必然的に生じる、「なぜいじめに気づかなかったのか」「なぜ自殺のSOSに気づかなかったのか」という、自殺した子どもの担任教師や保護者などに向けられる非難の言説を、「遡及的解釈」という視点から批判的に検討している。北澤は、「いじめ自殺」が起こったあとに、なぜそのようなことが起こったのかを現在から過去に遡って「解釈可能であること」と、「いじめ自殺」が前もって「予見可能であること」とはまったく次元の異なる問題であることを理論的に検討している。そして、教師が「いじめや子どもからのSOSに気づく」のではなく、ある相互行為を「いじめ」と名づけ、事実として作り出すこと、換言すれば、いじめ定義の実践者として振る舞うことの重要性について述べている。

北澤・間山編 (2021) は、社会問題化した「大津市いじめ自殺事件」を取り上げ、新聞報道やテレビ報道、第三者調査委員会報告書と判決文、当事者

(元生徒、保護者、元担任教師)の語りや証言などを分析データとして用い、「大津市いじめ自殺事件」について様々な側面から検討している。例えば、越川(1章)は、新聞報道を分析し、①大津市事件は、大阪本社版と滋賀県面の読者を対象とするローカルな事件として報道されたこと、②2012年7月4日の毎日新聞の朝刊やその記事を紹介した情報番組の報道を契機に、「大津市事件」が社会問題化したこと、などを明らかにしている。稲葉(3章)は、テレビ報道を分析し、ある事柄が社会問題化する過程において「有識者」が果たす役割が大きいこと、②番組の構成により、「何が隠蔽されていたのか」という点について視聴者に誤解を与える表現が用いられていること、などを明らかにしている。北澤(4章)は、第三者委員会報告書と判決文を分析し、第三者委員会や裁判所が「結論ありき」の考えにもとづいて過去を再構成した可能性が高いこと、などを明らかにしている。今井(5章)は、「いじめ自殺」事件で子を亡くした親たちの経験を「遺族」というカテゴリーに結びついたものとしてとらえて、その具体的なあり様を検討している。その結果、①同じ「いじめ自殺」事件の「遺族」というカテゴリーのもとで、遺族同士が(質的には異なる経験をしているにもかかわらず)同じ経験を想定したり、同じような状況を想定したりすることが可能となっていること、②そのことにより、「被害者」としての遺族と「加害者」としての学校・教育委員会という対立関係がいつしか自明視され、前提とされてきた可能性があること、などを明らかにしている。間山(8章)は、自殺の原因として「いじめ」と「家庭」という2つの争点をめぐる判決物語があったことを踏まえ、必要以上に事件を理解しようとする「理解の暴力」に対して、あえて「わからない(=理解の拒否)」というスタンスをとることの重要性を指摘している。

　元森(2015)は、「いじめ自殺」に関する民事判例を分析し、いじめの社会問題化によって民事裁判の判決のあり様に変化が見られたのかどうかを検討している。その結果、自殺の予見可能性の基準が徐々に緩くなっている一方で、多くの事例では自殺の予見可能性は認められていないこと、つまりは、自殺については、他者からは不可視の当人の意志の問題であると想定し、親との関係性も考慮に入れながら、学校の責任は容易には問わないというライ

ンを崩せずにいること、などを明らかにしている。

　これらの研究は、言説によって社会的現実が作られる、という立場のもと、いじめの社会問題化に伴って生まれた支配的な言説（ドミナント・ストーリ）が人々にもたらす影響に着目している、と言えよう。

　一方、ある事柄が「いじめ」と認定される以前の当事者のリアリティに着目した研究がある。例えば、越川（2017）は、教師が「いじめ」事件の社会問題化以前や以降にどのように対応していたのか、という点に着目した分析を行っている。具体的には、ある「いじめ問題」に直面した教師の語りを分析し、①学校は「いじめ」事件の社会問題化以前だけではなく以降においても「いじめ問題」として生徒間のトラブルに対応していないこと、②学校は「いじめ」事件の社会問題化以降も、生徒らの将来的な地域での生活を見据えて被害生徒のみならず加害生徒にも学習支援を行っていること、などを明らかにしている。

　また、梅田（2018）は、ある中学校を対象としたエスノグラフィーをもとに、「いじめ」と認定される以前の生徒間トラブルの構築過程について検討している。梅田は越川と問題意識を共有しつつも、次の点において違いがある。それは、「いじめ」と認定される以前の生徒間トラブルにリアルタイムで立ち会っている、ということである。分析の結果、①トラブルの「被害者」が次々に入れ替わり、最終的には「被害者」と「加害者」の立場が逆転する現象が見られたこと、②トラブルの解釈共同体においては、一旦「加害者」と判断された者がその後も「加害者」とみなされ続け、その者がトラブルの解釈共同体から排除される可能性があること、などを明らかにしている。

　これらの研究はいずれも、ある事柄を「いじめ」と認定した上で過去の出来事を遡及的に解釈するだけでは見えてこない、当事者のリアリティに迫ったものであると言えるだろう。

2　いじめに関する実態主義的研究

　社会構築主義的研究とは別に、いじめが実態として存在することを前提とする立場がある。日本におけるいじめ研究の大半は、この立場に属する。い

わゆる実態主義的アプローチと呼ばれる研究である。これらの研究は学問分野の壁を越えて広く行われているため、研究論文に限ってもその数は膨大となる[6]。そこで以下では、次の3つの問いに着目した研究に照準を合わせることとしたい。第1に、"いじめとは何なのか"という問いである。この問いを踏まえずして、いじめについて議論したり研究したりすることはできないからである。

　第2に、"いじめはなぜ生じるのか"という問いである。この問いは研究上の大きな課題であるとともに、それを明らかにすることなくして実効性のあるいじめ対策を講じることは極めて困難だからである。

　第3に、"いじめ被害経験は子どもの心身にどのような影響を及ぼすのか"という問いである。いじめは子ども間の問題行動であると考えられているからこそ、研究されている。「問題」としてあげられていることは数多くあるが、なかでも、いじめ被害経験が子どもの心身に深刻な影響を及ぼすことは、とりわけ重要な問題であると言っても差し支えないであろう。

　以下では、これら3つの問いそれぞれに着目した研究を概観することとしたい。

(1) いじめとは何か？
1) 研究者によるいじめの定義

　いじめについて説明するにあたり、いじめを操作的に定義することは必要不可欠である。そこで、いじめの代表的な定義をいくつか紹介するとともに、それぞれの定義に共通する要素を確認しておきたい。

　森田・清永（[1986] 1994）は、いじめとは「同一集団内の相互作用過程において優位にたつ一方が、意識的に、あるいは集合的に、他方にたいして精神的・身体的苦痛を与えることである」(26頁)と定義している。

　竹川（1993）は、いじめとは「学級集団内の相互作用過程の中で、腕力や資源動員能力において、その時の状況から相対的に優位に立つ一方が劣位の者に対して、通常目的と手段の間に正当的根拠がないか、あっても過度に及ぶ手段によって、精神的ないしは身体的な苦痛を与える攻撃的行為である」(55

頁)と定義している。

　菅野(1986)は、いじめとは「学校、もしくは学校の近隣、あるいは学校生活の延長上で、学級を中心とする各種の集団の多数派が少数者に対して、くりかえし多少なりとも長期間にわたって与える、差別的集合現象である」(14-15頁)と定義している。菅野の定義の特徴は、いじめを差別としてとらえているところにある。

　いじめ研究で国際的に知られるOlweus, D.(訳書1995)は、いじめを次のように定義している。「ある生徒が、繰り返し、長期にわたって、一人または複数の生徒による拒否的行動にさらされている場合、その生徒はいじめられている」(28頁)。

　森田(1999)は、日本のみならず海外の研究においても、いじめの操作的定義を構成する要素が共通していることを指摘している。その要素とは、①被害の発生、②被害の継続性ないしは反復性、③力関係のアンバランス、という3つである。ただし、「被害の継続性ないしは反復性」については、"1回のいじめでも、被害者の心身に深刻な影響を及ぼすケースがある"、"ひとりの生徒が複数の生徒を1回ずついじめて回った場合、それがいじめとしてカウントされない"といった理由から、必須の構成要素とすることを疑問視している。その一方で、「力関係のアンバランス」については、いじめという現象の本質を規定する重要な要素である、としている。

　一方、内藤(2009)は、いじめが成立するための要件として、①加害者の嗜虐意欲、②加害者による現実の攻撃行動、③被害者の苦しみ、という3つをあげている。そして、この3つを概念の中心に位置づけて、いじめを①最広義、②広義、③狭義、の三段階に分けて定義している。最広義の定義は、「実効的に遂行された嗜虐的関与」(50頁)である。その意味するところは、"加害者側の嗜虐意欲が加害者側の行為を通じて被害者側の悲痛として現実化し、その手ごたえを加害者側が享受する"、ということである。広義の定義は、「社会状況に構造的に埋め込まれたしかたで、実効的に遂行された嗜虐的関与」(51頁)である。狭義の定義は、「社会状況に構造的に埋め込まれたしかたで、かつ集合性の力を当事者が体験するようなしかたで、実効的に

遂行された嗜虐的関与」(52頁) である。内藤の定義は、ほかの研究者の定義とは異なり、加害者のいじめ動機（嗜虐意欲）を定義のなかに組み込んでいる、という点に大きな特徴があると言えるだろう。

2) 文部科学省によるいじめの定義 —— 定義の三度の変更

文部科学省 (旧文部省) は、1985 (昭和60) 年度から現在にかけて、いじめに関する統計を取り続けている。その間、いじめの定義は三度修正された。1993 (平成5) 年度までは、いじめを「①自分より弱いものに対して一方的に、②身体的・心理的な攻撃を継続的に加え、③相手が深刻な苦痛を感じているものであって、学校としてその事実（関係児童生徒、いじめの内容等）を確認しているもの。なお、起こった場所は学校の内外を問わないもの」として調査していた。

1994 (平成6) 年度から2005 (平成17) 年度調査までは、いじめを「①自分より弱いものに対して一方的に、②身体的・心理的な攻撃を継続的に加え、③相手が深刻な苦痛を感じているもの。なお、起こった場所は学校の内外を問わない」として調査することとなった。

また、1994 (平成6) 年度より、特殊教育諸学校 (現特別支援学校) が新たに調査対象に加わった。当初の定義との違いは、「学校としてその事実（関係児童生徒、いじめの内容等）を確認しているもの」という文言を削除したことにある。定義を構成する3つの要素については、従来のものが踏襲されていた。

しかし、2006 (平成18) 年度調査から、いじめの定義は大幅に修正されることとなる。2006 (平成18) 年度調査からは、いじめを「当該児童生徒が、一定の人間関係のある者から、心理的、物理的な攻撃を受けたことにより、精神的な苦痛を感じているもの。なお、起こった場所は学校の内外を問わない」として調査することとなった。また、2006 (平成18) 年度より、国・私立学校が新たに調査対象に加わったとともに、いじめの態様の区分がより具体的なものとなった。いじめの態様の区分には、「ネットいじめ」が社会問題化したことを受け、「パソコンや携帯電話等で、誹謗中傷や嫌なことがされる」というものも設けられた。先の定義との大きな違いは、定義を構成する2つ

の要素、すなわち、"被害者と加害者の力関係のアンバランスに関する要素（自分より弱いものに対して一方的に）"と、"被害の継続性に関する要素（攻撃を継続的に加え）"が削除されたことにある。その一方で、これまでも定義を構成していた要素である、"被害者の苦痛"、換言すれば、"被害にあっているとされる子どもの主観的感情"がより一層重視されることとなった。このことに伴い、従来は「いじめの発生件数」という用語が用いられていたが、それに代わって「いじめの認知件数」という用語が用いられることとなった。

芹沢（2007）は、こうした定義の変更を「子どもの申告主義」への転換であるとし、その問題点として次の2つをあげている。1つは、子どもの主観が事実と一致しない可能性がある、ということである。もう1つは、いじめという暴力の形態的・本質的特徴が定義から失われたことにより、あらゆる行為が「いじめ」と判断される可能性がある、ということである。このような芹沢の主張の根底には、"ある行為がいじめであるかどうかを客観的に判断することができる"という前提があると推察される。

一方、間山（2011）は、芹沢とは異なる問題を指摘している。それは、「被害者の立場に立つ」ことでいじめ被害者をエンパワーしようとする文部科学省の説得的定義や各種通知が、あるグループ（学校教員やいじめ加害者とされる子どもたち）を無力化する可能性である。例えば、実際の学校現場には、「暴力的ないじめ」とみなせる一方で、それとは異なる「暴力事件」とみなせる事件もある。同様に、「加害者」とされる子どもたちの「被害者に問題がある」とする言い分も、「彼らがいじめを正当化している」とみなせる一方で、「彼らは彼らなりのリアリティをもっている」とみなすことも可能である。それにもかかわらず、学校教員やいじめ加害者とされる子どもたちの言い分が聞き入れられないとするならば、彼らは社会的現実を構成する権利を奪われている（ディスエンパワーされている）、というのである。

3) いじめ行為の分類に着目した研究

先にいじめの定義について紹介してきた。それでは、いじめには具体的にどのようなタイプがあるのだろうか。いじめは、その形態や加害者側の意図

などから分類することが可能である。そこで、以下ではいじめのタイプに着目した研究をいくつか紹介したい。

いじめの形態別に分類したものには、森田・清永（[1986] 1994）や内藤（2009）などがある。森田・清永（[1986] 1994）は、いじめを「心理的いじめ型」「心理的ふざけ型」「物理的いじめ型」「物理的ふざけ型」の4つに分類し、それぞれの発生認知率の違いを分析している。

内藤（2009）は、いじめを「暴力系のいじめ」と「コミュニケーション操作系のいじめ」の2つに分類している[7]。そして、いじめを解決するための短期的な対策として、「暴力系のいじめ」については「学校の法化」（学校内治外法権を廃し、通常の市民社会と同じ基準で法に委ねる）を、「コミュニケーション操作系のいじめ」については「学級制度の廃止」をそれぞれあげている。

また、住田（2007）は、①加害者の子どもが自分の行為を「いじめ」であると認識しているか否か、②加害者の子どもが、自分の加害行為（いじめ）によって被害者の子どもが苦痛を感じていることを認識しているか否か、③被害者の子どもの被害感情の有無、という3つの指標をもとに、いじめを4つに類型化している。そして、それぞれの特徴について述べている。

さらに、藤田（1997）は、いじめを次の4つのタイプに分類している。第1に、「集団のモラルが混乱・低下している状況（アノミー的状況）のなかで起こるタイプ」（211頁）である。第2に、「なんらかの社会的な偏見や差別に根ざすもので、基本的には〈異質性〉排除の論理で展開する」（212頁）タイプである。第3に、「一定の持続性をもった閉じた集団のなかで起こるいじめで、いじめの対象になるのは、集団の構成員で、しかも、なんらかの理由で集団の周縁に位置する人物である」（212-213頁）タイプである。第4に、「特定の個人や集団がなんらかの接点をもつ個人にくりかえし暴力を加え、あるいは、恐喝の対象とする」（213頁）タイプである。

以上紹介した分類を見てもわかるように、いじめは"どういった側面に着目するのか"ということによって様々な分類が可能である、と言えるだろう。

(2) いじめはなぜ生じるのか？
1) いじめの発生要因に関する諸仮説

いじめ研究が行われた当初，"いじめはなぜ生じるのか"ということを明らかにすることを目的とした研究が比較的多く見られた。いわゆる原因論的アプローチにもとづく研究である。このような研究が盛んに行われた背景には，「いじめの発生メカニズムが明らかになれば，いじめへの有効な対処法も自ずとわかるであろう」，という暗黙の前提があったと考えられる。

滝 (1992a) は，いじめの発生要因に関する諸説を次の5つに整理している。第1に，「(加害者・被害者の) 性格原因仮説」である。これは，「加害者・被害者の性格上の問題ゆえに"いじめ"が発生すると考えるもの」(368頁) である。このような考えにもとづくものとしては，古くは文部省 (1984) や詫摩 (1984) がある。これらは，被害者・加害者になりやすい子どもの性格面や行動面の特徴を列挙するとともに，家庭教育のあり方にまで踏み込んだ内容となっている。同様に，山崎 (1985) は，「単にいじめっ子をワルと見るだけでなく，いじめられっ子にいじめを受けやすい，いじめられても仕方がないような原因がありはしないか」(12頁) という問題意識のもと，被害者と加害者双方の特性について考察している。また，杉原ほか (1986) は，小学生を対象とした質問紙調査にもとづき，加害者・被害者の性格特性について検討している。

加害者・被害者の性格を問題視するという考え方は，今でこそ違和感を抱く人は多いだろう。しかし，かつて文部省が支持していたことからもわかるように，当時はかなり一般的な考え方であったと推察される。例えば，『児童心理』(金子書房) という雑誌がある。この雑誌は1947 (昭和22) 年に発刊され，教育関係者を中心とする多くの人々に読まれてきた (2019年3月号をもって休刊)。この雑誌には教育研究者や学校教員の論稿などが掲載されているが，1980年代の論稿を見ると，いじめの要因として加害者・被害者の特性に触れているものが少なからず見受けられる。このことからも，加害者・被害者の性格を問題視するという考え方は，当時の教育界においてかなり根強かったことがうかがえる。

第2に，「(被害者の心理的特徴等による) 機会原因仮説」である。これは，被

害者に何らかの特徴が見受けられることを認めつつも、それらを主たる発生要因とは考えず、「集団内に"いじめ"行為を許容する空間ができたとき、それらが行為の口実になる」(滝 1992a, 369頁)と考えるものである。竹川 (1993) は、被害者が有するヴァルネラビリティ（攻撃誘発性）を、その内容面から3つに分類している。1つ目は、「特異な身体的違和感や明らかな負性から生じるヴァルネラビリティ」(身体的なハンディキャップ、いつも服装が清潔に保てないことなど) である。2つ目は、「ある一面のつけ込まれやすさから生じるヴァルネラビリティ」(集団内を支配している中心的価値基準に照らして劣位に位置すること) である。3つ目は、「他者への優越性や、すぐれた面の目立ちやすさから生じるヴァルネラビリティ」(成績が良いことや教師にほめられたことなど) である。

ただし、竹川は、被害者のヴァルネラビリティが原因でいじめが発生すると主張しているわけではない。竹川は、次の3つの条件、すなわち、①学級集団内に「いじめ許容空間」が生まれること、②加害者側に「いじめ衝動」(ある特定の性質や資質を持つ者を攻撃しようとする意識ないしは心情のこと) が生まれること、③被害者がヴァルネラビリティを有していること、が整った場合にはじめていじめが発生する、としている。つまりは、竹川が問題視しているのは、被害者のヴァルネラビリティではなく、学級集団内にいじめを許容する空間が作られることにある、と言えるだろう。

竹川と同様に、山口 (1988) も被害者のヴァルネラビリティに言及している。山口は記号の性格を、無徴と有徴の2つに分けている。無徴とは「そこら辺にあって当たり前だと思うもの」(58頁)のことであり、有徴とは「普通とはちがうと見られていること」(58頁) である。そして、いじめはヴァルネラビリティを有する被害者の有徴性が強調された結果であるとしており、その具体例として被害者に付与される記号論的なレッテル（あだ名）をあげている。このように、被害者に認められるとされる特性をラベリングによって差異が拡大された結果であるとみなすものとしては、上記のほかに菅野 (1986) や赤坂 (1995) などがある。

第3に、「(加害者の) 不適応原因仮説」である。これは、加害者の示す心理的特徴を主たる発生要因と考えるのではなく、「彼らのおかれた状況に起因

する一種のストレスや情緒不安の現れ」(滝 1992a, 370 頁)と考えるものである。井上(1986)は自身の臨床経験などをもとに、学校生活に起因するストレスのなかでも受験ストレスに着目し、いじめとの関係について論じている。「(加害者の)不適応原因仮説」は、児童生徒を対象とした質問紙調査にもとづく研究からも検討されている。滝(1992a・1996)は、小中学生を対象とした質問紙調査をもとに、加害者には教師への不満や反発を抱いている者が多いこと、などを明らかにしている。また、岡安・高山(2000)は、中学生を対象とした質問紙調査をもとに、加害者には不機嫌・怒りや無気力のレベルが高い者が多く、教師との関係が良好でない者が多いこと、などを明らかにしている。さらに、神藤・齊藤(2001)は、中学生を対象とした質問紙調査をもとに、学校生活に起因するストレッサーに子どもたちがどのように対処するかがいじめ行動の生起を左右することを明らかにしている。このように、いじめの発生要因として子どもたちの学校生活への不適応やそこから生じるストレスに着目した研究としては、上記のほかに秦(1985・1997)や森下(1999)などがある。

　第 4 に、「(加害者の)規範意識欠如仮説」である。これは、「加害者に罪悪感や善悪の判断力が欠如している、あるいは力による秩序維持の志向が見られる」(滝 1992a, 370 頁)などにより、いじめに抑止力が働かず、いじめ行為がエスカレートすると考えるものである。秦(1985)は、小学生を対象とした質問紙調査をもとに、いじめ加害経験の頻度が高い者はそうでない者に比べ、逸脱行動に対する許容度が高いことを明らかにしている。また、森田・清永([1986]1994)は、小中学生を対象とした質問紙調査をもとに、いじめにおける役割の違いによって逸脱行動への評価が異なることを明らかにしている。具体的には、「加害者」や「観衆」の子どもたちは、それ以外の子どもたちと比べ、逸脱行動を「悪くない」「おもしろい」と回答する者が多いことを明らかにしている。このように、規範意識といじめとの関係について検討した研究としては、上記のほかに作田(2020)がある。

　第 5 に、「(目撃者による)煽動仮説」である。これは、「"いじめ"行為が当事者だけの問題ではなく、目撃者の存在を無視することができない」(滝

1992a, 370頁）と考えるものである。「（目撃者による）煽動仮説」の誕生は、「いじめ集団の四層構造論」が森田・清永（[1986] 1994）によって提唱されたことに由来する。「いじめ集団の四層構造論」とは、いじめを被害者と加害者に加え「観衆」と「傍観者」を含めた四層構造でとらえる必要がある、とする考え方のことである。「観衆」とは、いじめに直接手を下さないものの、いじめを周囲で面白がったり囃したてたりする子どもたちである。「傍観者」とは、いじめが行われているのを知っていながらも、いじめを見て見ぬふりをする子どもたちである。「観衆」はいじめを積極的に是認する子どもたちであり、「傍観者」はいじめを暗黙的に支持する子どもたちである。それゆえ、このような子どもたちがいることにより、いじめに抑止力が働かず、いじめ行為がエスカレートすると考えられている。

　以上、紹介した5つの原因仮説にもとづく研究は、同時併発的に着手されたわけではなく、ある一連の流れをもって展開してきた。次にこの点について検討したい。

2) いじめの発生要因に着目した研究の歴史的変遷

　いじめ研究が行われた当初、「（加害者・被害者の）性格原因仮説」にもとづく研究が比較的多く見られた。しかし、このような仮説にもとづく研究は、近年ではほとんど行われていない。それは、「性格原因仮説」が主には次の3つの問題をはらんでいるからである。

　第1に、「性格原因仮説」では、いじめにおける役割の流動性を説明することができない。仮に「性格原因仮説」が妥当性をもっているとするならば、加害者・被害者は、ある性格特性をもつ特定の個人に限定されるはずである。しかし、滝（1992b）が行った調査研究の結果は、それとは異なる結果となっている。滝は、小中学生を対象に3年間にわたる追跡調査を行い、加害経験および被害経験の継続・再発率について検討している。その結果、加害経験・被害経験ともに、3年ともに経験している者は少ない一方で、単年度のみ経験している者が多いことを明らかにしている。この結果は、被害者・加害者といったいじめにおける役割が特定の個人に限定されるのではなく、

状況によって変わることを端的に示している。

　第2に、被害者に何らかの特徴が認められたところで、それがいじめの原因なのか結果なのかを判別することができない。杉原ほか (1986) は、小学生を対象とした質問紙調査をもとに、被害者・加害者の性格特性について検討している。方法としては、学級成員の1名以上から「いじめっ子」および「いじめられっ子」として選択されたグループを作り、グループ間で性格特性を比較している。その結果、「いじめられっ子」に選択された子どもたちは「いじめっ子」に選択された子どもたちに比べ、「暗い」「めだたない」「おとなしい」「気の弱い」などの特性をもつとほかの子どもたちから評定されていることが明らかとなっている。しかし、このことをもって「性格原因仮説」が支持されたと結論づけることはできない。これらの特性は、いじめられた結果もたらされたものとみなすことも可能だからである。このことを裏付ける調査研究がある。坂西 (1995) は、大学生を対象に、大学入学以前に経験したいじめ被害経験、およびその長期的影響について検討している。その結果、当時の苦痛の程度が大きいと推察される者ほど、「自信がなくなった」「気持ちが暗くなった」「人とのつきあいが消極的になった」と回答する傾向にあることを明らかにしている。この結果は、もともと明るかったり社交的だったりした子どもが、いじめられたことにより自分に自信がなくなって暗くなったり人との付き合いに消極的になったりする可能性を示唆している。

　同様の指摘は、芹沢 (2007) もしている。芹沢は、「いじめられっ子」の類型化の試みを不毛であるとし、その理由として次のことなどをあげている。それは、「いじめられっ子」は集団身体を強要される教室のなかで作られるのであって、もともと「いじめられっ子」が存在するわけではない、ということである。このことを踏まえ、芹沢は、「いじめられっ子」の固有性が「集団いじめ」のなかで作られる可能性を指摘している。

　第3に、被害者にいじめられる原因があるとする考えは、加害者によるいじめ行為の正当化を容易にしてしまう。森田・清永 ([1986] 1994) は、非行の理論 (Sykes and Matza 1957) をもとに、加害者によるいじめ行為の正当化の方法について検討している。加害者がいじめ行為を正当化しているにもかかわ

らず、教師がいじめられるほうにも原因があると考えていた場合、子どもたちは教師という強力な後ろ盾のもと、いじめ行為にますます拍車をかけてしまう危険性があると言えよう。

「性格原因仮説」は以上のような問題をはらんでいたことに加え、文部省(1996)は「弱い者をいじめることは人間として絶対に許されない」との強い認識に立つことの重要性を訴えた。そのため、近年では「性格原因仮説」にもとづく研究はほとんど見られず、被害者については「(被害者の心理的特徴等による)機会原因仮説」が、加害者については「(加害者の)不適応原因仮説」がそれぞれ支持されている。

また、今日では、いじめは被害者や加害者といったいじめの当事者だけの問題ではなく、学級集団全体のあり方を問われる問題であるとする考えが主流となっている。このような考え方の転換がなされる上で重要な役割を果たしたのが、先述した「いじめ集団の四層構造論」である。「いじめ集団の四層構造論」が提唱されて以降、学級集団といじめとの関連について検討した研究が数多くなされるようになった[8]。

そこで、次に学級集団といじめとの関連に着目した研究を概観することとしたい。

3) 学級集団といじめとの関連に着目した研究

学級集団といじめとの関連については、次の2つを検討する必要がある。1つは、学級集団が本来的に備えている特質といじめとの関連である。もう1つは、個々の学級集団によって異なる雰囲気や特性といじめとの関連である。以下では、それぞれについて検討した研究を紹介したい。

(A) 学級集団の制度的・構造的特質といじめ

竹川(1993)は、学級集団の制度的・構造的特質として、次の6つをあげている(75頁)。

① 学級集団は、教科学習を第一の集合目標とする機能的集団であること

②　学級集団は、社会化機関として教師の生活指導面の訓育をおこなうこと
③　学級集団は、一定期間存続し、その間成員の所属を強制すること
④　学級集団の構成員は、教師以外年齢面での同質性と能力や性格などの差異性を持つこと
⑤　学級集団は、同一空間内にあって成員が相互作用をおこなうこと
⑥　学級集団内で過ごされる時間は、成員の生活世界の中心を占めていること

　竹川は、これら6つの特質といじめ定義の構成要素を関係づけている。例えば、被害者と加害者の力関係のアンバランスについては、③〜⑤の項目を用いて次のように説明している。「同年令で一般的には対等だとみなされていても、体力的には大きな差があるために、一方的な力関係ができあがり（第④項目）、外部の者が容易に侵入できない教室内で（第⑤項目）、攻撃される側は学級集団から理由なく退出することはできず（第③項目）、攻撃する側は情動化した雰囲気を巧みに利用して、不当な手段で相対的に自己より弱い者を攻撃する」(76-77頁)。被害者と加害者の力関係のアンバランスについて、森田 (1999) は、「いじめという現象の本質を規定する要素であり、単なる操作的定義要素以上のより積極的な意味をもつ現象にとって不可欠な要素である」(88頁) と述べている。この指摘を踏まえるならば、被害者と加害者の力関係のアンバランスといういじめという現象の本質的な要素は、学級集団が組織された時点ですでに学級集団に内包されていると言っても過言ではないであろう。
　また、柳 (2005) は、海外旅行のときに利用するパックツアーのグループと学級という2つのグループを比較し、その共通点と相違点について検討している。共通点としては、次の3つをあげている (12頁)。

①　指導する者と、指導される者から構成される集団である。
②　期間が限定されて成立する集団である。
③　参加者の選択の自由度が少ない集団である。

一方、相違点については、次の5つをあげている (13頁)。

① 人々が自発的に集まった集団と、強制的に集められた集団という違いがある。
② 参加者の年齢が問われない集団と、参加者の年齢が統一された集団という違いがある。
③ 参加者の相互関係が非競争的状況にある集団と、競争的集団という違いがある。
④ 参加者による集団形成が短期間で終了する集団と、長期間にわたる集団という違いがある。
⑤ 大人が主として利用する集団と、青少年が主として利用する集団という違いがある。

当然のことながら、前者の特徴をもつ集団がパックツアーのグループであり、後者の特徴をもつ集団が学級である。これらの相違点にもとづき、柳 (2005) は「簡単にいえば『学級』とは、『強制されたパック』という性格を持っている」(13頁) とし、学級の特徴として、次の5つをあげている (13-14頁)。

① 学習意欲のない子どもも受け入れねばならないという使命を学級集団は背負っている。
② 学習の順序を、子どもが自分で決定することができない。
③ 年齢が無理に統一されることにより、子どもの中で比較的年長者が支配するという自然の秩序が存在しない、いびつな集団が形成される。
④ ある程度均質な集団の中で、児童・生徒は数字でメリハリのついた成績をめぐる競争状態に常に置かれる。
⑤ 仲良しの友達ができれば幸いだが、どうしても仲良しになれない同級生と、一年間も、あるいはそれ以上の長期間にわたって付き合わねばならない。

上記のような状態に置かれた生徒の反応として、柳（2005）は次の3つをあげている（14-15頁）。

① 集団所属そのものに体質的にアレルギー症状を示す生徒、すなわち多くの者といつも一緒に行動をすることに抵抗を感じたり、うまく交われなかったりする生徒が、少数ではあるが必ず存在する。
② 一緒に学習するのは不利益だからという理由で、学級での学習に不満を感じる生徒が生まれる。それは特に、理解力が早くて、授業の速度にいつも不満を持つ生徒と、逆に理解の仕方が遅いために、通常の授業のテンポについていけない生徒とに分けられる。
③ 集団が楽しいから学級での生活にことさら違和感を持つことなく参加する生徒がいる。しかし彼らとても、同年齢原理や競争原理がもたらす緊張関係と無縁ではない。

これらを踏まえ、柳（2005）は学級の問題点について、次のように述べている。「強制的に子どもが学齢に達すると参加しなければならない『学級』自体が、教師の指導の善し悪しとは関係なく、生徒に多くの緊張をもたらすようになっているのである」（15頁）。柳は、学級の本来的な特質といじめとの関連について明言しているわけではない。ただし、学級が子どもたちに学習面や人間関係などの面で多大な緊張をもたらすとしたならば、そのことが子どもたちをいじめへと向かわせるリスクは極めて高いと言えるだろう。ストレスがいじめの発生要因となることは、先述した「（加害者の）不適応原因仮説」にもとづく研究によって明らかにされているからである。

さらに、内藤（2001・2007・2009）は、学級集団ひいては学校の有する問題を「中間集団全体主義」という概念を用いて説明している。「中間集団全体主義」とは、「各人の人間存在が共同体を強いる集団や組織に全的に埋め込まれざるをえない強制傾向が、ある制度・政策的環境条件のもとで構造的に社会に繁茂している」（2001, 21頁）状態を指す。内藤によれば、学校とはこのような「中間集団全体主義」が現実に成立している場である。学校では、「これ

まで何の縁もなかった同年齢の人々をひとまとめにして(学年制度)、朝から夕方までひとつのクラスに集め(学級制度)、強制的に出頭させ、全生活を囲い込んで軟禁する(実質的には強制収容制度になっている義務教育制度)」(2009, 165頁)。こうした狭い生活空間への囲い込みのもと、子どもたちは性格的に合わない人間とも心理的な距離をとることができず、互いに関わり合うことを余儀なくさせられる。その結果、学校は「迫害可能性密度」の高い政治的な生活空間(誰かが誰かの運命を左右するチャンスが散りばめられた空間)となる。このような見解のもと、内藤はいじめを防ぐための短期的な政策の1つとして、「学級制度の廃止」を訴えている。

(B) 学級集団特性といじめとの関連に着目した研究

学級集団特性といじめとの関連について検討したものとしては、高木(1986)や滝(1996)、河村・武蔵(2008)、黒川・大西(2009)などがある。高木(1986)は、中学生を対象とした質問紙調査をもとに、教師のリーダーシップ、いじめに関する規範、学級集団特性という3つの集団特徴と、いじめ認知率との関係について検討している。その結果、いじめがあまり起こっていないクラスの生徒はいじめが多発しているクラスの生徒と比べ、①教師がリーダーシップ機能を果たしていると思っていること、②教師がいじめに対して好ましくない態度を低く評価していると思っており、自分たちもそのような態度を低く評価していること、③自分たちのクラスの仲間が相互に協力的であり、お互いに関心を持ち合っていると思っていること、などを明らかにしている。

滝(1996)は、中学生を対象とした質問紙調査をもとに、学級の雰囲気といじめの発生との関連について検討している。その結果、①ストレス感情の強い学級では、いじめ行為に関わる人数が多いこと、②排他性の少ない学級では、いじめ行為に関わる人数が少ないこと、などを明らかにしている。

河村・武蔵(2008)は、小中学生を対象とした質問紙調査をもとに、学級集団の状態といじめの発生率との関係について検討している。その際、学級集団の状態を次の5つのタイプに分類している。第1に、「満足型」である。「満足型」とは、「学級にルールが定着し、その中で児童生徒の間に親和的な人

間関係が形成されており、同じ集団に所属する者同士の協同の活動や日々の集団生活の中での建設的な人間関係の相互作用が活発な状態にある学級」(2頁)のことである。第2に、「管理型」である。「管理型」とは、「教師主導のルールを下に一斉指導を展開する従来の学級経営スタイルから生じており、学級内にルールは確立し、児童生徒は教師のいうことは素直にしたがうが、相互のかかわり合いが低調になり、親和的な人間関係が不足しがちで主体的に活動するということが少ない学級」(2頁)のことである。第3に、「なれあい型」である。「なれあい型」とは、「教師は児童生徒一人ひとりに細やかに接するが、一方では学級全体にルールの順守を厳しく迫ることがないため、学級集団としてのルールや規範の確立が弱い学級」(2頁)のことである。第4に、「荒れ始め型」である。「荒れ始め型」とは、「『管理型』『なれ合い型』学級のそれぞれの問題が深刻化していった結果、教師の一斉指導が行き届かずに自分勝手な行動をとる児童生徒が増えたり、学級環境が荒れてきて、学習や協同活動が成り立ちにくくなっている」(2頁)状態にある学級のことである。第5に、「崩壊型」である。「崩壊型」とは、「『荒れ始め型』がさらに悪化し、いわゆる学級崩壊と呼ばれる状態にある学級」(2頁)のことである。分析の結果、①小学校では、「満足型」→「管理型」→「なれあい型」の順にいじめの発生率が高くなっていくこと、②中学校では、「満足型」→「管理型」→「なれあい型」→「荒れ始め型」の順にいじめの発生率が高くなっていくこと、などを明らかにしている[9]。

　黒川・大西(2009)は、小中学生を対象とした質問紙調査をもとに、いじめに対する否定的な準拠集団規範が加害傾向を抑制することを明らかにしている。

　以上の調査結果は、いずれも学級集団のあり様がいじめの発生と密接に関わっていることを示唆している。

　また、多くの研究において理論的枠組みとして採用されている「いじめ集団の四層構造論」では、傍観者がいじめを抑止するキーパーソンであると考えられている。そのため、傍観者に着目した研究も見られる。これらの研究は、次の2つに大別される。1つは、傍観者の被害者への援助行動に着目した研究である (清水・瀧野 1998, 青木・宮本 2002, 蔵永ほか 2008 など)。これらの研

究では、①第三者が被害者への援助行動を行った場合に、いじめが抑制されること、②援助規範意識や被害者への役割取得が、被害者への援助行動に影響を及ぼすこと、などが明らかにされている。

　もう1つは、傍観者の意識に着目した研究である（大坪 1999, 渡部ほか 2001 など）。これらの研究では、①傍観者が被害者への援助を抑制する理由や、②それらの理由に影響を及ぼす要因などが検討されている。

(3) いじめ被害経験は子どもの心身にどのような影響を及ぼすのか？

　いじめ被害経験が被害者の心身に及ぼす影響については、被害者から寄せられた手記からもうかがえる。例えば、週刊少年ジャンプ編集部編 (1995) には、過去にひどいいじめを受けたことにより、成人になってからもその影響に苦しんでいる人々の事例が見られる。

　また、いじめ被害経験が被害者の心身に及ぼす影響を実証的に明らかにすることを目的としたものとしては、坂西 (1995) や香取 (1999)、森本 (2004) などがある。先述したように、坂西 (1995) は、大学生を対象とした質問紙調査をもとに、いじめを受けた当時の苦痛の程度が大きい者ほど、大学生となった現在においても心身の不調を訴えていること、などを明らかにしている。

　また、香取 (1999) は、大学生・短大生を対象とした質問紙調査をもとに、①いじめ被害経験が及ぼす影響には、マイナスの影響（情緒的不適応、同調傾向、他者評価への過敏）とプラスの影響（他者尊重、精神的強さ、進路選択への影響）があること、②いじめによる心の傷を回復するためには、信頼感を回復させる体験をしたり、いじめ体験についての心の整理をしたり、いじめ体験をプラスに考えることが有効であること、などを明らかにしている。

　さらに、森本 (2004) は、大学生を対象とした質問紙調査をもとに、①いじめ被害経験が及ぼす影響には、プラスの影響とマイナスの影響があること、②いじめ被害経験時に、積極的自力対処を試みた場合にはプラスの影響が高まる一方で、無抵抗・従順対処を試みた場合にはマイナスの影響が高まること、などを明らかにしている。

第4節　本研究の分析課題と構成

　本研究は、社会構築主義的研究の重要性を認めつつも、実態主義的立場にもとづき、いじめについて検討する。社会構築主義的研究の意義としては、いじめの社会問題化に伴い、いじめに対する見方・考え方などが一元的なものに収斂していくなか、そのことの問題点を提起する、ということがあげられよう。例えば、「いじめ」と「自殺」とを直接結びつける言説が生まれ、そのことがかえって「いじめ」を苦にしている子どもの自殺を後押ししてしまう、などは社会構築主義的研究が導き出した極めて重要な知見であると言える。また、「いじめを客観的に把握することができる」という一見常識的な考え方に対して、ある現象を「いじめ」と判断することは必ずしも容易ではないことを、子ども間の相互作用や教師と子どもとの相互作用、教師を対象としたインタビュー、裁判記録などから検討し、「いじめ」以外の語り方（例えば、子ども間のトラブルなど）もあり得る現象を「いじめ」と単純化して語ることの暴力性を浮き彫りにすることも、社会構築主義的研究が得意とするところである。

　しかし一方で、ある現象を「いじめ」と同定しないことには、子どもたちに降りかかる不当な暴力を問題化し、そうした不当な暴力に苦しむ子どもたちを積極的に守ろうとする動きが社会のなかで生まれにくい、という事実にも目を向ける必要があるだろう。いじめが実態として存在することを前提とし、いじめの発生メカニズムやいじめを解決・防止するための対策などについて検討する実態主義的研究の意義は、子どもたちに降りかかる不当な暴力を「いじめ」という形で可視化させることにより、その解決や予防の糸口を示すことにあると言える。そのため、実態主義的研究がその真価を最大限に発揮した場合、「いじめ」に苦しむ子どもたちを保護することが可能になるとともに、学校（学級）を子どもたちにとって今まで以上に安全・安心な場へと転換させることも可能となるであろう。本研究が実態主義的立場に身を置くのは、こうした実態主義的研究の可能性を引き出すことに少しでも貢献し

たいと考えているからにほかならない。

　実態主義的研究の多くは、理論的枠組みとして「いじめ集団の四層構造論」を採用している。また、「いじめ集団の四層構造論」の妥当性を示す結果も多数報告されている。ただし、「いじめ集団の四層構造論」に課題がないわけでは決してない。

　本節では、「いじめ集団の四層構造論」の課題について検討し、本研究の分析課題を示すとともに、本研究の構成を示すこととしたい。

　まずは、「いじめ集団の四層構造論」の功績について述べることとしたい。「いじめ集団の四層構造論」の功績は、主には次の2つの転換をもたらしたことにあると考えられる。1つは、教師によるいじめ指導の対象が「個人」から「集団」へと転換したこと、である。かつて、いじめは被害者と加害者という当事者間の問題であると考えられていた。そのため、いじめ指導の方法としては、いじめが発覚したあとに、教師が被害者と加害者の双方を呼び出し、お互いに対して指導するというやり方が一般的であったと思われる。

　一方、「いじめ集団の四層構造論」においては、いじめは単なる当事者間の問題ではなく、学級集団全体のあり方が問われる問題であると考えられている。そのため、「いじめ集団の四層構造論」が提唱されて以降、学校現場においては個人に対する指導と同等ないしはそれ以上に、学級集団全体に対する働きかけが重要視されるようになったと推察される。具体的には、道徳や特別活動（学級活動や児童・生徒会活動など）の時間を通じて、子どもたちにいじめについて深く考えさせるなどの指導が広く行われるようになったと考えられる。

　このような指導の転換は、いじめに対する消極的対処から積極的対処への転換であるとも言えよう。学級集団全体に対する働きかけでは、いじめが発覚したあとの事後的対処という視点以上に、いじめを未然に防ぐという予防的対処の視点が重視されているからである。

　「いじめ集団の四層構造論」のもう1つの功績としては、被害者の立場の転換をもたらしたことがあげられる。被害者の立場の転換とは、「指導される立場」から「保護される立場」への転換である。かつて、いじめは被害者

側にも過失があると考えられていた。このことは、いじめ研究が行われた当初、「（被害者・加害者の）性格原因仮説」が比較的支持されていたことからもうかがえよう。そのため、いじめが発覚した際、加害者のみならず被害者も教師の指導の対象であったことは十分に想像されることである。例えば、教師が被害者となった子どもに対して、「あなたにも悪いところがあるから直したほうがよい」などの発言をすることなどがあげられよう。

　一方、「いじめ集団の四層構造論」においては、いじめの本質的な原因は学級集団の状態にあると考えられるため、被害者側にいじめられる原因があるとは考えられない。彼らは、たまたま運悪くいじめのターゲットに選ばれたに過ぎない。そのため、教師は被害者となった子どもを積極的に守ることが必要となる。このような被害者の立場の転換は、被害者となった子どもたちにとって非常に大きな救いとなったであろう。かつてであれば、仲間から排除され、かつ教師からも指導されていたかもしれない存在が、積極的に守られるべき存在へと劇的に変化したからである。

　これらのことからも「いじめ集団の四層構造論」の功績は大きいと言えるが、「いじめ集団の四層構造論」に課題がないわけでは決してない。「いじめ集団の四層構造論」の課題としては、次の5つがあげられる。

　第1に、いじめ被害者をいじめに対して無力で無抵抗な受動的存在としてみなす傾向にある、ということである。しかし、いじめ被害者の手記などを見ると、いじめ被害者は必ずしもいじめに対して無力で無抵抗な受動的存在ではなく、いじめに対して様々な形で抵抗を試みる能動的な存在であることがわかる（週刊少年ジャンプ編集部編 1995 など）。

　第2に、学級集団の影響を強調するあまり、いじめ加害者への着目が不十分である、ということである。当然のことながら、いじめは加害者がいないことには成立しない。そのため、いじめ加害者に着目した研究を行うことは、必要不可欠な作業であると言えよう。

　第3に、いじめ傍観者に対する過度の期待が見られる、ということである。「いじめ集団の四層構造論」では、いじめ傍観者がいじめ抑止のキーパーソンと考えられている。これまでいじめを黙って見ていた者が、いじめを止

めに入る仲裁役になるなど、いじめ被害者を何らかの形で援助することによって、いじめは解消の方向に向かうと考えられたからである。しかし、実際のいじめ場面において、"いじめ被害者を何らかの形で助けようとする子どもたちはどの程度いるのか"、また、"いじめ被害者を助けることが難しいとしたなら、それはなぜなのか"といったことは必ずしも明らかとなっていない。

　第4に、いじめのあり様は男子仲間集団と女子仲間集団とで共通する部分がありつつも、異なる部分もあると考えられるが、この点について「いじめ集団の四層構造論」では十分に検討されていない、ということである。換言するならば、男子仲間集団におけるいじめと女子仲間集団におけるいじめが区別されることなく、なかば同一視されている、という課題である。

　第5に、いじめの場を学級に限定している、ということである。日本のいじめ研究の大半は、学級集団におけるいじめに着目してきた。このことは日本のいじめの主たる発生場所を考えた場合、決して誤りであるとは言えないものの、学級以外の場所におけるいじめへの無関心を引き起こしたと言えなくもないであろう。

　本研究では、「いじめ集団の四層構造論」を理論的枠組みとしつつも、これらの課題の克服を中心的なテーマとしている。以下では、本研究の構成を紹介することとしたい。

　第1章では、学級集団特性といじめとの関係について検討を行う。日本のいじめについて考えるにあたり、学級集団といじめとの関係について検討することが必要不可欠となる。先述したように、日本のいじめの特徴は学級における狭い対人関係のなかで生じるという点にあるからである。このことは、日本における多くの研究で「いじめ集団の四層構造論」が理論的枠組みとして採用されていることと決して無関係ではないだろう。「いじめ集団の四層構造論」では、いじめを学級集団レベルの問題としてとらえているからである。本章では、学級集団特性といじめとの関係について、教師のいじめ予防策の実施状況に着目した分析を行う。先行研究でも、学級集団特性といじめとの関連については検討されているものの、教師に着目した研究は少な

い。このような状況のなか、髙木 (1986) は、学級集団特性といじめとの関係について検討するにあたり、教師のリーダーシップに着目した分析を行っている。ただし、分析に採用されている教師のリーダーシップに関する変数は、生徒の認知にもとづくものであり、教師に直接尋ねた結果得られたものではない。その一方で、本章で使用する教師のいじめ予防策の実施状況に関するデータは、学級担任教師を対象とした質問紙調査の結果得られたものとなっている。

第2章では、いじめ体験が被害者の心身に及ぼす影響について検討を行う。この点については先行研究でも検討されているものの、先行研究には次のような問題点がある。第1に、青年を対象とした回顧調査が多い、ということである。第2に、"被害者がいじめによる心の傷を回復するためには具体的にどのようなことが必要とされるのか"ということについての実践上の示唆が乏しい、ということである。そこで本章では、いじめの渦中にある小学生を対象とした質問紙調査をもとに、いじめ体験が被害者の心身に及ぼす影響について検討を試みる。また、"被害者が過去のいじめ体験を克服する手掛かりは、現在（調査当時）の学級における人間関係にあるのではないか"との仮説のもと、学級集団特性に着目した分析を行う。

第3章から第8章については、先述した「いじめ集団の四層構造論」の課題を克服することを企図した内容となっている。第3章では、被害者の能動性に着目した分析を行う。ここでの主要な問いは、"被害者のいじめへの対処行動は、いじめの解決において有効なのか？"というものである。

第4章および第5章では、加害者に着目した分析を行う。第4章での主要な問いは、"加害者によるいじめ行為の正当化に影響を及ぼす要因は何なのか？"というものであり、第5章での主要な問いは、"加害者の私的利害は、いじめのエスカレート化にどのような影響を及ぼすのか？"というものである。

第6章では、傍観者（観衆を含む）に着目した分析を行う。ここでの主要な問いは、"子どもたちはなぜいじめを傍観するのか？"というものである。

第7章では、近年注目されている「スクールカースト論」を取り上げ、そ

の批判的検討を行う。ここでの主要な問いは、"「スクールカースト」はなぜ生じるのか"というものである。森田 (1999) は、被害者と加害者の「力関係のアンバランス」をいじめ定義の本質的要素としている。この点に鑑みれば、「スクールカースト論」の意義は、被害者と加害者の「力関係のアンバランス」をクラス内におけるグループ間の力学という点からとらえようとしたことにあると言える。また、「スクールカースト」という言葉が、青少年にとってリアリティのあるものとして受け止められている、という事実にも目を向ける必要があるだろう。その一方で、「スクールカースト」の構造とその発生メカニズムについては、十分に明らかとはなっていない。そこで本章では、①「スクールカースト」の構造、②「スクールカースト」を生み出す要因、③「スクールカースト」といじめとの関連、という3つの課題について検討を試みる。

　第8章では、「いじめ集団の四層構造論」には"いじめの場を学級に限定している"という課題があることを踏まえ、部活動におけるいじめに着目した分析を行う。ここでの主要な問いは、"部活動におけるいじめはなぜ起きるのか？"というものである。

　なお、「いじめ集団の四層構造論」には"男子仲間集団におけるいじめと女子仲間集団におけるいじめが区別されることなく、なかば同一視されている"という課題があることを踏まえ、第7章と第8章では、男女の違いを踏まえた分析を行う。

　終章では、各章で明らかとなったことをあらためて整理するとともに、「いじめ集団の四層構造論」の課題を整理・検討することを通じて得られた知見をもとに、「いじめ集団の四層構造論」において見逃されていた点を明らかにするとともに、「いじめ集団の四層構造論」の限界を示す。そのことを踏まえ、今後のいじめ研究の方向性を示す。また、本研究の課題についても述べ、本研究を締めくくることとしたい。

　また、ラベリング理論の知見が各章にどのように生かされているのか、という点についても述べておきたい。各章に共通しているのは、ラベリング理論にもとづく、いじめ被害者観である。そのいじめ被害者観とは、"いじめ

被害者をいじめ加害者によるインフォーマルな集団内規則の選別的な執行により意図的に作り出された者とみなす"というものである。このようないじめ被害者観を採用することにより、いじめを集団内におけるルールとの関係でとらえている研究との整合性をとりつつも、いじめの原因を被害者に求めるという考えを明確に退けることができる。

このようないじめ被害者観はすべての章に共通しているが、ラベリング理論の知見が色濃く採用されているのは、第3章と第5章である。第3章では、いじめ被害者がいじめ加害者によって様々な否定的ラベル(「バイキン」「ブタ」など)を付与される一方で、そのことに黙って従うだけの受動的存在であるとは限らないことを示す。

第5章では、ラベリング理論における「セレクティブ・サンクション」の考えにもとづき、いじめ加害者がどのような私的利害により集団内規則の執行に至るのか、という点に着目した分析を行う。

なお、本研究は、次の5つの調査によって得られたデータを分析した結果にもとづいている。第1に、2002（平成14）年2月に小学生（4年生から6年生）および学級担任教師を対象に実施した質問紙調査である（以下、2002年調査）。小学生を対象とした調査では、「いじめ集団の四層構造論」を構成するメンバー、すなわち、被害者、加害者、観衆、傍観者それぞれの経験者に対して問いを設定した。本調査の分析結果にもとづく章は、第1章から第4章である。

第2に、2011（平成23）年12月に中学生（1年生と2年生）を対象に実施した質問紙調査である（以下、2011年調査）。この調査は、いじめ加害経験者に特化した内容となっている。この調査では、2002年調査には含まれていなかった、いじめを続けていくなかでの加害者の心情の変化に関する項目やいじめの実態面での変化に関する項目などを新たに設けている。本調査の分析結果にもとづく章は、第5章である。

第3に、2009（平成21）年12月に中学生（全学年）を対象に実施した質問紙調査である（以下、2009年調査）。この調査は、いじめ傍観者に特化した内容となっている。この調査では、2002年調査には含まれていなかった、いじめを目撃した当時の生活の様子に関する項目などを新たに設けている。本調査

の分析結果にもとづく章は、第6章である。

　第4に、2014（平成26）年12月に中学生（1年生と2年生）を対象に実施した質問紙調査である（以下、2014年調査）。この調査では、上記の調査（2002年調査、2009年調査、2011年調査）には含まれていなかった、クラスに存在するグループやグループ間での影響力の違いなど、「スクールカースト」に関わる項目などを新たに設けている。本調査の分析結果にもとづく章は、第7章である。

　第5に、2017（平成29）年12月に大学生を対象に実施した質問紙調査である。この調査では、上記の調査（2002年調査、2009年調査、2011年調査、2014年調査）には含まれていなかった、中学生時の部活動の実態や部活動におけるいじめに関する項目などを新たに設けている。本調査の分析結果にもとづく章は、第8章である。

注
(1) 新しい定義を用いた調査以降、いじめの「発生件数」という表現は「認知件数」という表現に改められることとなった。いじめが第三者（とりわけ大人）には見えにくく、学校側が把握できないいじめも数多くあるということを強調するためである。
(2) このように、いじめの社会問題化がいじめ件数の急増をもたらすという現象は、S君やO君の事件に限ったことではない。2005（平成17）年の北海道滝川市における小6女子児童の自殺事件を機にいじめへの注目は3度目のピークを迎え、さらには2011（平成23）年の滋賀県大津市における中学2年生の男子生徒の自殺を機にいじめへの注目は4度目のピークを迎えた。これら2つの自殺事件それぞれの翌年、すなわち2006（平成18）年度および2012（平成24）年度のいじめの件数を見ると、2006（平成18）年度は前年度の6倍以上の件数を、2012（平成24）年度は前年度の3倍近くの件数を記録している。
(3) 何をもって「重大事態」とするのかという点については、いじめ防止対策推進法の第二十八条で次のように示されている。第1に、「いじめにより当該学校に在籍する児童等の生命、心身又は財産に重大な被害が生じた疑いがあると認めるとき」である。第2に、「いじめにより当該学校に在籍する児童等が相当の期間学校を欠席することを余儀なくされている疑いがあると認めるとき」である。
(4) 学校や教師が批判の対象となりやすい理由については、石飛（2012）が参考になろう。石飛は、いじめが集団的な出来事として言説的に構築されたことにより、具体的で明確な「責任」を特定の「加害者」の特定の「行為」に求めることが困難となっている可能性を指摘している。いじめを集団的な出来事としてとらえた場合、いじめの原因を

(5) 子どもの自殺を契機としたいじめの社会問題化は、ノルウェーでも報告されている（Olweus, D. 訳書 1992）。
(6) 「CiNii（論文情報ナビゲータ）」で「いじめ」を検索すると、その数は 14,353 件にのぼる。論文に限定しても、その数は 11,665 件となっている（2024 年 8 月 17 日現在）。
(7) 様々な調査により、男子には「たたく・ける・おどす」などの「暴力系のいじめ」が多い一方で、女子には「無視・仲間はずれ」などの「コミュニケーション操作系のいじめ」が多いことが明らかとなっている（森田ほか編 1999 など）。
(8) いじめの国際比較研究により、日本では学級でいじめが多く発生するのに対し、海外（イギリス、オランダ、ノルウェー）では校庭でいじめが多く発生することが明らかとなっている（森田監修 2001）。このことも、日本において学級集団といじめとの関係が検討されていることと無関係ではない。
(9) 「荒れ始め型」と「崩壊型」の学級に所属する児童生徒のデータについては学校単位での調査協力が得られない場合が多かったという理由から、小学校では双方のタイプの学級を除いた分析が、中学校では「崩壊型」の学級を除いた分析が行われている。

冒頭に省略された箇所: 特定の個人に帰属させることは難しくなるからである。その結果、「いじめ加害者」の代わりに学校や教師が「責任主体」として同定されているようになった可能性について述べている。

第1章

学級集団特性といじめ
──教師によるいじめ予防策に着目して──

第1節　問題の設定

　本章の目的は、小学生および学級担任教師を対象とした質問紙調査をもとに、学級集団特性といじめとの関係について検討することにある。その際、学級担任教師のいじめ予防策の実施状況に着目する。

　いじめはかつて、日本社会固有の問題として論じられることもあった。しかし、1990年代半ば以降、日本以外の国々においても、日本のいじめとよく似た現象が見られることが知られるようになってきた（Olweus, D. 訳書 1995, Smith, P. K. and Sharp, S., eds. 訳書 1996, 森田総監修 1998, 土屋ほか編 2005 など）。こうした状況のなか、いじめに関する国際比較研究[1]が行われた。図表1-1は、

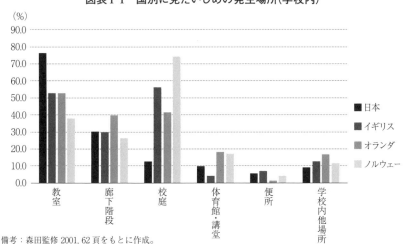

図表1-1　国別に見たいじめの発生場所（学校内）

備考：森田監修 2001, 62 頁をもとに作成。

その結果の一部であり、国別に見たいじめの場所（学校）を示したものである。この結果より、日本のいじめの大半は教室で生じるのに対し、そのほかの国々では校庭におけるいじめが多いことがうかがえる。また、被害者と加害者の関係については、日本については同じクラスの子が圧倒的に多数を占めるのに対し、海外では年上の学年の子が年下の学年の子をいじめるケースが多いことが明らかとなっている（森田監修 2001, 金綱 2015 など）。

　このような日本におけるいじめと海外におけるいじめの現象面での違いは、いじめ対策の違いにも表れている。例えば、犯罪社会学者で知られるFarrington, D. P.（1993）は、海外のいじめ研究をレビューするなかで、いじめに対抗するプログラムのキーとなる要素を5つあげているが、そのうちの1つは校庭に関することである。具体的には、以下のように述べている。

　　いじめに関する出来事を止めるために、校庭における子どもの監督を改善するとともに、介入の速度と確実性を高めること。それは、監督者を訓練したり、教師が監督するようにするために賃金を支払ったり、監督制度を拡張したりすることによってなされる。もし可能ならば、校庭に必要な道具を装備させたり、より魅力的にしたり、より楽しいものにする（Farrington, D. P. 1993, p. 425）。

　また、Smith, P. K. and Sharp, S., eds.（訳書 1996）は、シェフィールド・プロジェクト[2]の取り組みと成果について整理するなかで、「初等学校の校庭におけるいじめの理解と防止」という章と「校庭環境を向上させる」という章を設けている。前者の章では、校庭での大人による監督者のスキルを高めることの重要性が指摘されており、後者の章では、生徒の意見（理想とする校庭）を取り入れた校庭の物理的環境の改善の取り組みが紹介されている。

　これらのことから、日本のいじめの特徴が見えてくる。それは、主として学級のなかで生じるとともに、学級における狭い対人関係のなかで生じる、ということである。このことは、日本に住んでいれば当たり前のように思えるかもしれない。しかし、海外のいじめと比較することにより、このことが

極めて日本的な特徴であることがわかる。そのため、日本におけるいじめについて検討しようとするならば、学級集団といじめとの関係を問うことが必要不可欠となってくるのである。

それでは、学級集団といじめとの関係をどのように検討すればよいのであろうか。この点については、2つのアプローチが可能であると考えられる。1つは、学級集団の制度的・構造的特質といじめとの関連を検討する、というアプローチである。このアプローチの前提となるのは、どの学級集団にも共通して見られる制度に裏付けられた特質があり、それらが子ども間の対人関係上のトラブル、ひいてはいじめと関係している、ということである。もう1つは、個々の学級集団によって異なる雰囲気や特性があり、それらといじめとの関連を検討するというアプローチである。

前者のアプローチにもとづく研究としては、竹川（1993）や柳（2005）、内藤（2001・2007・2009）などがある。これらの研究はいずれも、学級集団が本来的に子ども間の人間関係などの面において多くの問題を抱えていることを指摘している。このことを踏まえ、内藤（2009）は、いじめを防止する上での短期的な政策として、「学校の法化」と「学級制度の廃止」という2つをあげている。「学校の法化」とは、暴力系のいじめ（なぐる、けるなど）への対応策であり、加害者が生徒であるか教員であるかに関わらず、いじめには法律で対応する、というものである。「学級制度の廃止」とは、コミュニケーション操作系のいじめ（悪口、無視など）への対応策である。この対応策は、「学級や学校への囲い込みを廃止し、出会いに関する広い選択肢と十分なアクセス可能性を有する生活圏で、若い人たちが自由に交友関係を試行錯誤できるのであれば、『しかと』で他人を苦しませるということ自体が存在できなくなる」（203頁）という考えにもとづいている。

一方、後者のアプローチにもとづく研究としては、高木（1986）や滝（1996）、森田ほか編（1999）、河村・武蔵（2008）、黒川・大西（2009）などがある。これらの研究はいずれも、学級集団のあり様がいじめの発生と密接に関わっていることを明らかにしている。

本章は、これら2つのグループの研究のうち、後者のアプローチにもとづ

く研究に属するが、先行研究には次のような課題がある。それは、教師に着目した研究が少ないということである。このような状況のなか、高木(1986)は、学級集団特性といじめとの関係について検討するにあたり、教師のリーダーシップに着目した分析を行っている。ただし、分析に使用されている教師のリーダーシップに関する変数は、生徒の認知にもとづくものであり、教師に直接尋ねた結果得られたものではない。教師が学級集団のあり様やいじめの発生状況に及ぼす影響をより精確に検討するためには、学級担任をしている教師自身に"日々、どのような実践をどの程度行っているのか"という点について直接尋ねる必要があろう。

　そこで、本章では、小学生と学級担任教師を対象とした質問紙調査をもとに、次の2点について検討することとする。第1に、学級集団特性と学級におけるいじめの発生状況との関連である。第2に、教師の日常的な教育実践の1つである、いじめ予防策の実施状況と学級集団特性との関連である。これらの結果を踏まえた上で、"いじめが起きにくい学級集団づくりにおいてどのようなことが必要とされるのか"、という点について若干の考察を試みたい。

第2節　方法

1　調査対象

　調査対象は、X県内の小学校4校24学級に在籍する児童701名および各学級の担任教師である。回収率は、児童調査では89.2％（625部）、学級担任調査では79.2％（19部）であった。児童調査の学年別・男女別の内訳は、小学4年生（男性：108名、女性115名、性別不明：1名）、小学5年生（男性：104名、女性：107名、性別不明：3名）、小学6年生（男性：101名、女性：84名、性別不明：2名）となっている。

　なお、小学6年生の学級には、児童が1名のみの学級が含まれる。本章では、学級集団内のいじめを分析対象とするため、当該児童および当該学級担

任教師を除いて分析することとした。

2　調査の実施

　教育委員会および各学校長の承認を得て調査を実施した。調査の実施時期は、2002（平成14）年2月中旬である。調査用紙は、学級ごとに担任教師によって配布された。児童には調査用紙を家庭に持ち帰ってもらい、自宅で記入した上で封筒に密封し、担任教師に提出してもらうこととした[3]。なお、担任教師には、これらを開封せず、回答済みの学級担任調査用紙とあわせて、さらに大きなサイズの封筒に入れた上で密封してもらうよう依頼した。

3　調査内容

(1) 児童調査[4]
1) 学級集団特性

　学級集団特性を測定するための尺度については、高木（1986）を参照した。尺度は32項目からなり、成員間の協力に関する項目、成員間の友好な人間関係に関する項目、成員からの評価への懸念に関する項目などから構成される。これらについて、「とてもあてはまる」から「まったくあてはまらない」の4段階で回答するよう求めた。

2) 学級内のいじめ認知

　学級内のいじめの実態を把握するために、「あなたのクラスでは、これまでに"いじめ"がありましたか」と質問し、「ある」「ない」で回答を求めた。

(2) 学級担任調査

　いじめ予防策については、笠井（1998）の項目を参照した。項目は14項目からなる。
　いじめ予防策に関する項目は、「いじめや人権尊重についての授業」「学校全体のいじめに対する指導体制・指導方法の確立」といった、いじめ防止を主たる目的とする活動と、「学級の雰囲気づくり」「子どもの日常の友人関係

の把握」といった、いじめ防止を主たる目的としないまでも、いじめを防ぐ上で有効と考えられる活動に関する項目から構成されている。

これらのいじめ予防策をどの程度実施しているのかについて、「よくしている（よくした）」から「ほとんどしていない（ほとんどしていなかった）」の4段階で回答するよう求めた。

第3節　結果(学級集団特性といじめ)

1　学年・学級別いじめ認知率

図表1-2は、学年・学級別のいじめ認知率（"これまでに学級内でいじめがあった"と回答した者の人数が学級全体に占める割合）を示したものである。

いじめ認知率を学年別に見ると、違いが見られることがわかる。いじめ認知率の平均値（各学級のいじめ認知率を合計し、学級の数で除した値）は、4年生では82.7％、5年生では77.4％、6年生では64.9％となっている。学年の進行に伴い、認知率は低下傾向にあると言える。

図表1-2　学年・学級別いじめ認知率　(％)

		学年		
		4年生	5年生	6年生
学級	A	91.3	76.7	56.5
	B	92.6	92.3	41.4
	C	65.2	76.0	66.7
	D	85.3	65.5	92.0
	E	87.5	28.6	65.2
	F	80.0	88.0	57.7
	G	60.0	92.0	75.0
	H	100.0	100.0	—
	平均	82.7	77.4	64.9

また、学級別に見ても、かなりの違いが見られる。各学級のいじめ認知率の最大値と最小値を見ると、4年生では、60.0％と100.0％、5年生では、28.6％と100.0％、6年生では、41.4％と92.0％となっている。

2　学級集団特性の構造的把握(因子分析)

学級集団特性の構造的把握を行うために、因子分析を行った[5]。その結果が、図表1-3である。第1因子で負荷が高かったのは、「わたしは、クラスの人たちといっしょにいると楽しい (0.740)」「わたしは、クラスの人たちが好きだ (0.686)」「わたしは、クラスのみんなが好きだし、クラスの人たちもみんなわたしを好いてくれていると思う (0.661)」「わたしは、クラスが変わっても、今のクラスの人たちとはつきあいたいと思う (0.649)」「わたしは、今のクラスに満足している (0.630)」「クラスの中にはなかのいい友達がたくさんいる (0.604)」「わたしは、クラスがえになって、今のクラスの人たちとはなれるのがさびしい (0.570)」「わたしは、ほとんどのクラスメイトとうまくやっている (0.551)」の8項目である (カッコ内の数値は因子負荷量。以下同様)。そこで、この因子を"クラスメイトに対して親しみや好意を抱いている"という意味で「成員に対する親和性」と命名した。

第2因子で負荷が高かったのは、「わたしのクラスは、何か行事があるとみんなで協力しあうほうだ (0.659)」「クラスで決めたことは、みんなで守る (0.622)」「そうじはみんなで協力して早く終わらせる (0.507)」「クラスで何かするときは、みんな熱心である (0.505)」「わたしのクラスでは、何かを決めるとき、みんなが話しあって決める (0.466)」「わたしのクラスでは、何かこまったことがあると、みんなで話しあって解決する (0.452)」「わたしのクラスでは、学校行事 (文化祭や体育祭) の準備がはかどるほうである (0.437)」の7項目である。そこで、この因子を"クラスで解決すべき課題や問題があるときに、成員同士が協力して取り組んでいる"という意味で「成員間の協力性」と命名した。

第3因子で負荷が高かったのは、「わたしは、クラスの人たちからどう思われているか気になる (0.720)」「わたしは、自分のクラスがほかのクラスの

図表1-3　学級集団特性の因子分析結果

	成員に対する親和性	成員間の協力性	他者からの評価懸念	学級貢献志向
わたしは、クラスの人たちといっしょにいると楽しい。	0.740	0.164	0.040	0.110
わたしは、クラスの人たちが好きだ。	0.686	0.315	0.004	0.182
わたしは、クラスのみんなが好きだし、クラスの人たちもみんなわたしを好いてくれていると思う。	0.661	0.280	-0.006	0.199
わたしは、クラスが変わっても、今のクラスの人たちとはつきあいたいと思う。	0.649	0.164	0.150	0.221
わたしは、今のクラスに満足している。	0.630	0.315	0.000	0.157
クラスの中にはなかのいい友達がたくさんいる。	0.604	0.278	0.022	-0.037
わたしは、クラスがえになって、今のクラスの人たちとはなれるのがさびしい。	0.570	0.089	0.221	0.266
わたしは、ほとんどのクラスメイトとうまくやっている。	0.551	0.287	0.041	0.069
わたしのクラスは、何か行事があるとみんなで協力しあうほうだ。	0.226	0.659	0.086	0.195
クラスで決めたことは、みんなで守る。	0.142	0.622	-0.065	0.146
そうじはみんなで協力して早く終わらせる。	0.177	0.507	-0.038	0.096
クラスで何かするときは、みんな熱心である。	0.297	0.505	0.066	0.097
わたしのクラスでは、何かを決めるとき、みんなが話しあって決める。	0.234	0.466	0.122	0.011
わたしのクラスでは、何かこまったことがあると、みんなで話しあって解決する。	0.116	0.452	0.152	0.068
わたしのクラスでは、学校行事（文化祭や体育祭）の準備がはかどるほうである。	0.234	0.437	0.076	0.070
わたしは、クラスの人たちからどう思われているか気になる。	0.067	-0.046	0.720	0.107
わたしは、自分のクラスがほかのクラスの人たちからどう思われているか気になる。	0.047	0.008	0.598	0.211
わたしは、クラスの中でだれがだれとつきあっているか気になる。	-0.002	-0.046	0.566	-0.184
わたしは、何をするにも、クラスの人たちの目が気になる。	-0.033	0.095	0.557	0.055
わたしは、だれかが学校を休むと、なぜ休んだのか気になる。	0.134	0.123	0.489	0.083
わたしは、運動会（体育祭）などで自分のクラスの成績が気になる。	0.048	0.104	0.414	0.061
わたしは、クラスのはじになるようなことはしたくない。	0.249	0.158	0.129	0.542
わたしは、クラスのまとまりをみだすようなことをする人には腹がたつ。	0.146	0.140	0.086	0.535
わたしは、クラスのために役立つことをしたいと思う。	0.308	0.300	0.145	0.453
固有値	3.785	2.619	2.099	1.211
寄与率	15.8	10.9	8.7	5.0

備考：「まったくあてはまらない」〜「とてもあてはまる」に1〜4の得点を配分。太線で囲っているのは、因子負荷量の絶対値が0.4以上のもの。

人たちからどう思われているか気になる (0.598)」「わたしは、クラスの中でだれがだれとつきあっているか気になる (0.566)」「わたしは、何をするにも、クラスの人たちの目が気になる (0.557)」「わたしは、だれかが学校を休むと、なぜ休んだのか気になる (0.489)」「わたしは、運動会（体育祭）などで自分のクラスの成績が気になる (0.414)」の 6 項目である。そこで、この因子を"自分自身や自分のクラスが他者からどのように評価されているのかを気にしている"という意味で「他者からの評価懸念」と命名した。

第 4 因子で負荷が高かったのは、「わたしは、クラスのはじになるようなことはしたくない (0.542)」「わたしは、クラスのまとまりをみだすようなことをする人には腹がたつ (0.535)」「わたしは、クラスのために役立つことをしたいと思う (0.453)」の 3 項目である。そこで、この因子を"自分のクラスを大事に思っており、クラスに貢献したいと思っている"という意味で「学級貢献志向」と命名した。

3　学級集団特性といじめ認知率との関連

学級集団特性に関する項目について因子分析を行った結果、「成員に対する親和性」「成員間の協力性」「他者からの評価懸念」「学級貢献志向」という 4 つの因子が抽出された。次に、これら学級集団特性に関する 4 因子それぞれについて算出された因子得点をもとに、学級集団特性といじめ認知率との関連について検討を行いたい。

分析の手続きとしては、まず、前述のいじめ認知率の結果（図表 1-2）にもとづき、各学級を、いじめ認知率の高い学級と低い学級に分類する。いじめの認知率の高い学級と低い学級に分類する際の規準としては、各学年のいじめ認知率の平均値を用い、認知率が平均値よりも上の学級を「高いじめ学級」、下の学級を「低いじめ学級」とする。

次に、これら 2 つのグループ間で学級集団特性に関する因子得点に差が見られるのかどうか、という点について検討を行う。なお、いじめ認知率は学年間で違いが見られるため、学年別の分析を行うこととする。

「高いじめ学級」と「低いじめ学級」それぞれの数は、4 年生では 5 学級と

3学級、5年生では4学級と4学級、6年生では4学級と3学級となっている。

　図表1-4は、「高いじめ学級」と「低いじめ学級」の2グループ間で学級集団特性に関する因子得点を学年別に比較した結果である。まずは、4年生の結果について見てみたい。統計的に有意な差が見られたのは、「成員間の協力性」（t(183)=4.451, p<0.001）と「学級貢献志向」（t(183)=2.085, p=0.038）である。いずれの因子得点についても、「低いじめ学級」は「高いじめ学級」と比べ、平均値が高くなっている。この結果より、いじめの少ない学級は多い学級と比べ、子どもたちの間に"クラスで解決すべき課題や問題があるときに、成

図表1-4　学級集団特性といじめ認知率(学年別)

学年	学級集団特性	学級	人数	平均値	標準偏差	
4年生	成員間の親和性	高いじめ学級	122	0.109	0.857	
		低いじめ学級	63	0.027	1.014	
	成員間の協力性	高いじめ学級	122	-0.192	0.860	***
		低いじめ学級	63	0.399	0.850	
	他者から評価懸念	高いじめ学級	122	0.077	0.879	
		低いじめ学級	63	0.104	0.906	
	学級貢献志向	高いじめ学級	122	0.019	0.822	*
		低いじめ学級	63	0.264	0.606	
5年生	成員間の親和性	高いじめ学級	85	-0.117	0.904	
		低いじめ学級	107	-0.089	0.762	
	成員間の協力性	高いじめ学級	85	-0.156	0.729	**
		低いじめ学級	107	0.148	0.733	
	他者から評価懸念	高いじめ学級	85	-0.016	0.842	
		低いじめ学級	107	0.083	0.743	
	学級貢献志向	高いじめ学級	85	-0.022	0.742	
		低いじめ学級	107	-0.131	0.792	
6年生	成員間の親和性	高いじめ学級	94	0.034	0.988	
		低いじめ学級	70	0.018	0.937	
	成員間の協力性	高いじめ学級	94	-0.082	0.967	
		低いじめ学級	70	0.049	0.811	
	他者から評価懸念	高いじめ学級	94	-0.116	0.889	
		低いじめ学級	70	-0.179	1.016	
	学級貢献志向	高いじめ学級	94	-0.045	0.693	
		低いじめ学級	70	0.017	0.644	

備考：†p<0.1、*p<0.05、**p<0.01、***p<0.001。以下同様。

員同士が協力して取り組む"という姿勢が強く見られる傾向にあるとともに、"自分のクラスを大事に思っており、クラスに貢献したい"という思いが強い傾向にあることがうかがえる。

次に、5年生の結果について見てみたい。統計的に有意な差が見られたのは、「成員間の協力性」（t(190)=2.859, p=0.005）である。「低いじめ学級」は「高いじめ学級」と比べ、平均値が高くなっている。この結果より、いじめの少ない学級は多い学級と比べ、子どもたちの間に"クラスで解決すべき課題や問題があるときに、成員同士が協力して取り組む"という姿勢が強く見られる傾向にあることがわかる。

6年生では、いずれの学級集団特性についても統計的に有意な差は見られなかった。ただし、ほかの学年と同様、「低いじめ学級」は「高いじめ学級」よりも「成員間の協力性」の得点が高いことが注目される。

4　学級担任教師によるいじめ予防策の実施状況

ここでは、学級担任調査の結果をもとに、学級担任教師のいじめ予防策の実施状況を見ていくこととしたい。

なお、学級担任調査のいじめ予防策についての回答状況を見ると、有効な回答をしている担任教師は4年生では8人中7人、6年生では7人中6人と多いのに対し、5年生では8人中2人と少なかった。そこで、以下の分析では、4年生と6年生の学級成員および担任教師のみを対象にする。

図表1-5は、いじめ予防策の実施状況を示したものである。なお、いじめ予防策は、実施率の高い順に並べている。

実施率が最も高いのは、「学校全体での『いじめを絶対許さない』という意識の育成」である。このほかで、実施率が高いのは、「子どもの日常の友人関係の把握」「いじめを生まない学級の雰囲気作り」「教師－子どもの信頼関係の向上」「一人ひとりの子どもの状態のきめ細かい観察」などである。

一方、実施率が低い（平均値が3未満のもの）のは、「いじめの実態を把握するためのアンケート調査や面接」「親やPTAとの堅密な連絡といじめ予防策への啓蒙」「いじめ、教育相談などに対する教師の研鑽」である。

図表1-5　学級担任教師によるいじめ予防策の実施状況

	人数	平均値	標準偏差
学校全体での「いじめを絶対許さない」という意識の育成	13	3.69	0.48
子どもの日常の友人関係の把握	13	3.62	0.51
いじめを生まない学級の雰囲気作り	13	3.54	0.88
教師－子どもの信頼関係の向上	13	3.54	0.66
一人ひとりの子どもの状態のきめ細かい観察	13	3.54	0.66
いじめや人権尊重についての授業	13	3.54	0.88
スポーツなどによる子どものストレスの発散	13	3.46	0.52
学校内の他の教師との協力体制の充実	13	3.38	0.65
わかりやすく、一人ひとりが存在感を持てる授業	13	3.38	0.65
グループ活動などによる好ましい友人関係の確立	13	3.31	0.63
学校全体のいじめに対する指導体制・指導方法の確立	13	3.08	0.64
いじめ、教育相談などに対する教師の研鑽	13	2.77	0.93
親やPTAとの緊密な連絡といじめ予防策への啓蒙	13	2.69	0.75
いじめの実態を把握するためのアンケート調査や面接	13	2.23	0.93

備考：「ほとんどしていない」～「よくしている」に1～4の得点を配分。

　この結果から、いじめ防止そのものを目的とした活動よりも、教師が日常的に行うことのできるような活動が、広く行われていると言える。

5　いじめ予防策の実施状況と学級集団特性

　次に、いじめ予防策の実施状況と学級集団特性との関連について検討を試みたい。

　なお、いじめ予防策についての項目、全14項目について主成分分析を行ったところ、1つの成分にまとまることが確認された[6]。そこで、これら14項目の合計得点を算出し、その平均値をもとに、各学級をいじめ予防策の実施率が高い学級と低い学級という2つのグループに分類し、これらのグループ間で学級集団特性に関する因子得点に差が見られるのかどうか、という点について検討を行うこととした。結果は、図表1-6の通りである。

　統計的に有意な差が見られたのは、「成員に対する親和性」（$t(302)=2.083$, $p=0.038$）である。「いじめ予防策高学級」は「いじめ予防策低学級」と比べ、平均値が高くなっている。この結果より、学級担任教師がいじめ予防策に積

第1章　学級集団特性といじめ　59

図表1-6　いじめ予防策の実施状況と学級集団特性

学級集団特性	学級	人数	平均値	標準偏差	
成員に対する親和性	いじめ予防策高学級	173	0.146	0.886	*
	いじめ予防策低学級	131	-0.076	0.965	
成員間の協力性	いじめ予防策高学級	173	0.009	0.915	†
	いじめ予防策低学級	131	-0.191	0.893	
他者からの評価懸念	いじめ予防策高学級	173	-0.169	0.936	
	いじめ予防策低学級	131	0.003	0.866	
学級貢献志向	いじめ予防策高学級	173	0.045	0.706	
	いじめ予防策低学級	131	-0.053	0.762	

極的に取り組んでいる場合、子どもたちは"クラスメイトに対して親しみや好意を抱く"傾向にあることがうかがえる。また、「成員間の協力性」($t(302)=1.906, p=0.058$)については、有意傾向にあった。この結果より、学級担任教師がいじめ予防策に積極的に取り組んでいる場合、子どもたちの間に"クラスで解決すべき課題や問題があるときに、成員同士が協力して取り組む"という姿勢が生まれる傾向にあることがわかる。

また、いじめ予防策の実施状況といじめ認知率との関係についても検討したが、「いじめ予防策高学級」と「いじめ予防策低学級」との間で、いじめ認知率に統計的に有意な差は見られなかった[7]。この結果より、いじめ予防策の実施状況といじめの発生状況との間には、直接的な関連はないと言える。

第4節　まとめと考察

本章では、学級担任教師のいじめ予防策の実施状況に着目し、学級集団特性といじめとの関連について検討した。具体的には、次の2点について分析を行った。第1に、学級集団特性といじめとの関連である。第2に、教師の日常的な教育実践の1つである、いじめ予防策の実施状況と学級集団特性との関連である。

第1の点について分析した結果、学級集団特性といじめとの関連については学年による違いが若干見受けられるものの、いじめの少ない学級は多い学級と比べ、子どもたちの間に"クラスで解決すべき課題や問題があるときに、成員同士が協力して取り組む"という姿勢が見られる傾向にあることが明らかとなった（図表1-4）。このような「成員間の協力性」という因子を構成する項目は、次の7項目であった。

・わたしのクラスは、何か行事があるとみんなで協力しあうほうだ
・クラスで決めたことは、みんなで守る
・そうじはみんなで協力して早く終わらせる
・クラスで何かするときは、みんな熱心である
・わたしのクラスでは、何かを決めるとき、みんなが話しあって決める
・わたしのクラスでは、何かこまったことがあると、みんなで話しあって解決する
・わたしのクラスでは、学校行事（文化祭や体育祭）の準備がはかどるほうである

　これらの項目からは、「学級活動のねらい」との類似性を見出すことができる。『小学校学習指導要領解説　特別活動編』(2017) には、「学級活動の目標」が次のように明記されている（43頁）。

> **学級や学校での生活をよりよくするための課題を見いだし、解決するために話し合い、合意形成し、役割を分担して協力して実践**したり、学級での話合いを生かして自己の課題の解決及び将来の生き方を描くために意思決定して実践したりすることに、自主的、実践的に取り組むことを通して、第1の目標に掲げる資質・能力を育成することを目指す。

備考：太字・下線の部分は筆者によるもの。

　注目されるのは、「学級や学校での生活をよりよくするための課題を見い

だし、解決するために話し合い、合意形成し、役割を分担して協力して実践」という箇所である。「成員間の協力性」という因子を構成する項目は、まさにこうした実践そのものである。この点に鑑みれば、「成員間の協力性」の度合いが高い学級とは、学級活動の目標を高い水準で達成している学級であると言えよう。このような学級でいじめの発生が低く抑えられているという本章の結果は、いじめが起きにくい学級集団づくりのためには、特別活動、とりわけ学級活動を通じて子ども間の協力性を育むことが重要である、ということを示唆している。

　また、子ども間に協力性を育むことが対人関係上のトラブルを防ぐ上で重要であるという結果は、社会心理学の研究でも確認されている。有名なSherif, M. ほか (1961) の「泥棒洞窟実験」である。この実験では、対立する2つの少年たちのグループの関係を良好にするためには、集団全体で共有することのできる目標が必要であったことが明らかとなっている。具体的には、集団同士で協力しなければ解決することのできない問題に対して、どの集団に属しているのかに関わらず、互いに協力して解決に向けて取り組むことが、グループ間の対立を解消する上で必要であった。この結果に鑑みれば、いじめが起きにくい学級集団づくりをする上で、主には特別活動の機会を積極的に活用し、子どもたちが互いに協力しなければならない場や状況をどのように設定するのか、ということが極めて重要であると言えるだろう[8]。

　第2の点について分析した結果、学級担任教師がいじめ予防策に積極的に取り組んでいる場合、子どもたちは"クラスメイトに対して親しみや好意を抱く"傾向にあるとともに、子どもたちの間に"クラスで解決すべき課題や問題があるときに、成員同士が協力して取り組む"という姿勢が見られる傾向にあることが明らかとなった（図表1-6）。また、「成員間の協力性」といじめ認知率との間に関連が見られたという先の結果に鑑みれば、学級担任教師のいじめ予防策への取り組みは、学級集団特性を経由して、間接的にいじめの抑制につながっていると考えることもできるだろう。

　ただし、いじめ予防策の実施状況といじめ認知率との間に、直接の関連が見られなかったことにも留意する必要があろう。この結果は、学級担任教師

がいじめ予防策にいくら積極的に取り組んだとしても、そのことがいじめの抑止に直接的には結びつきにくい、ということを示唆している。その理由としては、次のようなことがあげられよう。第1に、いじめの可視性が低い、ということである。森田・清永（[1986] 1994）は、当事者以外の人々（とりわけ教師や保護者）からいじめが見えにくい要因として、①主観的世界の現象、②いじめの偽装化、③いじめの正当化、④被害者・加害者の不特定性、⑤いじめ動機の不明確さ、⑥被害者からの情報の遮断、⑦周囲の子どもたちからの情報の遮断、という7つをあげている。このような要因から、教師がいじめの事実を把握することは極めて困難であり、結果的に教師がいじめに直接的に対処することも難しくなると考えられる。

　第2に、教師ひとりが学級のすべての子どもたちの状況を把握することは現実的に難しい、ということである。子どもたちの状況を把握することは、子どもたちの年齢が上昇するにつれて、より一層困難となる。白松（2017）が指摘しているように、子どもたちの年齢の上昇に伴い、子どもたちは保護者や教師以上に年齢の近い子どもたち（同級生や部活動の先輩・後輩など）との関係を重視するようになるからである。その結果、教師が子どもたちの時間・空間・仲間という3つを把握することは、ますます困難となる。

　これらのことを踏まえると、教師がいじめを予防する上で現実的に実践可能なことは、主には特別活動（学級活動や学校行事など）の時間を活用した学級集団づくりであると言えるだろう[9]。

　しかし、学校週5日制の実施や標準授業時数の増加、教職員の働き方改革などの影響により、学校現場では特別活動（とりわけ学校行事）に十分な授業時数を確保することが難しくなっている（石塚 1994、澤田 2012、古川・坂本 2020など）。その理由の1つとしては、生徒指導上の諸問題などの防止や解決において、特別活動が果たす役割についての実証的証拠が乏しかったことがあげられよう。もちろん、特別活動に積極的に関わっている教員のなかでは、特別活動の重要性は経験的に理解されていたであろう。その一方で、研究者が特別活動にどれだけの関心を払ってきたのか、という点に関しては不十分であったと言わざるを得ない。今後は、より多くの研究者が特別活動に関心を

向け、特別活動の果たす役割についての実証的証拠を積み重ねていくことが求められよう。

注

(1) この国際比較研究は、共通のいじめの定義と質問紙を用い、イギリス、オランダ、ノルウェーの4カ国で行われたものである（アメリカも部分的に参加しているが、アメリカの調査結果は比較可能性の点で問題があったため、分析結果からは除外されている）。調査対象は、日本の小学校5年生から中学校3年生に相当する学年の生徒である。
(2) シェフィールド・プロジェクトとは、シェフィールドの20校余りの初等学校および中等学校の協力を得て行われた、いじめの予防的対処と事後的対処の取り組みである。
(3) このような手続きをとったのは、できる限り信頼性の高いデータを得るためである。学級で集団一斉方式により調査を実施した場合、子どもたちはほかの子どもたちや教師の目を意識して回答しづらいと考えた。
(4) 調査用紙の表紙には、"いじめとは具体的にどういったことなのか"を示す文章を載せている。この文章は、森田監修（2001）がいじめの国際比較調査を行う際に作成したものであり、いじめ研究で国際的に知られているオルヴェウス（Olweus, D.）の操作的定義をもとにしている。具体的には、以下のような文章である（森田ほか編 1999, 13-14頁）。

> これから、「いじめられる」ことや「いじめる」ことなどについての質問をします。
> このアンケート調査で「いじめる」とは、ほかの人（児童または生徒）に対して、
> ※　いやな悪口を言ったり、からかったりする
> ※　無視をしたり仲間はずれにする
> ※　たたいたり、けったり、おどしたりする
> ※　その人がみんなからきらわれるようなうわさをしたり、紙などにひどいことを書いてわたしたり、その人の持ち物にひどいことを書いたりする
> ※　その他これらに似たことをする
> などのことです。
> いじの悪いやりかたで、何度も繰り返しからかうのも、いじめです。
> しかし、からかわれた人もいっしょに心のそこから楽しむようなからかいは、いじめではありません。また、同じぐらいの力の子どもどうし

> が、口げんかをしたり、とっくみあいのけんかをしたりするのは、いじめではありません。

(5) 方法としては、因子数を3〜6とし、主因子法により因子を抽出し、バリマックス法による因子軸の回転を行った。その結果、固有値の大きさ、因子の解釈のしやすさから4因子解を採用した。また、因子負荷量の絶対値が複数の因子で0.4以上であった項目を削除した後に、再び主因子法、バリマックス回転による因子分析を行った。

(6) 寄与率は、53.2%である。各項目の主成分負荷量はそれぞれ、「いじめ、教育相談などに対する教師の研鑽」：0.855、「いじめの実態を把握するためのアンケート調査や面接」：0.846、「学校全体での『いじめを絶対許さない』という意識の育成」：0.832、「スポーツなどによる子どものストレス発散」：0.824、「教師－子どもの信頼関係の向上」：0.816、「親やPTAとの緊密な連絡といじめ予防策への啓蒙」：0.803、「わかりやすく、一人ひとりが存在感を持てる授業」：0.739、「グループ活動などによる好ましい友人関係の確立」0.729、「いじめや人権尊重についての授業」：0.711、「学校全体のいじめに対する指導体制・方法の確立」：0.684、「学校内の他の教師との協力体制の充実」：0.676、「いじめを生まない学級の雰囲気作り」：0.619、「一人ひとりの子どもの状態のきめ細かい観察」：0.500、「子どもの日常の友人関係の把握」：0.424、となっている。

(7) いじめ認知率の平均値は、「いじめ予防策高学級」で75.3（標準偏差：16.45）、「いじめ予防策低学級」で78.0（標準偏差：15.50）であった。

(8) 白松（2017）も、学級に子どもたちが互いに協力し合う関係を作ることの重要性について述べている。白松（2017）は、学級で必要とされる人間関係について、次のように述べている。「学級の人間関係が良好になってほしい、ということは重要な教師の願いですが、学級で必要な人間関係とは、全員と友達や仲間になることではありません。まして、強制的な所属感であってはいけません。そうではなく、課題が与えられたとしたら、『好き－嫌い』を超えて、共に協働し、課題解決をする関係です。また、他者の価値観を尊重し、それぞれの短所や失敗を許容する関係です」(95頁)。

(9) 長谷川ほか（2013）は、小学生を対象とした質問紙調査をもとに、学級担任教師が直接的に学級集団の雰囲気の向上に向けて働きかけるよりも、学級活動の内容である「(1)学級や学校の生活づくり」の取り組みを向上させる働きかけをしたほうが、より効果的に学級集団の人間関係を向上させる行動を促すことを明らかにしている。この研究はいじめを直接扱ったものではないが、いじめが起きにくい学級集団づくりにおいて学級担任教師が果たすべき役割の方向性を示しているとも言えるだろう。

第2章

いじめ体験が被害者の心身に及ぼす影響
―― 子どもたちがいじめ被害経験を乗り越えるためには何が必要なのか？――

第1節　問題の設定

　本章の目的は、小学生を対象とした質問紙調査をもとに、いじめ体験が被害者の心身に及ぼす影響について検討するとともに、子どもたちがいじめ被害経験を乗り越える上でどのようなことが必要とされるのか、という点について検討することにある。

　まずは、以下の2つの事例を見てもらいたい。これらの事例は、『週刊少年ジャンプ』の編集部が読者からいじめにまつわる手記を募り出版した、『ジャンプいじめリポート ―― 1800通の心の叫び』（1995）から抜き出したものである[1]。

事例1　A男（25歳・大学生）

　中学時代、私はけっこう成績がよくマジメな生徒でした。

　だからでしょう。ふと気が付いたとき、私は悪質ないじめグループの餌食になっていました。

　そのいじめは、筆舌に尽くしがたいものがありましたよ。持ち物はほとんど破壊され、無理やり根性焼きをやられ、女の子の目の前でパンツまで脱がされて……。理由もなく袋叩きにされたことさえありました。

　そうこうするうち、私の成績はガタガタになっていきました。それどころか、体調までおかしくなり、医者から神経性の胃炎、大腸炎だと診断される始末です。私は完全な人間不信に陥りました。（以下、省略）

備考：週刊少年ジャンプ編集部編（1995, 34-35頁）より一部抜粋。

事例2　F子（24歳・会社員）

　私は、小学、中学、高校とずっといじめられてました。
　小学生のときは、持ち物を壊されたり、黒板消しを頭の上に落とされたり……。ま、他愛ないといえば他愛ないいじめです。
　しかし、中学生になると、それに男子による暴力的ないじめが加わりました。廊下を歩いていると、すれ違いざまに足蹴りです。教室内で、女の子だというのに、プロレス技をかけられたことも一度や二度じゃありません。
　私の制服の背中は、いつも真っ白に汚れてました。
　高校生になると、もっぱら精神的ないじめです。
　教室に入ったとたん「来たよー」「ゲェー」。授業中に先生に当てられて教科書を読むと「ハハハ」と大声で笑われ、質問をすれば「ハァーッ」と溜め息をつかれます。クラスの男子、女子全員が示し合わしたように同じ行動をとるんです。
　今、私は24歳になりました。
　さすがにいじめられることはありません。
　でも、戦場からの帰還兵が後々まで後遺症に悩まされているように、私もいじめの後遺症に苦しめられています。
　「ハハハ」という笑い声を耳にしたり、「汚い」「クサイ」「バイキン」といった単語を聞くだけでも、体がすくみ、足が震えて、ついには喋れなくなってしまう……。そういう悪口を夢に見るほどいわれていたんです。また、男性が向こうから集団で来ようものなら、私は真っ青になって立ちすくんでしまします。どうしても"いじめられる"という恐怖心が拭えない……。
　ちなみに、私の首と鼻は曲がったままです。いうまでもなく、目に見えるいじめの後遺症です。

備考：週刊少年ジャンプ編集部編（1995, 74-75頁）より。

これらの事例からうかがえる重要なポイントは、次の2つである。1つは、いじめられた経験が被害者の心身に影響を及ぼす、ということである。このことは、事例を見ればすぐにわかることである。もう1つは、いじめられた経験が後々まで深刻な影響及ぼすことがある、ということである。事例2を見ると、いじめを受けてから相当の時間が経過しているにもかかわらず、いまだにその影響に苦しめられている様子がうかがえる。いじめは解決・解消してしまえば、それで終わりと考えられがちである。しかし、場合によっては、後々まで深刻な影響を及ぼす可能性があることに留意する必要がある。

　"いじめがなぜ問題なのか"という問いに対する答えとしては、いじめが被害者の人権を著しく侵害する言動であるということに加えて、いじめられた経験が被害者の心身に深刻な影響を及ぼすということがあげられよう。

　このような問題意識のもと、いじめが被害者の心身に及ぼす影響を検討した研究がある。例えば、坂西（1995）は、大学生を対象とした質問紙調査をもとに、いじめが及ぼす長期的影響について検討している。その結果、①いじめを受けてから長期間を経た後でも、大学生が心理的・身体的影響を受けていること、②その影響は、当時のいじめによる苦痛の程度によって左右されること、などを明らかにしている。いじめが被害者に長期的影響を及ぼすことは、ほかの研究結果からもうかがえる（角山 1996, 皆川 1996, 戸田 1997, 香取 1999 など）。

　しかし、先行研究には次のような問題点がある。第1に、大学生などの青年を対象とした回顧調査が多い、ということである。青年を対象とした調査には、神村（1998）の言うように、「いじめを経験した際の物理的・心理的状況を、むしろ客観的かつ冷静にふりかえる余裕がある中での正直で率直な反応が得られやすい」（神村・向井 1998, 193 頁）などの利点がある一方で、いじめ経験からの時間的経過により生じる誤差の問題がある。

　第2に、被害者のいじめ体験の多様性が十分に考慮されていない、ということである。一口にいじめ被害者と言っても、被害にあったいじめの様態（いじめの内容や継続期間など）やいじめの経験頻度は様々である。これらの違

いは、いじめの影響の現れ方にも違いをもたらすと推察される。

　第3に、"被害者がいじめによる心の傷を回復するためには具体的にどのようなことが必要とされるのか"ということに対する実践上の示唆が乏しい、ということである。こうした状況のなか、香取 (1999) は、いじめによる心の傷を回復する上で有効な方法を提示している。その方法とは、①信頼感を回復させる体験をすること、②いじめ体験についての心の整理をすること、③いじめ体験をプラスに考えること、という3つである。これらは具体策であるという点においては評価できる。その一方で、"子どもたちが「心の整理」をしたり、いじめ体験をプラスに考えたりするためには、具体的に何が求められるのか"ということが判然としないという点において課題が残る。

　以上を踏まえ、本章では、いじめの渦中にある小学生を対象とした質問紙調査をもとに、いじめ体験が被害者の心身に及ぼす影響について直接検討することとする。その際、被害者のいじめ体験の多様性を考慮した分析を行うこととする。具体的には、いじめの様態 (いじめの内容や加害者・観衆の人数、いじめの継続期間など) やいじめ被害の経験頻度が、被害者の心身に及ぼす影響について分析を行う。また、"被害者が過去のいじめ体験を克服する手がかりは、現在の学級集団のあり様にあるのではないか"という仮説のもと、"被害者が現在 (調査当時) 所属している学級集団をどのように認識しているのか"という点に着目した分析を行うこととする。

第2節　方法

1　調査対象

　調査対象は、X県内の小学校4校24学級に在籍する児童701名である[(2)]。回収率は、児童調査では89.2% (625部)、学級担任調査では79.2% (19部) であった。児童調査の学年別・男女別の内訳は、小学4年生 (男性：108名、女性115名、性別不明：1名)、小学5年生 (男性：104名、女性：107名、性別不明：3

名)、小学6年生 (男性：101名、女性：84名、性別不明：2名) となっている。なお、調査対象とした24学級には、成員が1人の学級があったが、分析から除外した。

2 調査の実施

教育委員会および各学校長の承認を得て調査を実施した。調査の実施時期は、2002年2月中旬である。調査用紙は、学級ごとに担任教師によって配布された。児童には調査用紙を家庭に持ち帰ってもらい、自宅で記入した上で封筒に密封し、担任教師に提出してもらうこととした[3]。なお、担任教師には、これらを開封せず、回答済みの学級担任調査用紙とあわせて、さらに大きなサイズの封筒に入れた上で密封してもらうよう依頼した。

3 調査内容[4]

(1) いじめ被害経験

小学校に入学してから今まで (調査時点) にかけて、だれかに"いじめられたこと"があるかどうかを尋ねた。「ある」と回答した者については、いじめられた学年を記入するよう求めた (複数回答)。2つ以上の学年に印をつけた者については、「もっともひどい"いじめ"を受けた学年」も記入してもらった。なお、複数回いじめを経験した者については、"これまで経験したなかで、もっともひどいと思われるいじめ"を想定し、以下の質問に回答するよう求めた。

(2) 加害者・観衆の人数

「加害者は何人ぐらいいたのか」「"いじめ"を面白がり、はやしたてた者 (＝観衆) は何人ぐらいいたのか」について尋ねた。

(3) いじめの形態

いじめの形態については、「悪口・からかい」「無視・なかまはずれ」「たたく・ける・おどす」「金品をとる・こわす」の4つを設定し、それぞれについ

て、「とてもあてはまる」から「まったくあてはまらない」の4段階で回答を求めた。

(4) いじめの継続期間
いじめの継続期間について、日数で回答するよう求めた。

(5) いじめ体験が被害者の心身に及ぼす影響
いじめ体験が被害者の心身に及ぼす影響については、坂西（1995）を参照した。項目は11項目からなる。"いじめられたことで、あなた自身、どのようになったと思いますか"と尋ね、それぞれについて、「とてもそう思う」から「まったくそう思わない」の4段階で回答を求めた。

(6) 学級集団に対する認知
現在の学級集団認知に対する認知を測定するための尺度については、高木（1986）を参照した。尺度は32項目からなり、成員間の協力に関する項目、成員間の友好な人間関係に関する項目、成員からの評価への懸念に関する項目などから構成される。これらについて、「とてもあてはまる」から「まったくあてはまらない」の4段階で回答するよう求めた。

第3節　結果（子どもたちがいじめ被害経験を乗り越えるためには何が必要なのか？）

1　いじめ体験が被害者の心身に及ぼす影響

図表2-1は、いじめ被害経験者の割合を示したものである。いずれの学年についても、男女で統計的に有意な差は見られなかった。

いじめられた経験が「ある」と回答した者に対して、いじめられた経験がもたらした影響について尋ねた。その結果が、図表2-2である。いじめ体験が被害者の自尊心低下や活動意欲の低下、情緒不安などを引き起こすことが

図表 2-1　いじめ被害経験者の割合　　　　　　　　　　(%)

学年	性別	いじめ被害経験者の割合	合計
4年生	男性	56.2	100.0 (105)
	女性	45.1	100.0 (113)
5年生	男性	57.0	100.0 (100)
	女性	52.8	100.0 (106)
6年生	男性	32.0	100.0 (97)
	女性	38.6	100.0 (83)

備考：カッコ内の数値は人数。以下、同様。

図表 2-2　いじめ体験が被害者の心身に及ぼす影響　(%)

	そう思う	合計
体の調子が悪いと感じることが多くなった。	25.5	100.0 (259)
自信がなくなった。	40.0	100.0 (260)
負けずぎらいになった。	52.9	100.0 (257)
勉強や遊びなどをしようとする気持ちがなくなった。	31.5	100.0 (257)
イライラしやすくなった。	58.4	100.0 (257)
人の態度を気にするようになった。	49.6	100.0 (256)
人の気持ちをよく考えるようになった。	58.3	100.0 (254)
気持ちが強くなった。	54.1	100.0 (257)
人とのつきあいが少なくなった。	24.9	100.0 (257)
がまん強くなった。	50.2	100.0 (259)
学校を休むことが多くなった。	9.7	100.0 (258)

備考：「そう思う」と「とてもそう思う」を合計したパーセンテージ。

うかがえる。

　また、注目すべきは、子どもたちにいじめ体験を前向きにとらえようとする傾向が見られることである。「人の気持ちをよく考えるようになった (58.3%)」「気持ちが強くなった (54.1%)」「がまん強くなった (50.2%)」という一見プラスの影響ともとれる項目で、「そう思う」と回答した者の割合がほかの項目と比して高くなっている。

　次に、いじめ体験がもたらす影響に関する項目について主成分分析を行った（図表 2-3）。その結果、2つの主成分が抽出された（各主成分の寄与率は、第1

主成分：26.2％、第2主成分：17.7％）。第1主成分で負荷が高かったのは、「自信がなくなった（0.728）」「勉強や遊びなどをしようとする気持ちがなくなった（0.714）」「人とのつきあいが少なくなった（0.710）」「イライラしやすくなった（0.633）」「体の調子が悪いと感じることが多くなった（0.566）」「人の態度を気にするようになった（0.558）」「学校を休むことが多くなった（0.487）」という7項目である（カッコ内の数値は主成分負荷量。以下同様）。これらの項目はいずれも、自尊心の低下や活動意欲の低下、交際の減少といったように、いじめ体験によるマイナスの影響に関する項目である。そこでこの成分を「（いじめ体験の）マイナスの影響」と命名した。

第2主成分負荷が高かったのは、「気持ちが強くなった（0.840）」「がまん強くなった（0.706）」「人の気持ちをよく考えるようになった（0.621）」「負けずぎらいになった（0.437）」の4項目である。いずれの項目も、いじめ体験を前向きにとらえようとする項目である。そこでこの成分を「（いじめ体験の）積極的認知」と命名した。

図表2-3　いじめ体験が被害者の心身に及ぼす影響の主成分分析結果

	マイナスの影響	積極的認知
自信がなくなった。	0.728	0.056
勉強や遊びなどをしようとする気持ちがなくなった。	0.714	-0.011
人とのつきあいが少なくなった。	0.710	0.003
イライラしやすくなった。	0.633	0.166
体の調子が悪いと感じることが多くなった。	0.566	0.279
人の態度を気にするようになった。	0.558	0.216
学校を休むことが多くなった。	0.487	-0.107
気持ちが強くなった。	-0.100	0.840
がまん強くなった。	0.062	0.706
人の気持ちをよく考えるようになった。	0.222	0.621
負けずぎらいになった。	0.043	0.437
固有値	2.877	1.946
寄与率	26.2	17.7

備考：「まったくあてはまらない」～「とてもあてはまる」に1～4の得点を配分。太線で囲っているのは、主成分負荷量の絶対値が0.4以上のもの。

2 学級集団認知の因子分析結果

　学級集団認知の構造的把握を行うために、因子分析を行った[5]。その結果が、図表2-4である。第1因子で負荷が高かったのは、「わたしは、クラスの人たちといっしょにいると楽しい（0.740）」「わたしは、クラスの人たちが好きだ（0.686）」「わたしは、クラスのみんなが好きだし、クラスの人たちもみんなわたしを好いてくれていると思う（0.661）」「わたしは、クラスが変わっても、今のクラスの人たちとはつきあいたいと思う（0.649）」「わたしは、今のクラスに満足している（0.630）」「クラスの中にはなかのいい友達がたくさんいる（0.604）」「わたしは、クラスがえになって、今のクラスの人たちとはなれるのがさびしい（0.570）」「わたしは、ほとんどのクラスメイトとうまくやっている（0.551）」の8項目である（カッコ内の数値は因子負荷量。以下同様）。そこで、この因子を"クラスメイトに対して親しみや好意を抱いている"という意味で「成員に対する親和性」と命名した。

　第2因子で負荷が高かったのは、「わたしのクラスは、何か行事があるとみんなで協力しあうほうだ（0.659）」「クラスで決めたことは、みんなで守る（0.622）」「そうじはみんなで協力して早く終わらせる（0.507）」「クラスで何かするときは、みんな熱心である（0.505）」「わたしのクラスでは、何かを決めるとき、みんなが話しあって決める（0.466）」「わたしのクラスでは、何かこまったことがあると、みんなで話しあって解決する（0.452）」「わたしのクラスでは、学校行事（文化祭や体育祭）の準備がはかどるほうである（0.437）」の7項目である。そこで、この因子を"クラスで解決すべき課題や問題があるときに、成員同士が協力して取り組んでいる"という意味で「成員間の協力性」と命名した。

　第3因子で負荷が高かったのは、「わたしは、クラスの人たちからどう思われているか気になる（0.720）」「わたしは、自分のクラスがほかのクラスの人たちからどう思われているか気になる（0.598）」「わたしは、クラスの中でだれがだれとつきあっているか気になる（0.566）」「わたしは、何をするにも、クラスの人たちの目が気になる（0.557）」「わたしは、だれかが学校を休むと、

図表 2-4 学級集団認知の因子分析結果

	成員に対する親和性	成員間の協力性	他者からの評価懸念	学級貢献志向
わたしは、クラスの人たちといっしょにいると楽しい。	0.740	0.164	0.040	0.110
わたしは、クラスの人たちが好きだ。	0.686	0.315	0.004	0.182
わたしは、クラスのみんなが好きだし、クラスの人たちもみんなわたしを好いてくれていると思う。	0.661	0.280	-0.006	0.199
わたしは、クラスが変わっても、今のクラスの人たちとはつきあいたいと思う。	0.649	0.164	0.150	0.221
わたしは、今のクラスに満足している。	0.630	0.315	0.000	0.157
クラスの中にはなかのいい友達がたくさんいる。	0.604	0.278	0.022	-0.037
わたしは、クラスがえになって、今のクラスの人たちとはなれるのがさびしい。	0.570	0.089	0.221	0.266
わたしは、ほとんどのクラスメイトとうまくやっている。	0.551	0.287	0.041	0.069
わたしのクラスは、何か行事があるとみんなで協力しあうほうだ。	0.226	0.659	0.086	0.195
クラスで決めたことは、みんなで守る。	0.142	0.622	-0.065	0.146
そうじはみんなで協力して早く終わらせる。	0.177	0.507	-0.038	0.096
クラスで何かするときは、みんな熱心である。	0.297	0.505	0.066	0.097
わたしのクラスでは、何かを決めるとき、みんなが話しあって決める。	0.234	0.466	0.122	0.011
わたしのクラスでは、何かこまったことがあると、みんなで話しあって解決する。	0.116	0.452	0.152	0.068
わたしのクラスでは、学校行事(文化祭や体育祭)の準備がはかどるほうである。	0.234	0.437	0.076	0.070
わたしは、クラスの人たちからどう思われているか気になる。	0.067	-0.046	0.720	0.107
わたしは、自分のクラスがほかのクラスの人たちからどう思われているか気になる。	0.047	0.008	0.598	0.211
わたしは、クラスの中でだれがだれとつきあっているか気になる。	-0.002	-0.046	0.566	-0.184
わたしは、何をするにも、クラスの人たちの目が気になる。	-0.033	0.095	0.557	0.055
わたしは、だれかが学校を休むと、なぜ休んだのか気になる。	0.134	0.123	0.489	0.083
わたしは、運動会(体育祭)などで自分のクラスの成績が気になる。	0.048	0.104	0.414	0.061
わたしは、クラスのはじになるようなことはしたくない。	0.249	0.158	0.129	0.542
わたしは、クラスのまとまりをみだすようなことをする人には腹がたつ。	0.146	0.140	0.086	0.535
わたしは、クラスのために役立つことをしたいと思う。	0.308	0.300	0.145	0.453
固有値	3.785	2.619	2.099	1.211
寄与率	15.8	10.9	8.7	5.0

備考:「まったくあてはまらない」〜「とてもあてはまる」に 1 〜 4 の得点を配分。太線で囲っているのは、因子負荷量の絶対値が 0.4 以上のもの。

なぜ休んだのか気になる (0.489)」「わたしは、運動会（体育祭）などで自分のクラスの成績が気になる (0.414)」の6項目である。そこで、この因子を"自分自身や自分のクラスが他者からどのように評価されているのかを気にかけている"という意味で「他者からの評価懸念」と命名した。

第4因子で負荷が高かったのは、「わたしは、クラスのはじになるようなことはしたくない (0.542)」「わたしは、クラスのまとまりをみだすようなことをする人には腹がたつ (0.535)」「わたしは、クラスのために役立つことをしたいと思う (0.453)」の3項目である。そこで、この因子を"自分のクラスを大事に思っており、クラスに貢献したいと思っている"という意味で「学級貢献志向」と命名した。

3 いじめ体験が被害者の心身に及ぼす影響を左右する要因の検討(重回帰分析)

ここでは、重回帰分析により、いじめ体験が被害者の心身に及ぼす影響を左右する要因について検討する。分析に使用する変数は、図表2-5の通りである。

図表2-5 分析に使用する変数

従属変数	
いじめの及ぼす影響に関する項目について主成分分析を行った結果得られた、2つの主成分（「マイナスの影響」と「積極的認知」）の主成分得点。	
独立変数	
① 性別	: 男性なら1、女性なら0のダミー変数。
② 学年	: 4年生なら4、5年生なら5、6年生なら6の得点を配分。
③ 加害者・観衆の人数(6)	: 加害者と観衆の合計人数。
④ いじめの形態	: 「悪口・からかい」「無視・仲間はずれ」「たたく・ける・おどす」「金品をとる・こわす」のそれぞれについて、「まったくあてはまらない」から「とてもあてはまる」の4件法で尋ね、それぞれに1から4の得点を配分。
⑤ いじめの継続期間	: いじめられた日数について子どもたちに回答してもらった結果をそのまま使用。
⑥ いじめ被害の経験頻度(ダミー)	: 複数の学年にわたっていじめられたかどうかを示す変数。いじめられた学年が2学年以上の場合は1、1学年のみの場合は0のダミー変数。
⑦ いじめ被害からの経過年数	: 「もっともひどい"いじめ"」を受けてから、どれくらいの年月が経過しているのかを示す変数。具体的には、調査時の学年から「もっともひどい"いじめ"」を受けた学年を減じた値。
⑧ 学級集団認知	: 学級集団認知に関する4つの因子得点（「成員に対する親和性」「成員間の協力性」「他者からの評価懸念」「学級貢献志向」）。

図表2-6は、「(いじめ体験の) マイナスの影響」を従属変数とした重回帰分析の結果である[7]。「(いじめ体験の) マイナスの影響」に有意な正の影響を及ぼしているのは、「学年」($p=0.016$)、「無視・仲間はずれ」($p<0.001$)、「いじめ被害の経験頻度(ダミー)」($p=0.031$)、「他者からの評価懸念」($p<0.001$)という4つの変数である。この結果より、①学年が高い場合、②無視や仲間はずれといったいじめを受けている場合、③複数の学年にわたっていじめられている場合、④自分自身や自分のクラスが他者からどのように評価されているのかを気にかけている場合に、いじめ体験によるマイナスの影響が強く現れる傾向にあることがうかがえる。

一方、「(いじめ体験の) マイナスの影響」に有意な負の影響を及ぼしているのは、「成員に対する親和性」($p=0.004$)である。この結果より、クラスメイトに対して親しみや好意を抱いている場合に、いじめ体験によるマイナスの

図表2-6 「マイナスの影響」を従属変数とした重回帰分析

	B	標準誤差	β	p値	
(定数)	-2.614	0.648		$p<0.001$	***
性別ダミー変数	-0.024	0.157	-0.012	0.878	
学年	0.253	0.104	0.187	0.016	*
加害者・観衆の合計人数	-0.004	0.006	-0.053	0.471	
悪口・からかい	0.098	0.087	0.081	0.258	
無視・なかまはずれ	0.239	0.067	0.283	$p<0.001$	***
たたく・ける・おどす	0.084	0.064	0.098	0.194	
金品をとる・こわす	0.091	0.105	0.067	0.388	
いじめの継続期間	0.000	0.000	-0.046	0.562	
いじめ被害の経験頻度(ダミー)	0.338	0.155	0.163	0.031	*
いじめ被害からの経過年数	0.008	0.059	0.010	0.896	
成員に対する親和性	-0.216	0.073	-0.227	0.004	**
成員間の協力性	-0.049	0.088	-0.040	0.579	
他者からの評価懸念	0.359	0.088	0.296	$p<0.001$	***
学級貢献志向	0.070	0.097	0.052	0.471	
調整済みR^2			0.328		
F値			6.088	$p<0.001$	***

備考:† $p<0.1$、* $p<0.05$、** $p<0.01$、*** $p<0.001$。以下同様。

影響が軽減される傾向にあることがわかる。

　図表2-7は、「(いじめ体験の) 積極的認知」を従属変数とした重回帰分析の結果である。「(いじめ体験の) マイナスの影響」に有意な正の影響を及ぼしているのは、「悪口・からかい」(p=0.050)、「成員に対する親和性」(p=0.020)、「学級貢献志向」(p = 0.024) という3つの変数である。また、有意傾向ではあるものの、「成員間の協力性」(p=0.051) が正の影響を及ぼしている。この結果より、①悪口やからかいといったいじめを受けている場合、②クラスメイトに対して親しみや好意を抱いている場合、③自分のクラスを大事に思っており、クラスに貢献したいと思っている場合、④クラスで解決すべき課題や問題があるときに、成員同士が協力して取り組んでいる場合に、子どもたちはいじめ体験を前向きにとらえる傾向にあることがうかがえる。

図表2-7　「積極的認知」を従属変数とした重回帰分析

	B	標準誤差	β	p値	
(定数)	-1.537	0.712		0.033	*
性別ダミー変数	-0.158	0.173	-0.080	0.360	
学年	0.105	0.114	0.080	0.357	
加害者・観衆の合計人数	-0.001	0.006	-0.018	0.832	
悪口・からかい	0.188	0.095	0.161	0.050	*
無視・なかまはずれ	0.131	0.074	0.161	0.077	
たたく・ける・おどす	0.047	0.070	0.057	0.504	
金品をとる・こわす	0.164	0.115	0.126	0.156	
いじめの継続期間	0.000	0.000	-0.076	0.393	
いじめ被害の経験頻度(ダミー)	-0.062	0.170	-0.031	0.716	
いじめ被害からの経過年数	-0.092	0.064	-0.123	0.156	
成員に対する親和性	0.190	0.081	0.207	0.020	**
成員間の協力性	0.190	0.097	0.159	0.051	†
他者からの評価懸念	0.078	0.097	0.067	0.421	
学級貢献志向	0.242	0.106	0.185	0.024	*
調整済みR²	0.130			
F値	2.565			0.003	**

第4節　まとめと考察

　本章の目的は、小学生を対象とした質問紙調査をもとに、いじめ体験が被害者の心身に及ぼす影響について検討するとともに、子どもたちがいじめ被害経験を乗り越える上でどのようなことが必要とされるのか、という点について検討することにあった。その結果、明らかとなったことは、以下のように要約される。

1　いじめ体験が被害者の心身に及ぼす影響

　いじめ体験は子どもたちに、自尊心低下や活動意欲の低下、情緒不安などのマイナスの影響をもたらしていた。その一方で、子どもたちには、「人の気持ちをよく考えるようになった」「気持ちが強くなった」「がまん強くなった」など、いじめ体験を前向きにとらえようとする傾向も見られた（図表2-2）。

　また、いじめ体験が被害者の心身に及ぼす影響に関する項目について主成分分析を行ったところ、いじめ体験のマイナスの影響を示す項目から構成される「(いじめ体験の) マイナスの影響」という主成分と、いじめ体験を前向きにとらえようとする項目から構成される「(いじめ体験の) 積極的認知」という主成分が抽出された（図表2-3）。

2　いじめ体験が被害者の心身に及ぼす影響を左右する要因の検討

　いじめ体験が被害者の心身に及ぼす影響を左右する要因について検討した。具体的には、いじめ体験が被害者の心身に及ぼす影響に関する項目について主成分分析を行った結果得られた、2つの主成分得点（「(いじめ体験の) マイナスの影響」と「(いじめ体験の) 積極的認知」）のそれぞれを従属変数とした重回帰分析を行った。

(1)「(いじめ体験の) マイナスの影響」を左右する要因の検討

　「(いじめ体験の) マイナスの影響」を従属変数とした重回帰分析の結果、①学

年が高い場合、②無視や仲間はずれといったいじめを受けている場合、③複数の学年にわたっていじめられている場合、④自分自身や自分のクラスが他者からどのように評価されているのかを気にかけている場合に、いじめ体験によるマイナスの影響が強く現れる傾向にあることが明らかとなった。その一方で、クラスメイトに対して親しみや好意を抱いている場合に、いじめ体験によるマイナスの影響が軽減される傾向にあることが明らかとなった（図表2-6）。

複数の学年にわたっていじめられている場合、マイナスの影響が現れやすいことは、経験的に理解できる。しかし、ほかの要因については、考察が必要であろう。

まずは、学級集団認知についてである。クラスメイトに対して親しみや好意を抱いている場合、いじめ体験によるマイナスの影響が軽減される傾向にあることが明らかとなった。先行研究により、被害者と加害者との関係は、いじめ行為以前には親密であるケースの多いことが確認されている（森田ほか編 1999 など）。同様の結果は、本調査でも確認された[8]。被害者が、"かつて親密だった子からいじめられた"ということで、友人関係に自信が持てなくなることは想像に難くない。しかし、現在の学級の人間関係がうまくいっていることによって自信を取り戻し、いじめ体験によるマイナスの影響が軽減されるのであろう。

自分自身や自分のクラスが他者からどのように評価されているのかを気にかけている場合に、いじめ体験によるマイナスの影響が強く現れる傾向にあることが明らかとなった。このように他者の評価を気にする背後には、クラスメイトに対する不信感があると考えられる。このような不信感が強い場合、学級での生活は不安と緊張に満ちたものとなる。その結果、いじめ体験によるマイナスの影響が強く現れるものと推察される。

次に、「無視・仲間はずれ」といういじめの形態についてである。無視や仲間はずれといったいじめを受けている場合、いじめ体験によるマイナスの影響が強く現れる傾向にあることが明らかとなった。この点については、「無視・仲間はずれ」といういじめの特徴に目を向ける必要がある。赤坂

(1995) は、集団無視といういじめ行為について、次のように述べている。「子供たちが『シカト』と呼ぶ集団的な無視は、眼にはみえず、間接的であるために、反撃するいっさいの手段があらかじめ封じられている。その意味では、かんがえられるかぎりで、もっとも残酷な排斥行為であるにちがいない」(46-47頁)。この指摘から、「無視・仲間はずれ」の特徴として、次の2つをあげることができる。1つは、ほかのタイプのいじめと比べ、首謀者が誰なのかがわかりにくいため、被害者による反撃は極めて困難である、ということである。もう1つは、ほかのタイプのいじめと比べ、教師に"見えにくい"ということである。そのため、被害者は教師による援助をあまり期待することができない。つまりは、「無視・仲間はずれ」といういじめを受けた被害者は、孤独に追いやられるとともに、反撃することもできない、教師による援助も期待することができない、という八方ふさがりの状況のなか、ひたすら耐えることを余儀なくされる。その結果、いじめによるマイナスの影響が強く現れると考えられる。

　最後に、学年についてである。学年が高い場合、いじめ体験によるマイナスの影響が現れやすいことが明らかとなった。この点については、学年の進行に伴い、子どもたちのいじめ認識が変化することを考慮する必要があるかもしれない。三藤ほか (1999) は、小中学生を対象とした質問紙調査をもとに、小学生と中学生とではいじめに対する認識が異なることを明らかにしている。先に学年別の被害経験者の割合を示した (図表2-1) が、それを見ると6年生の被害経験者の割合は、4年生や5年生の被害経験者の割合と比べて低い。この結果から、6年生の子どもたちは、下級生とは異なる行為をいじめと認識している可能性がある。ただし、この点について本章では明らかにしていないため、今後詳しく検討する必要があろう。

(2)「(いじめ体験の) 積極的認知」を左右する要因の検討

　「(いじめ体験の) 積極的認知」を従属変数とした重回帰分析の結果、①悪口やからかいといったいじめを受けている場合、②クラスメイトに対して親しみや好意を抱いている場合、③自分のクラスを大事に思っており、クラスに

貢献したいと思っている場合、④クラスで解決すべき課題や問題があるときに、成員同士が協力して取り組んでいる場合に、子どもたちはいじめ体験を前向きにとらえる傾向にあることが明らかとなった（図表2-7）。以下では、若干の考察を試みたい。

　まずは、学級集団認知についてである。クラスメイトに対して親しみや好意を抱いている場合や、自分のクラスを大事に思っており、クラスに貢献したいと思っている場合、クラスで解決すべき課題や問題があるときに、成員同士が協力して取り組んでいる場合に、子どもたちはいじめ体験を前向きにとらえる傾向にあることが明らかとなった。この結果については、次のように解釈することが可能である。いじめの多くは仲の良い子どもたちの間で生じる（森田ほか編 1999 など）。そのため、いじめられることは、子どもたちにとって大きな苦痛となる。信頼していた人間から裏切られたからである。しかしその後、新しい学級に所属し、その学級のメンバーに受け入れられることによって、子どもたちは心理的な安定を得るとともに自信を取り戻し、過去のいじめ体験に前向きに向き合える（「嫌な体験ではあるが、そこから何か学ぶことができたのではないか」と思える）ようになっているのではないだろうか。この解釈が妥当であるとすれば、本章の結果は、子どもたちがいじめによる心の傷を回復する上で、「ナラティブ・セラピー」（野口 2005）が有効である可能性を示唆していると言えるだろう[9]。北澤（2008）は、テレビドラマ『わたしたちの教科書』を分析した結果を踏まえ、子どもによる「いじめ自殺」を防止するための方法として「経験の書き換え実践」の重要性をあげている[10]。この研究に鑑みれば、人々が過去のいじめ体験を乗り越える上で、"どういった「自己物語（self-narrative）」を紡ぐ必要があるのか"、また、"そのためには、どういった支援が必要とされるのか"ということを検討する必要があろう。

　次に、「悪口・からかい」といういじめの形態についてである。「悪口・からかい」といったいじめを受けることにより、子どもたちがいじめ体験を前向きにとらえるようになるとは考えにくい。この点については、「悪口・からかい」といったいじめの特徴を考慮する必要があろう。深谷（1996）は、いじめと表現されがちな行為を「喧嘩や意地悪」「いじめ」「いじめ非行」という

3つに区分している (20-31 頁)。「悪口・からかい」は、それだけでは「喧嘩や意地悪」なのか「いじめ」なのかを判断することの難しいグレーゾーンに位置する行為である。そのため、「悪口・からかい」は他の形態のいじめと比べ、被害者に与えるダメージは相対的に小さいと考えられる。本章の結果は、"いじめによって受けるダメージが少ない場合、そこから立ち直ることは比較的容易である"ということを示唆していると推察される[11]。

さらに、いじめ被害からの経過年数が「(いじめ体験の) 積極的認知」に有意な影響を及ぼしていなかったことに注目したい。この結果は、"いじめられる状態を脱した後、時間さえ経過すれば、いじめの影響は消失する"という楽観的な考えに警鐘を鳴らすものである。

3　本章の学問的・実践的意義

最後に、本章の学問的・実践的意義を 2 つほどあげ、本章を締めくくることとしたい。1 つは、学級集団のあり様がいじめの発生を左右するだけではなく、被害者がいじめによって受けた心の傷を回復することができるかどうかも左右することを明らかにした、ということである。このことは、「いじめ集団の四層構造論」において見落とされていたことである。

もう 1 つは、学級を受け持つ教師の役割の重要性を示した、ということである。いじめは「心の問題」とみなされるようになった[12]ことにより、子どもたちのいじめによる心の傷の回復において、スクールカウンセラーの果たす役割が期待されている。そのことは誤りであるとまでは言えないものの、彼らに過剰なまでに期待したとしても思うような成果は得られないだろう。スクールカウンセラーの大半は非常勤職員であるとともに、学校に滞在する時間も限られているからである。加えて、スクールカウンセラーの配置の拡大により、これまで以上にスクールカウンセラーの質や経験に違いが見られるようになっていることも指摘されている。

その一方で、本章により、教師の果たすべき役割が確認された。それは学級集団づくりに力を入れることにより、いじめ被害経験のある子どもたちが過ごしやすい環境を学級に醸成することである。また、教師が過去にいじめ

られた経験のある子どもを学級に受け入れることになった場合、彼らと継続的にコンタクトをとっていくなかで彼らの様子を見守っていくとともに、事態が深刻であると判断された場合には、協働的な指導体制を確立するなどして、適切な対策を講じることも必要であろう[13]。

注
(1) 青少年に人気のマンガ雑誌である『週刊少年ジャンプ』の編集部がこのような本を出版した背景には、時期が関係していると推察される。この本が出版されたのは1995年であるが、この時期は、愛知県西尾市で中学生がいじめを苦に自殺したことをきっかけにいじめが第2の社会問題化のピークを迎えた時期である。そのため、いじめの渦中にある青少年を主たる読者層とする『週刊少年ジャンプ』の編集部も、いじめ問題に真剣に向き合う必要があると考え、このような本を出版したと考えられる。
(2) 森田ほか編(1999)は、小学生と中学生とで、反復性の高いいじめの被害を受けている子どもの割合にあまり違いが見られないことを明らかにしている。この結果は、小学生のなかにも深刻ないじめ被害に悩まされている子どもが相当数いることを示唆している。
(3) このような手続きをとったのは、できる限り信頼性の高いデータを得るためである。学級で集団一斉方式により調査を実施した場合、子どもたちはほかの子どもたちや教師の目を意識して回答しづらいと考えた。
(4) 調査用紙の表紙には、"いじめとは具体的にどういったことなのか"を示す文章を載せている。この文章は、森田監修(2001)がいじめの国際比較調査を行う際に作成したものであり、いじめ研究で国際的に知られているオルヴェウス(Olweus, D.)の操作的定義をもとにしている。具体的には、以下のような文章である(森田ほか編 1999, 13-14頁)。

> これから、「いじめられる」ことや「いじめる」ことなどについての質問をします。
> このアンケート調査で「いじめる」とは、ほかの人(児童または生徒)に対して、
> ※ いやな悪口を言ったり、からかったりする
> ※ 無視をしたり仲間はずれにする
> ※ たたいたり、けったり、おどしたりする

> ※ その人がみんなからきらわれるようなうわさをしたり、紙などにひどいことを書いてわたしたり、その人の持ち物にひどいことを書いたりする
> ※ その他これらに似たことをする
> などのことです。
> いじの悪いやりかたで、何度も繰り返しからかうのも、いじめです。
> しかし、からかわれた人もいっしょに心のそこから楽しむようなからかいは、いじめではありません。また、同じぐらいの力の子どもどうしが、口げんかをしたり、とっくみあいのけんかをしたりするのは、いじめではありません。

(5) 方法としては、因子数を3〜6とし、主因子法により因子を抽出し、バリマックス法による因子軸の回転を行った。その結果、固有値の大きさ、因子の解釈のしやすさから4因子解を採用した。また、因子負荷量の絶対値が複数の因子で0.4以上であった項目を削除した後に、再び主因子法、バリマックス回転による因子分析を行った。

(6) 「加害者の人数」と「観衆の人数」の相関係数を算出したところ、0.779（$p<0.001$）と高かった。そこで、これらの合計人数を「加害者・観衆の人数」として分析に用いることとした。

(7) 各独立変数のVIFの値を算出したところ、その値の範囲は1.102から1.367の間であった。いずれの独立変数についてもVIFの値が2に満たないことから、多重共線性の可能性は低いと言える。「（いじめ体験の）積極的認知」を従属変数とした重回帰分析についても、同様（使用した独立変数が同じであるため）。

(8) 被害者に加害者との関係を尋ねた結果、加害者が「よく遊ぶ友だちだった」と回答した者は31.7％、「ときどき話す友だちだった」と回答した者は45.4％であった。

(9) 野口（2005）は、ナラティブ・セラピーについて次のように述べている。「病いは物語のかたちで存在している。だとすれば、治癒や回復といった事態もまた物語のなんらかの変更としてとらえられるはずである。こうした認識から出発するのがナラティブ・セラピーである」（22頁）。野口はナラティブ・セラピーの前提として、次の3つをあげている。第1に、現実は社会的に構成されるということである。第2に、現実は言語によって構成されるということである。第3に、言語は物語によって組織化されるということである。こうした前提から出発するナラティブ・セラピーの実践の形として、野口は次の3つをあげている。第1に、「物語の書き換え」という考え方である。このような考え方にもとづき、権力をもつ者の知（ドミナント・ストーリー）が「真実」として人々を覆いつくし支配するという認識に立って、そうした支配からの脱出（オルタナティブ・ストーリーの創生）が目指される。第2に、「無知のアプローチ」という考え方である。この考え方は、「セラピストがクライエントと対話すると

きの基本的な姿勢のこと」(25頁)である。セラピストは、クライエントの語る物語について自分は何も知らないという立場から、クライエントの語りに耳を傾け、会話を進めていく。それによって、「いまだ語られることのなかった物語」が展開する余地が生まれ、それに伴い「物語としての自己」が生み出されていくことになる。第3に、「リフレクティング・チーム」という考え方である。この考え方にもとづき、セラピストのチームがクライエントの家族関係を観察するのではなく、それとは逆に、セラピストたちのコミュニケーションをクライエントの家族に観察してもらい意見を述べてもらう。このようなことを何度も繰り返すなかで、セラピストとクライエントの対話を進めていく。

(10) 住田(2004)も、臨床教育社会学における「ナラティブ・アプローチ」の可能性について言及している。
(11) ただし、「からかい」はときに人間関係を円滑にする潤滑油の役割を果たすため、「悪口」と同列に扱うことに問題があった可能性は、否定できない。
(12) 伊藤(1996)は、戦後、児童生徒の問題行動とそれへのまなざしが変化してきたことを指摘している。つまりは、問題行動の発生場所と解釈されるものが、"実社会→実社会と学校の境界領域→学校→子どもの心のなか"といった具合に「移動」してきているという指摘である。
(13) 八並(2002)は、複数の教師や専門家から構成されるチームによる援助が、いじめが原因で不登校傾向に陥っている中学生の情緒面や学習面の改善などに効果的であることを明らかにしている。

第3章

いじめ被害者による抵抗の試み
―― いじめへの対処行動の有効性に関する分析 ――

第1節　問題の設定

1　本章の目的

　本章の目的は、小学生を対象とした質問紙調査をもとに、いじめ被害者の対処行動がいじめの抑止力となり得るのかどうかを検討することにある。

　いじめ研究が行われた当初、被害者および加害者といった「個人」に着目した研究が多く見られた。代表的なのは、被害者と加害者のパーソナリティ特性に着目した研究である（山崎 1985, 古市ほか 1986, 杉原ほか 1986, 高野編 1986 など）。その後、いじめ研究の関心は、いじめの当事者である「個人（被害者・加害者）」からいじめを取り巻く「集団」へと移行していく。このような移行を促す上で大きな役割を果たしたのが、森田・清永（[1986] 1994）の「いじめ集団の四層構造論」である。「いじめ集団の四層構造論」とは、"いじめを「被害者」と「加害者」の2者間の問題ではなく、「観衆」と「傍観者」を含めた学級集団全体のあり方が問われる問題だ"とする論である。「いじめ集団の四層構造論」を裏付ける研究結果も報告されている。滝（1992b）は、小中学生を対象とした3年間にわたる追跡調査をもとに、いじめ行為が一部の「問題児」によって成り立っているわけではないことを明らかにしている。

　しかし、スクールカウンセラー制度の導入に見られる「学校の心理主義化」に伴い[1]、1990年代の半ば以降、再度「個人」、とりわけ"被害者"に焦点を当てた研究が多く見られるようになった。また、「原因論アプローチ」にもとづく研究だけではなく、「治療的アプローチ」にもとづく研究も行われるようになった。その最たるものとしては、いじめが被害者の心身に及ぼ

す影響を検討した研究があげられよう（坂西 1995, 角山 1996, 皆川 1996, 香取 1999 など）。被害者のいじめへの対処行動に関する研究も、このような「学校の心理主義化」の影響を受けて行われるようになったと推察される[2]。

ただし、本章では、被害者のいじめへの対処行動を、心理学的問題の範疇にとどめるべきではなく、社会学的問題として扱う必要性があるとの立場をとる。具体的には、被害者のいじめへの対処行動を、逸脱の社会学理論であるラベリング理論からとらえ直す必要があると考える[3]。事実、ラベリングといじめとは密接に関係している。いじめ被害者の手記（保坂 1995, 週刊少年ジャンプ編集部編 1995 など）を見ると、いじめ被害者の多くが「バイキン」「ブタ」などの否定的ラベルを付与され、まさにそのようなものとして扱われた経験を報告している。また、ラベリングといじめとの関係を指摘している研究者も少なくない（菅野 1986, 山口 1988, 滝 1992a, 赤坂 1995 など）。ただし、これらの研究では、いじめ被害者は"いじめ加害者によって否定的ラベルを付与され、そのようなものとして扱われることに対して黙って従うだけの受動的存在"として描かれがちである。しかし、いじめ被害者は、いじめに対して黙従するだけの受動的存在とは限らない。ときに、付与された否定的ラベルを修正するために様々な試みをなす能動的存在となる。否定的ラベルを付与されることは、アイデンティティの乖離という重大な問題を引き起こすからである[4]。

本章の目的は、被害者のいじめへの対処行動を、他者によって付与された否定的ラベルを修正するための試みととらえ、このような試みが実際に成功し得るのかどうかを検討することにある。

2 ラベリングといじめ

ラベリング理論と聞いて真っ先に思い起こされるのは、ラベリング理論特有の逸脱の定義、および、「予言の自己成就 (self-fulfilling prophecy)」[5]による逸脱行動の深化の説明であろう。

Becker, H. S. (訳書 1978) は、逸脱を次のように定義している。「社会集団は、これを犯せば逸脱となるような規則をもうけ、それを特定の人々に適用

し、彼らにアウトサイダーのレッテルを貼ることによって、逸脱を生みだすのである。この観点からすれば、逸脱とは人間の行為の性質ではなくして、むしろ、他者によってこの規則と制裁とが『違反者』に適用された結果なのである」(17頁)。この定義の大きな特徴は、逸脱を行為そのものに内在する特性によって定めるのではなく、ある行為に対する他者による社会的反作用の産物としたところにある。

　また、Becker, H. S. (訳書1978) は、「予言の自己成就」による逸脱の深化について次のように説明している。逸脱者のラベルを付与された者は、周囲から、今後も逸脱行為を行うであろう危険人物とみなされる。その結果、逸脱者のラベルを付与された者は、因習的集団 (職場や地域社会など) への参加を拒まれ、経済的困難や心理的孤独に陥ることとなる。このような事態を解消するために、逸脱者のラベルを付与された者は、生活の糧を得るために再度逸脱行動に着手したり、心理的孤独をまぎらわすために組織化された逸脱集団に加入したりする。これを見た周囲の人々は、当初の予言が正しかったことを確信する[6]。

　しかし、"逸脱者のラベルを付与されることによって、逸脱行動のさらなる深化や逸脱者としてのアイデンティティの確立がうながされる"という「予言の自己成就」については、ラベルを付与された者の主体的な反応を軽視しているとの批判がなされている。Quadagno, J. S. and Antonio, R. J. (1975) は、「ラベリング論者たちは、個人が逸脱役割から逃れる可能な状況や技術をほとんど提起していない。逸脱者となる過程は、ある１つの道筋に過ぎず、慣習的世界への回帰の可能性が閉ざされているわけではない」(p. 35) とし、大都市の精神病院で女性の精神病患者によって示される「精神患者」というラベルに対する抵抗の様式を記述・分析している[7]。

　逸脱ラベルを付与された者がラベルに抵抗するのには理由がある。逸脱者のラベルを付与された者は、自己アイデンティティと社会的アイデンティティとの乖離という問題に直面する。ラベルへの抵抗は、アイデンティティ乖離という問題を解消するための、より具体的には、逸脱ラベルを「修正」するための試みとしてなされるのである。

以上を踏まえ、ラベリングといじめとの関係について考えてみたい。逸脱者と同様、いじめ被害者も、いじめを取り巻く子どもたちから様々な否定的ラベルを付与される[8]。加害者によって被害者につけられる「あだ名」も、否定的ラベルの一種である。菅野 (1986) は、「あだ名は子どもの特徴を巧みにとらえる隠喩である、というのでは不十分である。のみならず、そのようにとらえることによって、あだ名はまさにその子をそのようなものに作りあげていく働きをする」(58-59頁) と述べている。この考えは、ラベリング理論の「予言の自己成就」と酷似している[9]。

　しかし、いじめの被害にあった子どもたちのなかには、周囲から否定的なラベルを付与され、不当な扱いを受けることに対して抵抗する者もいる。いじめ被害者は、「いじめられっ子」の役割を演じるだけの受動的な存在とは限らないのである。このことは、いじめ被害経験者から寄せられた手記からもうかがえる。例えば、ある男子は「自分が弱すぎるからいじめられるんだ」と考え、徹底的に体を鍛えると同時に勉強にも励むことにより、「弱いいじめられっ子」という否定的ラベルの「修正」を試みた。その結果、いじめはなくなり、一部の加害者は当該男子のことを尊敬、畏怖するようにまでなったという (週刊少年ジャンプ編集部編 1995, 135頁)。

　被害者のいじめへの対処行動は、周囲の子どもたち (主には学級成員) によって付与された否定的ラベルを「修正」するための試みとみなすことができる。この点に鑑みれば、被害者のいじめへの対処行動がいじめの抑止力となり得るかどうかを検討することは、いじめを事例として、他者によって付与された否定的ラベル「修正」の試みが成功するかどうかを問うということでもある。それゆえ、いじめ被害者の対処行動は、心理学のみならず社会学の立場からの検討も要する重要な研究対象と言えるだろう。

　なお、ラベリング理論にもとづく研究では、研究方法として質的アプローチがとられることが多い。ただし、本章では、小学生を対象とした質問紙調査をもとにした分析を行う。その理由は、大きく2つある。1つは、いじめをめぐる子ども間の相互作用場面に立ち会うことの現実的困難性である。もう1つは、たとえそのような場面に立ち会うことができたとしても、そこに

介入せずに観察者としての立場を保持することには道義的問題がつきまとう、ということである。

　質問紙調査を用いて、いじめをめぐる子ども間の相互作用過程を検討することには自ずと限界がある。それでもなお、従来のいじめ研究がラベル付与者側（主にはいじめ加害者）の一方的なラベリングの効果を強調してきたのに対し、ラベル被付与者であるいじめ被害者の受動的行為者観を乗り越えようとする本章の試みは、大きな意義をもつであろう。このような試みにより、ラベルを付与する子どもたちと、付与されたラベルに対して抵抗するいじめ被害者との相互作用を踏まえた分析が可能となるからである。本章は、質問紙調査によって得られたデータを相互作用論的視点から分析する、という実験的な試みでもある。

3　先行研究の問題点と本章の課題

(1) いじめ被害者の対処行動に関する先行研究の問題点

　いじめ被害者の対処行動に着目した先行研究は、大きく次の2つにわけられる。1つは、架空のエピソードをもとにした研究（濱口・川端 1995, 濱口ほか 1998, 清水・瀧野 1998 など）[10] である。もう1つは、大学生などの青年を対象とした回顧調査にもとづく研究（坂西 1995, 嘉嶋・田嶌 1998 など）である。架空のエピソードをもとにした研究では、調査対象者はいじめの渦中にある子どもであるが、そのなかには被害経験を有する者とそうでない者とが混在している。一方、青年を対象とした回顧調査にもとづく研究では、調査対象者は実際に被害経験を有する者である。以下ではこれら2つの研究の問題点について考えてみたい。

1) 架空のエピソードをもとにした研究の問題点

　架空のエピソードを用いることの最大の利点は、いじめの場面をあらかじめ設定することにより、いじめの具体的な文脈（いじめの手口や加害者の人数など）の効果を統制できることにある。これにより、ほかの要因の影響を排した、いじめ被害者の対処行動の（いじめ抑止に果たす）効果を検討することがで

きる。しかし、架空エピソードによって得られた結果と実態とは異なる可能性がある。石井ほか (1996) は、被害経験者が実際にとった対処行動では「がまんする」「気をまぎらわす」という消極的対処が多いのに対し、被害経験のない者がいじめにあったことを想定して回答した対処行動では「友人に相談する」という積極的対処が多いことを明らかにしている。この結果に鑑みれば、いじめを直接経験した子どもたちの対処行動の実態を明らかにするとともに、それらが実際にいじめの抑止力となり得たのかどうかを検討する必要がある。

2) 青年を対象とした回顧調査にもとづく研究の問題点

これらの研究結果は、いじめ被害者の対処行動がいじめの改善や解消に寄与する可能性を示唆している。しかし、次のような問題点がある。第1に、青年を対象としているために、いじめ経験からの時間的経過によって、経験が再構成され質的に変化を遂げてしまう、ということである。第2に、いじめの具体的文脈を考慮した分析がなされていないことである。調査対象者が経験したいじめには、時期や手口、加害者や観衆の人数などの点で個人差がある。これらの影響を考慮した上で、いじめ被害者の対処行動がいじめ行為の抑制要因となり得るのかどうかを検討する必要がある。

(2) 本章の分析課題

以上の先行研究の問題点を踏まえ、本章では、小学生を対象とした質問紙調査をもとに、以下の4点について分析を試みる。

第1に、いじめを直接経験した子どもたちの対処行動の実態である。

第2に、いじめ被害者による自らの対処行動の有効性に対する自己認知である。

第3に、いじめ被害者の対処行動の規定要因である。

第4に、いじめ継続期間の規定要因である。この点について分析することにより、いじめ被害者の対処行動がいじめの早期解決に寄与するのかどうかを検討する。

第2節　方法

1　調査対象

調査対象は、徳島県内の小学校4校24学級に在籍する児童701名である。回収率は、89.2％（625部）であった。学年別・男女別の内訳は、小4（男：108名、女：115名、性別不明：1名）、小5（男：104名、女：107名、性別不明：3名）、小6（男：101名、女：84名、性別不明：2名）となっている。なお、調査対象とした24学級には成員が1人の学級があったが、分析から除外した。

2　調査の実施

教育委員会および各学校長の承認を得て調査を実施した。調査の実施時期は、2002（平成14）年2月中旬である。調査用紙は、学級ごとに担任教師によって配布された。児童には調査用紙を家庭に持ち帰ってもらい、自宅で記入した上で封筒に密封し、担任教師に提出してもらうこととした[11]。なお、担任教師には、これらを開封せず、回答済みの学級担任調査用紙とあわせて、さらに大きなサイズの封筒に入れた上で密封してもらうよう依頼した。

3　調査内容[12]

(1) いじめ被害経験

小学校に入学してから今まで（調査時点）にかけて、だれかに"いじめられたこと"があるかどうかを尋ねた。「ある」と回答した者については、いじめられた学年を記入するよう求めた（複数回答）。2つ以上の学年に印をつけた者については、「もっともひどい"いじめ"を受けた学年」も記入してもらった。なお、複数回いじめを経験した者については、"これまで経験したなかで、もっともひどいと思われるいじめ"を想定し、以下の質問に回答するよう求めた。

(2) 加害者・観衆の人数

「加害者は何人ぐらいいたのか」「"いじめ"を面白がり、はやしたてた者(=観衆)は何人ぐらいいたのか」について尋ねた。

(3) いじめの形態

いじめの形態については、「悪口・からかい」「無視・なかまはずれ」「たたく・ける・おどす」「金品をとる・こわす」の4つを設定し、それぞれについて、「とてもあてはまる」から「まったくあてはまらない」の4段階で回答を求めた。

(4) いじめられたときの対応

いじめられたときの対応について、あてはまるものすべてに印をつけてもらった。項目は6項目からなる。

(5) 「何もしないでいじめられるままになっていた」理由

いじめられたときの対応として「何もしないでいじめられるままになっていた」を選択した者については、その理由を尋ねた。項目は7項目からなる。これらについて、「とてもあてはまる」から「まったくあてはまらない」の4段階で回答を求めた。

(6) いじめの継続期間

いじめの継続期間について、日数で回答するよう求めた。

(7) いじめ終結理由

いじめが終わった理由については、葛上(2001)を参照し、あてはまるものすべてに印をつけてもらった。項目は10項目からなる。

第3節　結果(被害者のいじめへの対処行動は、いじめの解決において有効なのか?)

1　いじめ被害者の対処行動の実態

　いじめ被害経験者の割合は、図表3-1の通りである。ただし、以下で分析の対象とするのは、調査時点においていじめはすでに終結していると判断された者[13]に限定する。

　宝月(1990)は、逸脱ラベルを付与されることによって生じるアイデンティティ乖離という問題に対する適応様式として、「受容」と「拒絶」という2つをあげている。「受容」とは、「他者が彼に想定する逸脱者としてのアイデンティティを受け入れ、それに自らを適応させていくこと」(121頁)である。「受容」はさらに、「自認」と「黙従」という2つに区分される。「自認」とは、「レイベリングを契機にして、自己に踏ん切りをつけるために積極的に、逸脱者としてのアイデンティティを自らも確立しようとする場合」(121頁)であり、「黙従」とは、「レイベリングに抵抗し難い無力感を感じ、あきらめの境地から消極的にそれに従う場合」(121頁)である。

　また、「拒絶」とは、文字通り、逸脱者としてのアイデンティティを拒絶する、という適応様式である。「拒絶」もさらに、「消去」と「交換」という2つに区分される。「消去」とは、逸脱者としてのアイデンティティを払拭し

図表3-1　いじめ被害経験者の割合　　　　(%)

学年	性別	いじめ被害経験者の割合	いじめ被害経験者のうち、すでにいじめが終結している者
4年生	男性	56.2 (59)	41.0 (43)
	女性	45.1 (51)	38.1 (43)
5年生	男性	57.0 (57)	45.0 (45)
	女性	52.8 (56)	39.6 (42)
6年生	男性	32.0 (31)	27.8 (27)
	女性	38.6 (32)	27.7 (23)

備考：カッコ内の数値は人数。以下同様。

ようとする試みであり、積極的なものと消極的なものとに分けられる。積極的なものとは、共同体にとどまり、他者が彼に想定するアイデンティティを「修正」しようとする適応様式である。消極的なものとは、共同体を離れ、別の社会で新たな生活を営もうとする「逃避」という適応様式である。また、「交換」とは、「他者が彼に想定するアイデンティティを別のアイデンティティに取り替えようとする行動」(121頁) である。「交換」もまた、積極的なものと消極的なものとに分けられる。積極的な「交換」の例は、「他者は彼を逸脱者と想定するが、自分のアイデンティティに本当にふさわしいものは、単なる逸脱者ではなくて、むしろ既存の社会制度に異議を申し立て、価値の転換を目ざす私心のない非同調者である」(121頁) との主張に見られる。消極的な「交換」とは、逸脱者としてのアイデンティティから逃れられないと考え、「よりましなアイデンティティ」との交換をはかる試みである。

以上を表にあらわすと次のようになる (図表3-2)。

それでは、いじめられた子どもたちは、これらの適応様式のうちいずれを選択することが多いのであろうか。図表3-3は、被害者にいじめられたときの対応を尋ねた結果であり、図表3-4は「何もしないでいじめられるままになっていた」と回答した者にその理由を尋ねた結果である。

「何もしないでいじめられるままになっていた」と回答した者の割合は16.7% (図表3-3) であり、その理由として最も多くあげられているのは「もっとひどくいじめられるようになるのがこわかったから (62.2%)」である (図表3-4)。これらの結果より、「何もしないでいじめられるままになっていた」と回答した者の多くは、「自認」ではなく「黙従」という適応様式を選択してい

図表3-2 乖離したアイデンティティの適応類型

反応の程度	反応の方向		積極的反応	消極的反応
受容			自認	黙従
拒絶	消去		修正	逃避
	交換		非同調者	よりましなアイデンティティ

備考：宝月 (1990), 122頁。

図表3-3　いじめ被害者の対処行動の実態 (%)

	全体	男性	女性	
何もしないでいじめられるままになっていた。	16.7 (37)	14.0 (16)	19.6 (21)	
先生に相談した。	30.2 (67)	28.1 (32)	32.4 (35)	
親に相談した。	29.7 (66)	22.8 (26)	37.0 (40)	*
友だちに相談した。	23.0 (51)	9.6 (11)	37.0 (40)	***
やめてと言った。	51.8 (115)	54.4 (62)	49.1 (53)	
ひとりでやり返した。	28.5 (63)	37.7 (43)	18.7 (20)	**

備考：「あてはまる」と回答した者の割合。† $p<0.1$、*$p<0.05$、**$p<0.01$、***$p<0.001$。以下同様。

図表3-4　「何もしないでいじめられるままになっていた」理由 (%)

	あてはまる
先生や親に話したところで、なにも解決しないから。	33.3 (12)
もっとひどくいじめられるようになるのがこわかったから。	62.2 (23)
いじめられているのを先生や親に知られるのがはずかしかったから。	44.4 (16)
自分にも悪いところがあったから。	38.9 (14)
しんらいできる友だちがいなかったから。	36.1 (13)
ほうっておけば、そのうちいじめがおさまると思ったから。	55.6 (20)
いじめられているのだれかに言うのは、ひきょうだと思ったから。	28.6 (10)

備考：「とてもあてはまる」と「ややあてはまる」と回答した者を合計したパーセンテージ。

ると言えるだろう。

　一方、「何もしないでいじめられるままになっていた」以外の回答をした子どもたちは、8割以上に達する。被害者の大半は、他者に相談したり、自分ひとりの力でなんとかしようとしたりするなど、何らかの対処行動をとっていることがうかがえる。また、「親に相談した（$\chi^2(1)=5.376, p=0.020$）」「友だちに相談した（$\chi^2(1)=23.509, p<0.001$）」「ひとりでやり返した（$\chi^2(1)=9.805, p=0.002$）」については、男女間で統計的に有意な差が見られる。他者に相談するという対処行動については女性で多いが、ひとりでやり返すという対処行動については男性で多い。これらの子どもたちは、先の適応類型（図表3-2）のうち、「拒絶」という適応様式を選択していると考えられる。

ただし、一口に「拒絶」と言っても、「修正」や「逃避」といった「消去」と、「非同調者」や「よりましなアイデンティティ」といった「交換」がある。まず、子どもたちが「消去」という適応様式を選択している可能性について考えてみたい。子どもたちは、学級に配属された後、一定期間の所属を余儀なくされる。それゆえ、現在の学級から抜け出し、別の学級ないしは学校で新たな生活を送る「逃避」という適応様式を選択することは現実的に難しい。あまりにもいじめが悪質かつ解決が困難と判断された場合、学校側の裁量によって別の学級への配置換えや転校措置がとられることもあるが、ほとんどまれであろう。このように、子どもたちは現在の学級にとどまることを余儀なくさせられるため、被害者の多くは、他者の力や自分自身の力で否定的ラベルを「修正」しようと試みると推察される。

次に、子どもたちが「交換」という適応様式を選択している可能性について考えてみたい。まず、「非同調者」という適応様式についてであるが、子どもたちがこのような試みをしたところで、周囲からはまったく相手にされない可能性が高い。そればかりか、加害者をいたずらに刺激することになり、いじめがより一層激しくなる危険性もある。それゆえ、被害者が「非同調者」という適応様式を選択することは、皆無に等しいであろう。

一方、被害者が「よりましなアイデンティティ」との交換をはかることは、十分に予想される。例えば、「ブタ」や「バイキン」などと呼ばれ、そのような者として扱われるよりは、何とかして加害者集団に取り入り、「『パシリ（使い走りをさせる者に対する蔑称）』にでもなったほうがましだ」、と被害者が考えることもあるだろう。ただし、ここで留意すべきは、被害者が最初からこのような消極的な対応を選択しているわけではない、ということである。被害者の多くは、まずは否定的ラベルの「修正」を試みると考えられる。それが上手くいかなかった場合に、やむを得ず「よりましなアイデンティティ」との交換をはかろうとするものと推察される。

2 いじめ被害者による対処行動の有効性に対する自己認知

次に、いじめ被害者が自らの対処行動をどのように評価しているのか、と

いう問題について考えてみたい。図表3-5（図表3-5-1～図表3-5-5）は、被害者の対処行動といじめ終結理由との関連を分析した結果である。なお、網掛けをしているのは、それぞれの対処行動と特に関連が深いと考えられる項目の分析結果である。

「先生に相談した」という対処行動といじめ終結理由との関連を分析した結果、「いじめていた子が先生にしかられた（$\chi^2(1)=16.411, p<0.001$）」「みんなで話しあった（$\chi^2(1)=11.078, p<0.001$）」「大人たち（先生や親）が話しあった（$\chi^2(1)=4.246, p=0.039$）」という3項目で統計的に有意な差が見られた。また、「いじめていた子と話しあった（$\chi^2(1)=3.792, p=0.052$）」と「やめてと言った（$\chi^2(1)=2.953, p=0.086$）」の2項目については、有意傾向にあった。いずれの項目についても、「先生に相談した」と回答した者はそうでないものに比べ、いじめ終結理由のパーセンテージが高くなっている。

また、注目されるのは、「先生に相談した」という対処行動と特に関連が深いと考えられる3項目いずれについても、統計的に有意な差が見られていることである。この結果より、被害者が教師に相談することにより、教師がいじめに対処し、いじめが終結に向かった可能性がうかがえる。

図表3-5-1　被害者の対処行動といじめ終結理由との関連　　(%)

いじめ終結理由	対処行動　先生に相談した		
	あてはまる	あてはまらない	
いじめていた子が先生にしかられた	50.7 (34)	23.2 (36)	***
友だちがとめてくれた	19.4 (13)	14.2 (22)	
いじめていた子と話しあった	16.4 (11)	7.7 (12)	†
みんなで話しあった	19.4 (13)	5.2 (8)	***
大人たち（先生や親）が話しあった	17.9 (12)	8.4 (13)	*
やめてと言った	29.9 (20)	19.4 (30)	†
自分でやり返した	11.9 (8)	14.2 (22)	
クラスがえ、卒業、転校	17.9 (12)	19.4 (30)	
自然に	34.3 (23)	41.3 (64)	
ターゲットが他の子になった	20.9 (14)	12.3 (19)	

「親に相談した」という対処行動といじめ終結理由との関連を分析した結果、「みんなで話しあった（$\chi^2(1)=8.343, p=0.004$）」「大人たち（先生や親）が話しあった（$\chi^2(1)=9.307, p=0.002$）」「クラスがえ、卒業、転校（$\chi^2(1)=4.273, p=0.039$）」「ターゲットが他の子になった（$\chi^2(1)=4.588, p=0.032$）」の4項目で統計的に有意な差が見られた。いずれの項目についても、「親に相談した」と回答した者はそうでないものに比べ、いじめ終結理由のパーセンテージが高くなっている。

また、「親に相談した」という対処行動と特に関連が深いと考えられる項目で、統計的に有意な差が見られる。この結果より、被害者が親に相談することにより、教師と親が相談することとなり、いじめが終結に向かった可能性が示唆される。

図表3-5-2　被害者の対処行動といじめ終結理由との関連　　　　(%)

いじめ終結理由 \ 対処行動	親に相談した あてはまる	あてはまらない	
いじめていた子が先生にしかられた	31.8 (21)	31.4 (49)	
友だちがとめてくれた	19.7 (13)	14.1 (22)	
いじめていた子と話しあった	10.6 (7)	10.3 (16)	
みんなで話しあった	18.2 (12)	5.8 (9)	**
大人たち（先生や親）が話しあった	21.2 (14)	7.1 (11)	**
やめてと言った	25.8 (17)	21.2 (33)	
自分でやり返した	10.6 (7)	14.7 (23)	
クラスがえ、卒業、転校	27.3 (18)	15.4 (24)	*
自然に	34.8 (23)	41.0 (64)	
ターゲットが他の子になった	22.7 (15)	11.5 (18)	*

「友達に相談した」という対処行動といじめ終結理由との関連を分析した結果、「友だちがとめてくれた（$\chi^2(1)=4.715, p=0.030$）」「いじめていた子と話しあった（$\chi^2(1)=12.364, p<0.001$）」「みんなで話しあった（$\chi^2(1)=7.962, p=0.005$）」という3項目で統計的に有意な差が見られた。いずれの項目についても、「友だちに相談した」と回答した者はそうでないものに比べ、いじめ終結理由のパーセ

ンテージが高くなっている。

また、「友だちに相談した」という対処行動と特に関連が深いと考えられる項目で、統計的に有意な差が見られる。この結果より、被害者が友だちに相談することにより、友だちがいじめをとめてくれることとなり、いじめが終結に向かった可能性が示唆される。

図表3-5-3　被害者の対処行動といじめ終結理由との関連　　　(%)

いじめ終結理由 / 対処行動	友だちに相談した あてはまる	あてはまらない	
いじめていた子が先生にしかられた	33.3 (17)	31.0 (53)	
友だちがとめてくれた	25.5 (13)	12.9 (22)	*
いじめていた子と話しあった	23.5 (12)	6.4 (11)	***
みんなで話しあった	19.6 (10)	6.4 (11)	**
大人たち(先生や親)が話しあった	15.7 (8)	9.9 (17)	
やめてと言った	23.5 (12)	22.2 (38)	
自分でやり返した	9.8 (5)	14.6 (25)	
クラスがえ、卒業、転校	21.6 (11)	18.1 (31)	
自然に	43.1 (22)	38.0 (65)	
ターゲットが他の子になった	19.6 (10)	13.5 (23)	

「やめてと言った」という対処行動といじめ終結理由との関連を分析した結果、「いじめていた子が先生にしかられた（$\chi^2(1)=7.926, p=0.005$）」「友だちがとめてくれた（$\chi^2(1)=6.411, p=0.011$）」「みんなで話しあった（$\chi^2(1)=5.526, p=0.019$）」「やめてと言った（$\chi^2(1)=60.046, p<0.001$）」という4項目で統計的に有意な差が見られた。いずれの項目についても、「やめてと言った」と回答した者はそうでないものに比べ、いじめ終結理由のパーセンテージが高くなっている。

また、「やめてと言った」という対処行動と特に関連が深いと考えられる項目で、統計的に有意な差が見られる。この結果より、被害者が加害者に対して「やめて」と言ったことが、直接的あるいは間接的に、いじめを終結へと向かわせた可能性がうかがえる。

図表3-5-4　被害者の対処行動といじめ終結理由との関連　　　　(%)

いじめ終結理由＼対処行動	やめてと言った あてはまる	あてはまらない	
いじめていた子が先生にしかられた	40.0 (46)	22.4 (24)	**
友だちがとめてくれた	21.7 (25)	9.3 (10)	*
いじめていた子と話しあった	10.4 (12)	10.3 (11)	
みんなで話しあった	13.9 (16)	4.7 (5)	*
大人たち(先生や親)が話しあった	13.9 (16)	8.4 (9)	
やめてと言った	43.5 (50)	0.0 (0)	***
自分でやり返した	15.7 (18)	11.2 (12)	
クラスがえ、卒業、転校	16.5 (19)	21.5 (23)	
自然に	38.3 (44)	40.2 (43)	
ターゲットが他の子になった	14.8 (17)	15.0 (16)	

　「自分でやり返した」という対処行動といじめ終結理由との関連を分析した結果、「やめてと言った（$\chi^2(1)=4.188, p=0.041$）」「自分でやり返した（$\chi^2(1)=87.056, p<0.001$）」という2項目で統計的に有意な差が見られた。いずれの項目についても、「自分でやり返した」と回答した者はそうでないものに比べ、いじめ終結理由のパーセンテージが高くなっている。

図表3-5-5　被害者の対処行動といじめ終結理由との関連　　　　(%)

いじめ終結理由＼対処行動	自分でやり返した あてはまる	あてはまらない	
いじめていた子が先生にしかられた	30.2 (19)	31.6 (50)	
友だちがとめてくれた	15.9 (10)	15.8 (25)	
いじめていた子と話しあった	6.3 (4)	12.0 (19)	
みんなで話しあった	6.3 (4)	10.8 (17)	
大人たち(先生や親)が話しあった	12.7 (8)	10.8 (17)	
やめてと言った	31.7 (20)	19.0 (30)	*
自分でやり返した	47.6 (30)	0.0 (0)	***
クラスがえ、卒業、転校	20.6 (13)	18.4 (29)	
自然に	42.9 (27)	38.0 (60)	
ターゲットが他の子になった	17.5 (11)	13.9 (22)	

また、「自分でやり返した」という対処行動と特に関連が深いと考えられる項目で、統計的に有意な差が見られる。この結果より、被害者が加害者に反撃することによって、いじめが終結へと向かった可能性が示唆される。

これらの結果から総じて言えることは、被害者の対処行動といじめ終結理由とが密接に関連しているということである。いじめ被害者は自らの対処行動をいじめ終結のきっかけ、ないしは要因とみなす傾向にあることがうかがえる。

3　いじめ被害者の対処行動の規定要因に関する分析

いじめ被害者の対処行動について、主成分分析を行った[14]。その結果、2つの成分が抽出された。第1主成分は、「友だちに相談した (0.738)」「先生に相談した (0.711)」「親に相談した (0.697)」で負荷が高かった。そこで、他者に助けを求めるという意味で「求援型対処行動」と命名した（カッコ内の数値は主成分負荷量。以下、同様）。第2主成分は、「自分でやり返した (0.759)」「やめてと言った (0.712)」で負荷が高かった。そこで、自分の力で何とかしようとするという意味で「直接抵抗型対処行動」と命名した（図表3-6）。

以下では、これら2つの主成分得点を従属変数とした重回帰分析を行い、いじめ被害者の対処行動の規定要因について検討したい。

図表3-6　いじめへの対処行動の主成分分析結果

	求援型対処行動	直接抵抗型対処行動
友だちに相談した	0.738	-0.164
先生に相談した	0.711	0.216
親に相談した	0.697	0.013
自分でやり返した	-0.227	0.759
やめてと言った	0.288	0.712
固有値	1.671	1.157
寄与率	33.4	23.1

備考：太線で囲っているのは、主成分負荷量の絶対値が0.4以上のもの。以下同様。

図表3-7　分析に使用する変数

従属変数	
いじめ被害者の対処行動について主成分分析を行った結果得られた、2つの主成分(「求援助型対処行動」と「直接抵抗型対処行動」)の主成分得点。	
独立変数	
① 性別	: 男性なら1、女性なら0のダミー変数。
② もっともひどい"いじめ"を受けた学年	: 1年生時なら1、2年生時なら2、3年生時なら3、4年生時なら4、5年生時なら5、6年生時なら6の得点を配分。
③ 加害者・観衆の人数[15]	: 加害者と観衆の合計人数。
④ いじめの形態[16]	: 「悪口・からかい」「無視・仲間はずれ」「たたく・ける・おどす」「金品をとる・こわす」のそれぞれについて、1(まったくあてはまらない)～4(とてもあてはまる)の得点を配分し、これらについて主成分分析を行った結果得られた2つの主成分(「間接的攻撃」と「直接的攻撃」)の主成分得点。

　分析に使用する変数は、図表3-7の通りである。独立変数には、石井ほか(1996)の研究により対処行動との関連が認められたいじめの形態のほかに、加害者や観衆の人数を採用している。加害者や観衆の人数はいじめの支持者の数と同義であるため、被害者の取り得る対処行動を大きく制限すると考えられるからである。

(1)「求援型対処行動」の規定要因に関する分析

　図表3-8は、「求援型対処行動」を従属変数とした重回帰分析の結果である[17]。

　「性別」が負の影響を及ぼしていることから、男性よりも女性で「求援型対処行動」をとる傾向にあることがわかる($p<0.001$)。

　また、「間接的攻撃」が正の影響を及ぼしていることから、「無視・なかまはずれ」「金品をとる・こわす」など、加害者の匿名性が高いいじめを受けている場合に、被害者は他者に相談するなどの「求援型対処行動」をとる傾向にあることもうかがえる($p=0.027$)。

(2)「直接抵抗型対処行動」の規定要因に関する分析

　図表3-9は、「直接抵抗型対処行動」を従属変数とした重回帰分析の結果

図表3-8　「求援型対処行動」の規定要因に関する重回帰分析

	B	標準誤差	β	p値	
(定数)	0.438	0.216		0.044	*
性別	-0.632	0.141	-0.324	p<0.001	***
もっともひどい"いじめ"を受けた学年	-0.048	0.053	-0.064	0.369	
間接的攻撃	0.157	0.070	0.162	0.027	*
直接的攻撃	0.034	0.074	0.034	0.642	
加害者と観衆の人数	0.002	0.008	0.020	0.782	
調整済みR²	0.129				
F値	6.176			p<0.001	***

図表3-9　「直接抵抗型対処行動」の規定要因に関する重回帰分析

	B	標準誤差	β	p値	
(定数)	0.059	0.211		0.778	
性別	0.459	0.138	0.235	p<0.001	***
もっともひどい"いじめ"を受けた学年	-0.117	0.052	-0.156	0.026	*
間接的攻撃	-0.174	0.069	-0.180	0.012	*
直接的攻撃	0.202	0.072	0.198	0.006	**
加害者と観衆の人数	0.015	0.008	0.130	0.067	†
調整済みR²	0.168				
F値	8.012			p<0.001	***

である。

「性別」が有意な正の影響を及ぼしていることから、女性よりも男性で、「直接抵抗型対処行動」をとる傾向にあることがわかる（p<0.001）。

また、「間接的攻撃」は有意な負の影響（p=0.012）を、「直接的攻撃」は有意な正の影響（p=0.006）をそれぞれ及ぼしていることから、加害者の匿名性が高い場合には「直接抵抗型対処行動」をとることが難しい一方で、加害者が明確である場合に被害者は自分の力で何とかしようとする「直接抵抗型対処行動」をとる傾向にあることもうかがえる。

さらに、「もっともひどい"いじめ"を受けた学年」が有意な負の影響を及ぼしていることから、学年が高くなるにつれて、被害者は「直接抵抗型対処

行動」をとらなくなってくると言える（p=0.026）。

なお、「加害者と観衆の人数」は有意傾向ではあるものの正の影響を及ぼしていることから、いじめに関わる者の人数が多い場合に、被害者は「直接抵抗型対処行動」をとる傾向にあることがわかる。

4　いじめ継続期間の規定要因に関する分析

被害者の対処行動がいじめの早期解決に寄与するのかどうかを検討するために、従属変数をいじめの継続期間[18]、独立変数を先の対処行動の規定要因に関する分析で用いたすべての変数（図表3-7を参照）[19]とした重回帰分析を行った（図表3-10）[20]。

いじめの形態については、「間接的攻撃」（p<0.001）、「直接的攻撃」（p=0.044）のいずれもが、有意な正の影響を及ぼしている。なかでも、「間接的攻撃」は標準偏回帰係数の値が最も高いことから、いじめの継続期間に大きな影響を及ぼしていると言える。この結果は、「直接的攻撃」と「間接的攻撃」のいずれを受けた場合についても、いじめは長引く傾向にあるが、とりわけ「間接的攻撃」を受けた場合に、いじめは長期化する傾向にあることを示唆している。

図表3-10　いじめ継続期間の規定要因に関する重回帰分析

	B	標準誤差	β	p値	
（定数）	83.933	30.561		0.007	**
性別	-16.322	21.571	-0.061	0.450	
もっともひどい"いじめ"を受けた学年	-8.438	7.550	-0.081	0.266	
間接的攻撃	45.692	10.266	0.337	p<0.001	***
直接的攻撃	21.201	10.413	0.152	0.044	*
加害者と観衆の人数	3.237	1.098	0.217	0.004	**
求援型対処行動	-5.643	10.662	-0.041	0.597	
直接抵抗型対処行動	8.049	10.764	0.059	0.456	
調整済みR²	0.203				
F値	6.700			p<0.001	***

「加害者と観衆の人数」(p=0.004)が有意な正の影響を及ぼしている。この結果は、加害者や観衆といった、いじめに関わる者の人数が多い場合に、いじめは長期化する傾向にあることを示している。

なお、被害者の対処行動については、「求援型対処行動」と「直接抵抗型対処行動」のいずれもいじめの継続期間に有意な影響を及ぼしていない。この結果は、被害者の対処行動がいじめの早期解決に直接には結びつかないことを物語っている。

第4節　まとめと考察

本章の目的は、小学生を対象とした質問紙調査をもとに、いじめ被害者の対処行動がいじめの抑止力となり得るのかどうかを検討することにあった。具体的には、次の4点について分析を試みた。第1に、いじめを直接経験した子どもたちの対処行動の実態である。第2に、いじめ被害者による自らの対処行動の有効性に対する自己認知である。第3に、いじめ被害者の対処行動の規定要因である。第4に、いじめ継続期間の規定要因である。

第1の点について分析した結果、いじめ被害者の大半は、付与された否定的ラベルを「修正」しようと試みることが明らかとなった（図表3-3）。また、宝月（1990）による、乖離したアイデンティティの適応類型が、いじめ被害者による否定的ラベルへの適応の問題を考える上でも示唆に富むことが確認された。

ただし、宝月による適応類型をいじめ被害者にそのまま適用するには、次のような問題がある。1つは、いじめ被害者が「非同調者」という適応様式を選択することは、皆無に等しいということである。もう1つは、「受容に潜む抵抗」（佐藤2000）の問題を扱えないことである。宝月（1990）によれば、「受容」とは「他者が彼に想定する逸脱者としてのアイデンティティを受け入れ、それに自らを適応させていくこと」（121頁）である。しかし、いじめ被害者のなかには、表面上は否定的ラベルを受け入れていると装いつつも、内

面ではラベルを拒否し、それから距離をとることによって自己アイデンティティの防衛をはかる者もいるであろう[21]。このような適応様式を選択することによって、加害者に逆らえない状況に置かれたいじめ被害者は、苦痛に満ちた学校生活をなんとか生き延びているのかもしれない。今後は、「受容に潜む抵抗」も視野に入れ、いじめ被害者の適応様式の類型化を検討する必要があろう。

　第2の点について分析した結果、被害者のいじめへの対処行動といじめ終結理由とが密接に関連していることが明らかとなった（図表3-5）。この結果は、いじめ被害者は自身の対処行動の有効性を認知していること、すなわち、自身の対処行動をいじめ終結のきっかけ、ないしは要因とみなす傾向にあることを示唆している。

　第3の点について分析した結果、いじめ被害者の対処行動は、他者に助けを求めるという「求援型対処行動」と、自分の力で何とかしようとする「直接抵抗型対処行動」に大別されることが明らかとなった（図表3-6）。そこで、それぞれの対処行動の規定要因について分析を行った。まずは、「求援型対処行動」の規定要因に関する分析結果についてである。分析の結果、①女性は男性よりも「求援型対処行動」をとる傾向にあること、②加害者の匿名性が高いいじめを受けている場合に、いじめ被害者は「求援型対処行動」をとる傾向にあることが明らかとなった（図表3-8）。次に、「直接抵抗型対処行動」の規定要因に関する分析結果についてである。分析の結果、男性は女性よりも「直接抵抗型対処行動」をとる傾向にあること、②加害者が明確である場合に、いじめ被害者は「直接抵抗型対処行動」をとる傾向にあること、③学年が高くなるにつれて、いじめ被害者は「直接抵抗型対処行動」をとらなくなってくること、④いじめに関わる者（加害者・観衆）の人数が多い場合に、いじめ被害者は「直接抵抗型対処行動」をとる傾向にあること、が明らかとなった（図表3-9）。

　男女でいじめへの対応の仕方が異なることは、先行研究でも確認されている。例えば、森田ほか編（1999）では、いじめられたときの行動として、男子では「やめてくれと言った」や「その場でやり返した」のパーセンテージが高

い一方で、女子では「友だちに助けを求めた」や「先生に助けを求めた」のパーセンテージが高いことが明らかとなっている。

　ただし、このような対処行動の違いは、決して性別だけに還元されるわけではないだろう。赤坂（1995）は、「集団無視」といういじめについて次のように述べている。「身体にくわえられる暴力ならば、身体で反撃することもできる。言葉による暴力ならば、言葉でやりかえすこともできる。しかし、子供たちが『シカト』とよぶ集団的な無視は、眼にはみえず、間接的であるために、反撃するいっさいの手段があらかじめ封じられている。その意味では、かんがえられるかぎりで、もっとも残酷な排斥行為であるにちがいない」（46頁）。この指摘に鑑みれば、間接的な攻撃にさらされた被害者は、加害者の匿名性の高さゆえに加害者に直接抵抗・反撃することが難しく、結果として誰かに頼らざるを得ない、すなわち友人や教師、親に相談するという行動を取らざるを得ない状況にあると推察される。本章の結果は、このことを物語っていると考えられる。

　学年が高くなるにつれて、いじめ被害者は「直接抵抗型対処行動」をとらなくなってくるという結果については、子どもたちの発達段階を考慮する必要があるかもしれない。低学年である場合、子どもたちは周囲に対して、比較的素直に気持ちを伝える傾向にあると考えられる。しかし、学年が高くなるにつれて、子どもたちは周囲に気を遣うようになり、思ったことを言えなくなってしまうのではないだろうか。その結果、学年の上昇に伴い、いじめ被害者は「直接抵抗型対処行動」をとらなくなるようになると思われる。

　いじめに関わる者（加害者・観衆）の人数が多い場合に、いじめ被害者は「直接抵抗型対処行動」をとる傾向にあるという結果については、いじめに関わる者の人数が多いということの意味を考える必要があろう。多くの者からいじめられる場合、いじめ被害者の精神的・肉体的ダメージはより一層蓄積されやすくなると考えられる。その結果、いじめ被害者は精神的に追い込まれ、加害者に対して直接抵抗せざるを得ない状況になるものと推察される。

　第4の点について分析した結果、①「直接的攻撃」と「間接的攻撃」のいずれを受けた場合についても、いじめは長引く傾向にあるが、とりわけ「間接

的攻撃」を受けた場合に、いじめは長期化する傾向にあること、②いじめに関わる者（加害者・観衆）の人数が多い場合に、いじめは長期化する傾向にあること、③被害者の対処行動は、いじめの早期解決に直接には結びつかないこと、が明らかとなった（図表3-9）。

「間接的攻撃」の場合、加害者の匿名性が高いことは先に述べた通りである。被害者でも加害者の特定が難しいのならば、教師ではなおさらである[22]。加害者を特定できない場合、教師のいじめ指導がかなり制限されることは想像に難くない。その結果、いじめに歯止めがかかりにくく、ときにはエスカレートするなどして、いじめが長期化するものと推察される。

また、いじめを直接的に支持する者（加害者・観衆）の数が多い場合、いじめは長期化する傾向にある一方で、被害者の対処行動はいじめの早期解決に直接には結びついていなかった。いじめ被害者の対処行動は、いじめ終結の契機にはなり得ても、いじめの早期解決をもたらすわけではないのである。この結果より、いじめ被害者による否定的ラベル「修正」の試みの成否は、対処行動そのものではなく、対処行動に対する周囲の者たちの反応に大きく委ねられていると言える。例えば、いじめ被害者が他者に相談するといった対処行動をとったとしても、他者がいじめ被害者の相談に耳を傾け、いじめに対して具体的に対処しない限りは、いじめ被害者による否定的ラベル「修正」の試みは失敗に終わるであろう。同様に、いじめ被害者が加害者に対して直接的に抗議をしたとしても、加害者がその訴えを正当なものとして受け入れない限りは、いじめ被害者に付与された否定的ラベルが「修正」されることはないであろう。

被害者による否定的ラベル「修正」の試みが加害者側によって無効化される過程を説明するにあたっては、北沢（1990）の指摘が参考になろう。北沢（1990）は、逸脱ラベル付与によって生じる問題について、次のように述べている。「ラベル被付与者は、社会的事実の構成過程に参加する資格を失い、彼が自分の行為についていかなる解釈を持ちだそうとも無視されてしまい（ここで無視とは、文字通り無視するということだけではなく、彼の解釈を『言い逃れをしている』『口答えをしている』というカテゴリーの中で処理していくことなども含まれ

る)、彼にラベルを付与する側(教師／警察／マスメディアなど)は彼の解釈を考慮することなく、自分たちの解釈を提示する特権を持つということである」(48頁)。このようなメカニズムはラベル付与者と被ラベル付与者との力関係の差が顕著な場合、より強い形で発動するであろう。そもそも加害者は被害者と比べ、腕力や資源動員能力において優位な立場にある(竹川 1993)が、このような加害者の優位性は、いじめの直接的支持者が多い場合により一層確かなものとなる。大野 (1996) は、青年を対象とした質問紙調査をもとに、攻撃が単独の加害者によって行われる場合に比べ集団で行われる場合に、人々は被害者に否定的評価を下す傾向にあることを明らかにしている。この結果は、いじめが集団化した場合、被害者は周囲(加害者・観衆以外の学級成員を含む)からの信頼を失う(いじめられる側にも問題があるとみなされる)とともに、話を聞き入れてもらえる権利[23]を奪われ、いじめをめぐる社会的事実を構成する過程から排除される可能性が高いことを示唆している。その際、被害者の否定的ラベル「修正」に向けた試みは、ことごとく無視されることとなるだろう。

　本章は、いじめの解決を左右するのは、被害者の対処行動そのものではなく、被害者の対処行動に対する周囲の反応であることを明らかにした。この点において、本章はいじめに対する集団指導の重要性を再確認させるものであると言えよう。しかし、臨床心理学的知が学校現場に拡大していった場合、いじめに対する指導は集団指導から個別指導へと軸足を移す蓋然性が高い。個別指導と集団指導という相異なる指導方法をいかにバランスよく取り入れていくのか。このことが効果的ないじめ指導のあり方を考える上で大きな課題となるだろう。

注

(1) 加野 (2001) は、不登校問題について論じるなかで、臨床心理学的知が拡大することによってもたらされる問題を指摘している。また、保田 (2003) は、臨床心理学に関する教科書の内容分析を行い、学校への臨床心理士の職域拡大の要因について検討している。
(2) 被害者のいじめへの対処行動を研究している者の大半は心理学者である。
(3) 宝月 (1984) は、ポスト・レイベリング理論を訴える人々を3つのタイプに分類している。第1は、レイベリング理論はすでに「通常科学」化されたものであり、研究者にとっては常識に過ぎないとする人々である。第2は、レイベリング理論がもつ種々の問題点をことさら取り上げ、レイベリング理論を「欠陥商品」扱いする人々である。第3は、レイベリング理論はもはや「時代遅れ」とする人々である。しかし、宝月は、このようにレイベリング理論を単純化した形で総括する前に、いまもってレイベリング理論から多くのインプリケーションを引き出す必要があるとしている。
(4) 先行研究により、いじめが被害者の心身に深刻な影響を及ぼすことが明らかとなっている。このことは、いじめ被害者がアイデンティティの乖離という問題にさらされていることを示唆していると考えられる。
(5) Merton, R. K. によれば、「予言の自己成就」とは、「最初の誤った状況の規定が新しい行動を呼び起こし、その行動が当初の誤った考えを真実(リアル)なものとすることである」(Merton, R. K. 訳書 1961, 384-385 頁)。
(6) Schwartz, R. D. and Skolnick, J. H. (1964) は、刑事裁判所の記録が未熟練の労働者の雇用機会に及ぼす影響を検討している。有罪判決を受けたとされる雇用志願者や、告発されたが無罪となった雇用志願者の採用を積極的に考慮する雇用主は少なかった。一方、犯罪記録のない雇用志願者の採用を積極的に考慮した雇用主は多かった。この結果は、逸脱者のラベルを付与されることによって社会参加の機会が奪われる可能性を示唆している。
(7) ラベルへの抵抗の様式としては、「兆候の否定 (symptom denial)」「身体的病の説明 (physical ailment explanation)」「標準化 (normalization)」「統制の維持 (control maintenance)」の4つがあげられている。ラベルへの適応様式に関する研究には、このほかに Rogers, J. W. and Buffalo, M. D. (1974) などがある。
(8) 森田・清永 ([1986] 1994) が小・中学生を対象に行った調査によれば、加害者のいじめの理由として最も多いのは「相手に悪いところがあるから」であり、65.5%にも達している（森田・清永 [1986] 1994, 83 頁）。同様の結果は、本調査でも確認された。いじめ経験を有する子どもたちのうち、いじめの理由として「相手に悪いところがあるから」をあげた者は 62.0%と最も多かった。この結果は、加害者が被害者を集団内規則（インフォーマルな規則も含む）からの「逸脱者」とみなしている可能性を示唆している。
(9) いじめを取り巻く子どもたちが被害者を「いじめられっ子」と呼ぶことも、否定的ラベル付与の一形態と考えられる。いじめ研究が行われた当初、被害者や加害者のパーソナリティ特性に着目した研究が多く行われた。これらの研究のなかには、学級内に

おいて「いじめっ子」および「いじめられっ子」と思われる児童を選び出し、その子の性格特性を他の子どもたちに評定させているものがある（杉原ほか 1986 など）。「いじめられっ子」で評定平均値が高いのは、「のろま」「弱虫」「気が弱い」「わがまま」など、総じて否定的な内容の項目である。この結果は、子どもたちの間で「いじめられっ子」に対する否定的なイメージが共有されていることを示唆している。

(10) 架空エピソードをもとにした分析では、概ね次のような手続きがとられる。まず、調査対象者に架空の被害者の特徴に関する情報や架空のいじめ場面のエピソードを呈示し、次いで、調査者が予め設定した被害者の対処行動が加害者の心理や行動に及ぼす影響を調査対象者に予想させる。その結果をもとに、被害者がどのような対処行動をとった場合にいじめは抑制されやすいのかを検討する。

(11) このような手続きをとったのは、できる限り信頼性の高いデータを得るためである。学級で集団一斉方式により調査を実施した場合、子どもたちはほかの子どもたちや教師の目を意識して回答しづらいと考えた。

(12) 調査用紙の表紙には、"いじめとは具体的にどういったことなのか"を示す文章を載せている。この文章は、森田監修（2001）がいじめの国際比較調査を行う際に作成したものであり、いじめ研究で国際的に知られているオルヴェウス（Olweus, D.）の操作的定義をもとにしている。具体的には、以下のような文章である（森田ほか編 1999, 13-14 頁）。

　これから、「いじめられる」ことや「いじめる」ことなどについての質問をします。
　このアンケート調査で「いじめる」とは、ほかの人（児童または生徒）に対して、
　※　いやな悪口を言ったり、からかったりする
　※　無視をしたり仲間はずれにする
　※　たたいたり、けったり、おどしたりする
　※　その人がみんなからきらわれるようなうわさをしたり、紙などにひどいことを書いてわたしたり、その人の持ち物にひどいことを書いたりする
　※　その他これらに似たことをする
　などのことです。
　いじの悪いやりかたで、何度も繰り返しからかうのも、いじめです。
　しかし、からかわれた人もいっしょに心のそこから楽しむようなからかいは、いじめではありません。また、同じぐらいの力の子どもどうしが、口げんかをしたり、とっくみあいのけんかをしたりするのは、いじめではありません。

(13) 次の2つの条件を満たしている者を、いじめがすでに終結している者と判断した。1つは、いじめ終結理由に関する項目に回答していることである。もう1つは、「まだいじめは終わっていない」という項目に「あてはまる」と<u>回答していない</u>ことである。
(14) 各々の対処行動について、「あてはまる」と回答した場合には1、「あてはまらない」と回答した場合には0をそれぞれ配分している。
(15) 加害者の人数と観衆の人数との相関係数を算出したところ、0.656（$p<0.001$）と高かった。そこで、これらを個別に独立変数として用いるのではなく、両者の合計人数を独立変数として用いることとした。
(16) いじめの形態に関する項目について主成分分析を行った結果、2つの成分が抽出された（図表3-11）。第1主成分は、「無視・なかまはずれ（0.817）」「金品をとる・こわす（0.712）」で負荷が高かった。いずれも、加害者の匿名性の高いいじめである。そこで「間接的攻撃」と命名した。第2主成分は、「たたく・ける・おどす（0.732）」「悪口・からかい（0.643）」で負荷が高かった。いずれも、被害者に対して直接的に行われる蓋然性の高いいじめである。そこで「直接的攻撃」と命名した。

図表3-11　いじめの形態の主成分分析結果

	間接的攻撃	直接的攻撃
無視・なかまはずれ	0.817	-0.278
金品をとる・こわす	0.712	0.404
たたく・ける・おどす	0.102	0.732
悪口・からかい	-0.092	0.643
固有値	1.193	1.189
寄与率	29.8	29.7

(17) 各独立変数のVIFの値を算出したところ、その値の範囲は1.006から1.053の間であった。いずれの独立変数についてもVIFの値が2に満たないことから、多重共線性の可能性は低いと言える。「直接抵抗型対処行動」を従属変数とした重回帰分析についても、同様（使用した独立変数が同じであるため）。
(18) いじめの継続期間については、いじめられた日数について子どもたちに回答してもらった結果をそのまま用いている。質問紙では、次のような問い方をしている。「"いじめ"はどれくらいの間つづきましたか。日数（1ヵ月なら30日、1年なら365日）でお答えください」。
(19) いじめ被害者の対処行動がいじめの早期解決に寄与するかどうかを検討するにあたっては、対処行動を起こした時期も考慮する必要がある。そこで、いじめの継続期間を従属変数、各々の対処行動の時期（「いじめられてすぐに」「いじめられて少したった後に」「いじめられてしばらくたった後に」）を独立変数とした一元配置分散分析を行っ

たが、いずれの対処行動についても統計的に有意な差は見られなかった。この結果を踏まえ、独立変数には対処行動の時期を採用しないこととした。
(20) 各独立変数のVIFの値を算出したところ、その値の範囲は1.045から1.295の間であった。いずれの独立変数についてもVIFの値が2に満たないことから、多重共線性の可能性は低いと言える
(21) 佐藤（2000）は、付与された逸脱カテゴリーの受容／拒絶という軸と、内面的な同意／非同意という軸を交差させることで得られた4類型のうち、逸脱カテゴリーの受容・内面的非同意の類型、すなわち「受容的抵抗」に照準を合わせ、理論的な考察を行っている。
(22) 森田・清永（［1986］1994）は、教師からのいじめの可視性を阻む要因として、①主観的世界の現象、②いじめの偽装化、③いじめの正当化、④被害者・加害者の不特定性、⑤いじめ動機の不明確さ、⑥被害者からの情報の遮断、⑦周囲の子どもたちからの情報の遮断、という7つをあげている。
(23) Becker, H. S.（1967）によれば、「信頼性と聞き入れられる権利は、構造上の地位を通じて異なって配分されている」(p. 241)。

… 第4章 …

いじめを正当化する子どもたち
――いじめ行為の正当化に影響を及ぼす要因の検討――

第1節　問題の設定

　本章の目的は、小学生を対象とした質問紙調査をもとに、加害者によるいじめ行為の正当化の実態と、いじめ行為の正当化に影響を及ぼす要因を検討することにある。

　いじめ加害者に着目した研究は、大きく次の2つに分けられる。1つは、加害者の性格特性に着目した研究である（詫摩 1984, 山崎 1985, 古市ほか 1986, 杉原ほか 1986, 高野編 1986 など）。これらの研究では、いじめ行為を発生させる要因として、加害者の性格特性に着目する。研究方法としては、"調査対象者に被害者に対する印象と加害者に対する印象の双方を尋ね、それらの違いを検討する"というやり方のとられることが多い。

　もう1つは、いじめ加害者の有するストレスに着目した研究である（滝 1992a・1996, 秦 1997, 岡安・高山 2000 など）。これらの研究では、加害者の「学校なり家庭への不適応状態、教師への不信感等による情緒不安をこそ問題の根源」（滝 1996, 39頁）とされる。研究方法としては、"ストレス（主には学校生活から生じるストレス）を測定するための尺度を作成し、それらの得点について加害経験の有無による差が見られるかどうかを検討する"というやり方のとられることが多い。

　近年では、いじめ加害者の性格特性に着目した研究はほとんど見受けられない。その一方で、"いじめ加害者の特徴とされる反社会的・非社会的傾向は、彼らの置かれた状況に起因するストレスや情緒不安の表れに過ぎない"という説が広く受け入れられており、子どもたちのストレスに着目した研究が行われている。

しかし、加害者によるいじめ行為の正当化に着目した研究は少ない。いじめ行為の正当化の怖さは、加害者本人やいじめを取り巻く者のみならず、ときに被害者にさえもいじめ行為の正当性を認めさせるところにある[1]。このような場合、被害者と加害者との間には支配一被支配の関係が作られやすく、いじめ行為に歯止めがかかりにくくなる。この点に鑑みれば、加害者によるいじめ行為の正当化は、検討すべき重要な対象と言える。

森田・清永（[1986]1994）は、加害者によるいじめ理由として「相手に悪いところがあるから」の選択率が高いことに着目し、加害者がいじめ行為の正当を行っている可能性を指摘している。そして、いじめ行為正当化のメカニズムを、非行研究で知られる Sykes, G. M. and Matza, D. (1957) の「中和の技術（technique of neutralization）」を用いて説明している。まずは、Matza, D. の理論について簡単に紹介したい。Matza, D.(1964) によれば、非行少年は「非行者または順法的な人間のいずれか一方に深入りしているわけではない」(p. 39)。このような非行少年像を提起するにあたり、Matza, D.(1964) が着目するのは、非行少年の大半が成人になると非行から足を洗うという事実である。Matza, D. によれば、非行少年の更生は矯正機関の援助などによるものではなく、成熟によるものである。この点に着目した Matza, D. は、非行少年は犯罪的世界に完全に染まっているわけではなく、「犯罪的世界」と「慣習的世界」との間を漂流（drift）していると考えた。Matza, D. の理論がドリフト理論と呼ばれるゆえんである。このような漂流状況のなか、非行少年は自らの犯罪行為を「中和の技術」を用いて正当化することにより、犯罪行為に着手するのである。

森田・清永（[1986]1994）は、このような「中和の技術」が加害者によるいじめ行為の正当化にも適用可能であることを強調する。いじめ加害者も、いじめ行為に罪悪感を抱いていた場合や、周囲からの非難や反発を予測した場合、また、実際に非難や反発が生じた場合には、このような「中和の技術」を用いるのではないか、というのである。確かに、「中和の技術」は、加害者によるいじめ行為の正当化のメカニズムを説明する上でも有効な理論であるように思われる。

しかしその一方で、"いじめ加害者が実際にこのような正当化をどの程度行っているのか"、また、"このような正当化がどのような条件のもとで行われやすいのか"、ということは明らかとはなっていない。

そこで、本章では、小学生を対象とした質問紙調査をもとに、加害者によるいじめ行為の正当化について検討するにあたり、「中和の技術」に着目した分析を行うこととする。

なお、序章で述べたように、本研究では、Becker, H. S. のラベリング理論における逸脱の定義にもとづき、いじめ被害者を集団内規則からの逸脱者とみなすという立場をとっている。そのため、Becker, H. S. のラベリング理論と Matza, D. のドリフト理論とが併存可能なのか、ということを疑問視する声は、当然のことながら出てくるであろう。ラベリング理論は社会的相互作用に力点を置く逸脱理論である一方で、ドリフト理論は社会構造に力点を置く逸脱理論であるため、双方の理論では逸脱の定義や発生メカニズムに関する説明に大きな違いが見受けられるからである。

ただし、ラベリング理論では、法的規則の執行が選別的になされる可能性を指摘しており、執行者の私的利害が執行を必然的にするとしている。この指摘に鑑みれば、いじめ被害者は何らかの私的利害にもとづいていじめ被害者を意図的に作り出そうとしているが、そのためには周囲の理解を得る（例えば、「あいつはいじめられても仕方のない人間なんだ」と周囲に納得させるなど）必要があるため、いじめ行為を何らかの形で正当化する必要があるのではないかと考えられる。このように考えると、ラベリング理論とドリフト理論とを併存させる必要は必ずしもなく、ラベリング理論に依拠しつつ、加害者によるいじめ行為の正当化のあり様を知る手がかりとして「中和の技術」を用いることは可能であると考える。

第 2 節　方法

1　調査対象

調査対象は、X県内の小学校4校24学級に在籍する児童701名および各学級の担任教師である。回収率は、児童調査では89.2％（625部）、学級担任調査では79.2％（19部）であった。児童調査の学年別・男女別の内訳は、小学4年生（男性：108名、女性115名、性別不明：1名）、小学5年生（男性：104名、女性：107名、性別不明：3名）、小学6年生（男性：101名、女性：84名、性別不明：2名）となっている。

なお、小学6年生の学級には、児童が1名のみの学級が含まれる。本章では、学級集団内のいじめを分析対象とするため、当該児童および当該学級担任教師を除いて分析することとした。

2　調査の実施

教育委員会および各学校長の承認を得て調査を実施した。調査の実施時期は、2002（平成14）年2月中旬である。調査用紙は、学級ごとに担任教師によって配布された。児童には調査用紙を家庭に持ち帰ってもらい、自宅で記入した上で封筒に密封し、担任教師に提出してもらうこととした[2]。なお、担任教師には、これらを開封せず、回答済みの学級担任調査用紙とあわせて、さらに大きなサイズの封筒に入れた上で密封してもらうよう依頼した。

3　調査内容[3]

(1) いじめ被害経験

小学校に入学してから今まで（調査時点）にかけて、だれかに"いじめられたこと"があるかどうかを尋ねた。「ある」と回答した者については、いじめられた学年を記入するよう求めた（複数回答）。2つ以上の学年に印をつけた者については、「もっともひどい"いじめ"を受けた学年」も記入してもらった。

(2) いじめ加害経験

いじめ加害経験についても、被害経験の場合と同様の形式で「いじめた経験の有無」「いじめた学年（複数回答）」「もっともひどい"いじめ"をした学年」について尋ねた。なお、複数回いじめた経験がある者については、"これまで行ったなかで、もっともひどいと思われるいじめ"を想定し、以下の質問に回答するよう求めた。

(3) 加害者・観衆の人数

いじめ加害経験者には、「加害者は自分を含めて何人ぐらいいたのか」「自分がした"いじめ"を面白がり、はやしたてた者（＝観衆）は何人ぐらいいたのか」についても尋ねた

(4) いじめをした理由

加害者がいじめ行為をどのように正当化しているのかを把握するために、いじめをした理由について回答を求めた。項目を作成するにあたっては、Sykes, G. M. and Matza, D. (1957) の「中和の技術（technique of neutralization）」と、森田・清永（[1986] 1994）を参考にした。

Sykes, G. M. and Matza, D. は、「中和の技術」として、「責任の回避（the denial of responsibility）」「危害の否定（the denial of injury）」「被害の否定（the denial of the victim）」「非難者の非難（the condemnation of the condemners）」「高度の忠誠への訴え（the appeal to higher loyalties）」という5つをあげている。森田・清永は、これらそれぞれをいじめの局面に適用し、加害者によるいじめ行為の正当化の具体例をあげている。以下では、「中和の技術」についての Sykes, G. M. and Matza, D. の説明と、森田・清永の具体例を紹介しよう。

「責任の回避」とは、自分の行った逸脱行動に対して自分には責任がないとすることにより、非難を減じようとするものである。「責任の回避」は、"自分が逸脱行動を行ったのは、悪い仲間やスラム地域のせいである"という主張に見られる。森田・清永は、「責任の回避」の具体例として、「いじめなければ自分がいじめられる立場になる」「だれかにいじめを強要されたり、

そそのかされただけである」をあげている。

「危害の否定」は、"自分の行動が違法であるにもかかわらず、そのような行動が周囲に対してどんな危害も与えていない"とするものである。「危害の否定」では、善悪の問題は逸脱行為による被害者の有無という点に帰せられる。森田・清永は、「危害の否定」の具体例として、「これは遊びやふざけなのだから、たいしたことではない」「口でいっただけでなにも暴力をふるったわけではない」をあげている。

「被害の否定」とは、"状況から考えると自分が他者に加えた危害は誤りではなく、正当な報復や処罰である"というものである。森田・清永は、「被害の否定」の具体例として、「相手が悪いから」をあげている。

「非難者の非難」とは、"非難の矛先を自分の行った逸脱行動から逸脱行動を非難する人々の動機や行動へとそらす"というものである。「非難者の非難」は、自分を非難する者を偽善者や隠れた逸脱者、個人的な悪意によって駆り立てられた者として非難する主張に見られる。森田・清永は、「非難者の非難」の具体例として、「教師や親たちも子どもの頃にはいじめていた」をあげている。

「高度の忠誠への訴え」とは、"自分の行った逸脱行動は、より高度な忠誠を強いる、あるいは必要とするほかの規範を優先した結果である"とするものである。森田・清永は、「高度の忠誠への訴え」の具体例として、「全員で無視（シカト）することに決めたのだから仲間はずれにするのだ」をあげている。

以上のことを踏まえ、作成した項目は、図表4-1の通りである。「中和の技術」に関する項目は、計7項目である。なお、加害者のなかには、正当化をすることなくいじめ行為に関わっている者もいると考えられる。そこで、「中和の技術」に関する項目に、「快楽的動機」に関する2項目と「不明確な動機」の1項目を加えた。

図表 4-1　いじめた理由に関する質問項目

【中和の技術】
①　責任の回避 「いじめなければ自分がいじめられるから」
②　危害の否定 「暴力をふるうわけではないし、たいしたことないと思ったから」 「遊びやふざけだと思っていたから」
③　被害の否定 「相手に悪いところがあるから」
④　非難者の非難 「だれだって、いじめをしてるから」
⑤　高度の忠誠への訴え 「友だちから、いじめをするようにさそわれたから」 「みんなで、いじめをしようと決めたから」
【快楽的動機】
「おもしろいから」 「気分がスカッとするから」
【不明確な動機】
「なんとなくいじめたくなるから」

第3節　結果（加害者によるいじめ行為の正当化に影響を及ぼす要因は何なのか？）

1　加害者によるいじめ行為の正当化の実態

　図表 4-2 は、いじめ加害経験者の割合を示したものである。いずれの学年についても、男女で統計的に有意な差は見られなかった。

　いじめた経験が「ある」と回答した者に対して、その理由を尋ねた。その結果が、図表 4-3 である。

　選択率が最も高いのは、「相手に悪いところがあるから（被害の否定）」(62.1%) である。それに次いで選択率が高いのは、「遊びやふざけだと思っていたから（危害の否定）」(40.2%) である。「危害の否定」に関する項目には、「暴力をふるうわけではないし、たいしたことないと思ったから（危害の否定）」もあるが、これについても比較的選択率が高くなっている (19.1%)。

図表4-2　いじめ加害経験者の割合　(%)

学年	性別	いじめ加害経験者の割合	合計
4年生	男性	45.7	100.0 (105)
	女性	39.6	100.0 (111)
5年生	男性	53.1	100.0 (98)
	女性	45.1	100.0 (102)
6年生	男性	28.9	100.0 (97)
	女性	38.1	100.0 (84)

備考：カッコ内の数値は人数。以下同様。

図表4-3　いじめた理由　(%)

	あてはまる	合計
いじめなければ自分がいじめられるから 「責任の回避」	18.1	100.0 (177)
暴力をふるうわけではないし、たいしたことないと思ったから 「危害の否定」	19.1	100.0 (178)
遊びやふざけだと思っていたから 「危害の否定」	40.2	100.0 (179)
相手に悪いところがあるから 「被害の否定」	62.1	100.0 (182)
だれだって、いじめをしてるから 「非難者の非難」	17.3	100.0 (179)
友だちから、いじめをするようにさそわれたから 「高度の忠誠への訴え」	14.2	100.0 (176)
みんなで、いじめをしようと決めたから 「高度の忠誠への訴え」	9.6	100.0 (177)
おもしろいから 「快楽的動機」	16.2	100.0 (179)
気分がスカッとするから 「快楽的動機」	13.4	100.0 (179)
なんとなくいじめたくなるから 「不明確な動機」	23.1	100.0 (182)

備考：「とてもあてはまる」と「ややあてはまる」を合計したパーセンテージ。

2 いじめ行為の正当化に影響を及ぼす要因の検討

ここでは、加害者によるいじめ行為の正当化がどのような条件のもとで起こりやすいのか、という点について検討を試みる。分析に使用する変数は、図表4-4の通りである[(4)]。これらの変数を用い、いじめ理由に関する各項目を従属変数に、「性別」「被害経験の有無」「いじめ積極的関与者の人数」を独立変数とした三元配置分散分析を行うこととする。

独立変数として使用する「被害経験の有無」とは、「もっともひどい"いじめ"」をした学年と同じ学年、ないしはそれ以前の学年における被害経験の有無に関する変数である。森田・清永（[1986] 1994）は、いじめ場面では被害者や加害者の役割が固定化されておらず、流動的であることを指摘している。そして、このような立場の流動性により、被害者と加害者の双方を経験した「被害・加害者」層が、被害者となることへの不安感情を現実化している、と述べている。また、森田・清永（[1986] 1994）は、このような「被害・加害者」層が、被害者や加害者などとは異なる価値意識をもっていることを明らかにしている。同様の結果は、古市ほか（1986）からもうかがえる。これらのことに鑑みれば、一口に加害者と言っても、被害経験のある者とない者とでは、いじめ行為の正当化のあり様が異なる可能性があると予想される。

また、独立変数として用いる「いじめ積極的関与者の人数」とは、「加害者の人数」と「観衆の人数」とを合計し、それら合計人数の分布にしたがい、「5

図表4-4 分析に使用する変数

従属変数	
いじめた理由に関する10項目。「まったくあてはまらない」から「とてもあてはまる」に1から4の得点を配分。	
独立変数	
① 性別	：男性の場合には1、女性の場合には0のダミー変数。
② 被害経験の有無	：「もっともひどい"いじめ"」をした学年と同じ学年、ないしはそれ以前の学年においていじめられた経験がある場合には1、ない場合には0のダミー変数。
③ いじめ積極的関与者の人数	：5人未満の場合には1、10人未満の場合には2、10人以上の場合には3の得点を配分。

人未満」「10人未満」「10人以上」の3つのグループに分けたカテゴリカル変数である[(5)]。加害者と観衆の人数は、いじめ行為の支持者の数と同義である。いじめ行為を支持する層がどの程度いるのか、ということは、加害者の心理に少なからず影響を及ぼすと考えられるため、いじめ行為の正当化のあり様にも影響を及ぼすと推察される。

図表4-5は、三元配置分散分析の結果にもとづき、いじめた理由別に有意な主効果の認められた要因を一覧表にまとめたものである(詳細については、

図表4-5　有意な主効果が認められた要因

	「性別」	「被害経験の有無」	「いじめ積極的関与者の人数」
いじめなければ自分がいじめられるから 「責任の回避」	×	△ $F(1,135)=3.857$ †	×
暴力をふるうわけではないし、たいしたことないと思ったから 「危害の否定」	○ $F(1,137)=5.808$*	×	○ $F(2,137)=8.145$***
遊びやふざけだと思っていたから 「危害の否定」	○ $F(1,137)=11.382$***	×	○ $F(2,137)=3.234$*
相手に悪いところがあるから 「被害の否定」	○ $F(1,139)=6.950$**	○ $F(1,139)=7.181$**	△ $F(2,139)=2.886$ †
だれだって、いじめをしてるから 「非難者の非難」	△ $F(1,136)=2.873$ †	○ $F(1,136)=10.624$***	○ $F(2,136)=6.977$***
友だちから、いじめをするようにさそわれたから 「高度の忠誠への訴え」	×	○ $F(1,133)=5.047$*	×
みんなで、いじめをしようと決めたから 「高度の忠誠への訴え」	×	×	×
おもしろいから 「快楽的動機」	○ $F(1,136)=23.833$***	×	○ $F(2,136)=3.414$*
気分がスカッとするから 「快楽的動機」	×	△ $F(1,136)=2.825$ †	△ $F(2,136)=2.614$ †
なんとなくいじめたくなるから 「不明確な動機」	○ $F(1,137)=5.894$*	×	×

備考：○は有意、△は有意傾向、×は有意ではなかったことを示す。
　　　† $p<0.10$, * $p<0.05$, ** $p<0.01$, *** $p<0.001$. 以下同様。

図表4-6の分散分析表を参照のこと)。この結果を踏まえ、「性別」がいじめた理由に及ぼす影響、「被害経験の有無」がいじめた理由に及ぼす影響、「いじめ積極的関与者の人数」がいじめた理由に及ぼす影響、のそれぞれについて見ていくこととしたい。

　まずは、「性別」がいじめた理由に及ぼす影響についてである。「性別」の有意な主効果が認められたのは、「暴力をふるうわけではないし、たいしたことないと思ったから(危害の否定)」($F(1,137)=5.808$, $p=0.017$)、「遊びやふざけだと思っていたから(危害の否定)」($F(1,137)=11.382$, $p<0.001$)、「相手に悪いところがあるから(被害の否定)」($F(1,139)=6.950$, $p=0.009$)、「おもしろいから(快楽的動機)」($F(1,136)=23.833$, $p<0.001$)、「なんとなくいじめたくなるから(不明確な動機)」($F(1,137)=5.894$, $p=0.016$)という5つのいじめた理由である。また、「だれだって、いじめをしてるから(非難者の非難)」については、有意傾向にあった($F(1,136)=2.873$, $p=0.092$)。

　平均値を見ると、「相手に悪いところがあるから(被害の否定)」のみ、男性よりも女性で平均値が高くなっている。それ以外の理由については、いずれも女性よりも男性で平均値が高くなっている(図表4-7)。この結果より、男性は女性以上にいじめ行為を正当化する傾向にあると言える。

　次に、「被害経験の有無」がいじめた理由に及ぼす影響についてである。「被害経験の有無」の有意な主効果が認められたのは、「相手に悪いところがあるから(被害の否定)」($F(1,139)=7.181$, $p=0.008$)、「だれだって、いじめをしてるから(非難者の非難)」($F(1,136)=10.624$, $p<0.001$)、「友だちから、いじめをするようにさそわれたから(高度の忠誠への訴え)」($F(1,133)=5.047$, $p=0.026$)という3つのいじめ理由である。また、「いじめなければ自分がいじめられるから(責任の回避)」($F(1,135)=3.857$, $p=0.052$)、「気分がスカッとするから(快楽的動機)」($F(1,136)=2.825$, $p=0.095$)という2つのいじめた理由については、有意傾向にあった。

　平均値を見ると、いずれのいじめた理由についても、被害経験がある者はない者と比べ、平均値が高くなっている(図表4-8)。この結果より、以前にいじめられた経験がある者はない者に比べ、いじめ行為を正当化する傾向にあると言える。

図表4-6-1　分散分析表(「いじめなければ自分もいじめられるから」)

	平方和	自由度	平均平方	F値	p値	
性別(主効果)	2.450	1	2.450	2.595	0.110	
被害経験の有無(主効果)	3.642	1	3.642	3.857	0.052	†
いじめ積極的関係者の人数(主効果)	0.221	2	0.111	0.117	0.890	
性別×被害経験の有無(交互作用)	0.125	1	0.125	0.132	0.717	
性別×いじめ積極的関係者の人数(交互作用)	1.845	2	0.922	0.977	0.379	
被害経験の有無×いじめ積極的関係者の人数(交互作用)	2.662	2	1.331	1.409	0.248	
性別×被害経験の有無×いじめ積極的関係者の人数(交互作用)	1.866	2	0.933	0.988	0.375	
誤差	127.479	135	0.944			

図表4-6-2　分散分析表(「暴力をふるうわけではないし、たいしたことないと思ったから」)

	平方和	自由度	平均平方	F値	p値	
性別(主効果)	5.006	1	5.006	5.808	0.017	*
被害経験の有無(主効果)	1.607	1	1.607	1.864	0.174	
いじめ積極的関係者の人数(主効果)	14.041	2	7.020	8.145	p<0.001	***
性別×被害経験の有無(交互作用)	1.053	1	1.053	1.221	0.271	
性別×いじめ積極的関係者の人数(交互作用)	1.039	2	0.519	0.602	0.549	
被害経験の有無×いじめ積極的関係者の人数(交互作用)	1.300	2	0.650	0.754	0.472	
性別×被害経験の有無×いじめ積極的関係者の人数(交互作用)	4.077	2	2.038	2.365	0.098	†
誤差	118.085	137	0.862			

図表4-6-3　分散分析表(「遊びやふざけだと思ったから」)

	平方和	自由度	平均平方	F値	p値	
性別(主効果)	13.225	1	13.225	11.382	p<0.001	***
被害経験の有無(主効果)	0.068	1	0.068	0.059	0.809	
いじめ積極的関係者の人数(主効果)	7.515	2	3.758	3.234	0.042	*
性別×被害経験の有無(交互作用)	1.430	1	1.430	1.231	0.269	
性別×いじめ積極的関係者の人数(交互作用)	5.439	2	2.720	2.341	0.100	
被害経験の有無×いじめ積極的関係者の人数(交互作用)	0.424	2	0.212	0.182	0.834	
性別×被害経験の有無×いじめ積極的関係者の人数(交互作用)	11.080	2	5.540	4.768	0.010	**
誤差	159.184	137	1.162			

図表 4-6-4　分散分析表(「相手に悪いところがあるから」)

	平方和	自由度	平均平方	F値	p値	
性別(主効果)	8.244	1	8.244	6.950	0.009	**
被害経験の有無(主効果)	8.517	1	8.517	7.181	0.008	**
いじめ積極的関係者の人数(主効果)	6.846	2	3.423	2.886	0.059	†
性別×被害経験の有無(交互作用)	0.106	1	0.106	0.089	0.765	
性別×いじめ積極的関係者の人数(交互作用)	0.303	2	0.151	0.128	0.880	
被害経験の有無×いじめ積極的関係者の人数(交互作用)	2.191	2	1.095	0.923	0.400	
性別×被害経験の有無×いじめ積極的関係者の人数(交互作用)	3.541	2	1.770	1.492	0.228	
誤差	164.869	139	1.186			

図表 4-6-5　分散分析表(「だれだって、いじめをしてるから」)

	平方和	自由度	平均平方	F値	p値	
性別(主効果)	2.510	1	2.510	2.873	0.092	†
被害経験の有無(主効果)	9.283	1	9.283	10.624	$p<0.001$	***
いじめ積極的関係者の人数(主効果)	12.194	2	6.097	6.977	$p<0.001$	***
性別×被害経験の有無(交互作用)	0.045	1	0.045	0.052	0.820	
性別×いじめ積極的関係者の人数(交互作用)	1.207	2	0.604	0.691	0.503	
被害経験の有無×いじめ積極的関係者の人数(交互作用)	1.429	2	0.715	0.818	0.444	
性別×被害経験の有無×いじめ積極的関係者の人数(交互作用)	1.962	2	0.981	1.123	0.328	
誤差	118.835	136	0.874			

図表 4-6-6　分散分析表(「友だちから、いじめをするようにさそわれたから」)

	平方和	自由度	平均平方	F値	p値	
性別(主効果)	1.346	1	1.346	1.683	0.197	
被害経験の有無(主効果)	4.038	1	4.038	5.047	0.026	*
いじめ積極的関係者の人数(主効果)	1.370	2	0.685	0.856	0.427	
性別×被害経験の有無(交互作用)	0.498	1	0.498	0.623	0.431	
性別×いじめ積極的関係者の人数(交互作用)	2.603	2	1.301	1.627	0.200	
被害経験の有無×いじめ積極的関係者の人数(交互作用)	0.048	2	0.024	0.030	0.970	
性別×被害経験の有無×いじめ積極的関係者の人数(交互作用)	3.381	2	1.690	2.113	0.125	
誤差	106.388	133	0.800			

図表4-6-7　分散分析表(「みんなでいじめをしようと決めたから」)

	平方和	自由度	平均平方	F値	p値
性別(主効果)	0.769	1	0.769	1.278	0.260
被害経験の有無(主効果)	0.253	1	0.253	0.421	0.517
いじめ積極的関係者の人数(主効果)	0.857	2	0.428	0.712	0.493
性別×被害経験の有無(交互作用)	1.335	1	1.335	2.218	0.139
性別×いじめ積極的関係者の人数(交互作用)	1.313	2	0.656	1.090	0.339
被害経験の有無×いじめ積極的関係者の人数(交互作用)	1.137	2	0.568	0.944	0.391
性別×被害経験の有無×いじめ積極的関係者の人数(交互作用)	0.036	2	0.018	0.030	0.971
誤差	81.850	136	0.602		

図表4-6-8　分散分析表(「おもしろいから」)

	平方和	自由度	平均平方	F値	p値	
性別(主効果)	15.073	1	15.073	23.833	$p<0.001$	***
被害経験の有無(主効果)	0.702	1	0.702	1.110	0.294	
いじめ積極的関係者の人数(主効果)	4.318	2	2.159	3.414	0.036	*
性別×被害経験の有無(交互作用)	0.022	1	0.022	0.035	0.852	
性別×いじめ積極的関係者の人数(交互作用)	0.135	2	0.067	0.106	0.899	
被害経験の有無×いじめ積極的関係者の人数(交互作用)	0.834	2	0.417	0.659	0.519	
性別×被害経験の有無×いじめ積極的関係者の人数(交互作用)	1.352	2	0.676	1.069	0.346	
誤差	86.015	136	0.632			

図表4-6-9　分散分析表(「気分がスカッとするから」)

	平方和	自由度	平均平方	F値	p値	
性別(主効果)	1.535	1	1.535	2.308	0.131	
被害経験の有無(主効果)	1.878	1	1.878	2.825	0.095	†
いじめ積極的関係者の人数(主効果)	3.476	2	1.738	2.614	0.077	†
性別×被害経験の有無(交互作用)	0.098	1	0.098	0.147	0.702	
性別×いじめ積極的関係者の人数(交互作用)	0.542	2	0.271	0.408	0.666	
被害経験の有無×いじめ積極的関係者の人数(交互作用)	0.731	2	0.365	0.549	0.579	
性別×被害経験の有無×いじめ積極的関係者の人数(交互作用)	1.684	2	0.842	1.267	0.285	
誤差	90.421	136	0.665			

図表4-6-10　分散分析表(「なんとなくいじめたくなるから」)

	平方和	自由度	平均平方	F値	p値	
性別(主効果)	5.074	1	5.074	5.894	0.016	*
被害経験の有無(主効果)	0.012	1	0.012	0.014	0.906	
いじめ積極的関係者の人数(主効果)	2.182	2	1.091	1.267	0.285	
性別×被害経験の有無(交互作用)	0.703	1	0.703	0.817	0.368	
性別×いじめ積極的関係者の人数(交互作用)	1.760	2	0.880	1.022	0.363	
被害経験の有無×いじめ積極的関係者の人数(交互作用)	1.329	2	0.664	0.772	0.464	
性別×被害経験の有無×いじめ積極的関係者の人数(交互作用)	2.909	2	1.454	1.690	0.188	
誤差	117.933	137	0.861			

図表4-7　性別といじめた理由(有意な主効果が認められた項目のみ)

		人数	平均値	標準偏差
暴力をふるうわけではないし、たいしたことないと思ったから「責任の回避」	男性	90	1.756	0.975
	女性	88	1.591	0.942
遊びやふざけだと思っていたから「危害の否定」	男性	90	2.344	1.153
	女性	89	1.865	1.160
相手に悪いところがあるから「被害の否定」	男性	93	2.462	1.157
	女性	89	3.022	1.108
おもしろいから「快楽的動機」	男性	90	1.833	0.927
	女性	89	1.337	0.621
なんとなくいじめたくなるから「不明確な動機」	男性	92	1.924	1.019
	女性	90	1.656	0.926
だれだって、いじめをしてるから「非難者の非難」	男性	91	1.659	0.909
	女性	88	1.614	0.988

備考：一番下のいじめた理由については、有意傾向。

図表 4-8　被害経験の有無といじめた理由(有意な主効果が認められた項目のみ)

		人数	平均値	標準偏差
相手に悪いところがあるから 「被害の否定」	被害経験あり 被害経験なし	86 74	2.977 2.486	1.116 1.185
だれだって、いじめをしてるから 「非難者の非難」	被害経験あり 被害経験なし	83 74	1.831 1.473	1.046 0.815
友だちから、いじめをするようにさそわれたから 「高度の忠誠への訴え」	被害経験あり 被害経験なし	83 71	1.675 1.352	1.013 0.739
いじめなければ自分がいじめられるから 「責任の回避」	被害経験あり 被害経験なし	83 73	1.735 1.329	1.049 0.834
気分がスカッとするから 「不明確な動機」	被害経験あり 被害経験なし	83 74	1.542 1.338	0.888 0.708

備考：下2つのいじめた理由については、有意傾向。

　続いて、「いじめ積極的関与者の人数」がいじめた理由に及ぼす影響についてである。「いじめ積極的関与者の人数」の有意な主効果が認められたのは、「暴力をふるうわけではないし、たいしたことないと思ったから（危害の否定）」（$F(2,137)=8.145, p<0.001$）、「遊びやふざけだと思っていたから（危害の否定）」（$F(2,137)=3.234, p=0.042$）、「だれだって、いじめをしてるから（非難者の非難）」（$F(2,136)=6.977, p<0.001$）、「おもしろいから（快楽的動機）」（$F(2,136)=3.414, p=0.036$）という4つのいじめた理由である。また、「相手に悪いところがあるから（被害の否定）」（$F(2,139)=2.886, p=0.059$）、「気分がスカッとするから（快楽的動機）」（$F(2,136)=2.614, p=0.077$）という2つのいじめた理由については、有意傾向にあった。

　平均値を見ると、いずれのいじめた理由についても、「いじめ積極的関与者の人数」の増加に伴い、平均値が高くなっている（図表4-9）。この結果より、いじめに積極的に関わる者の人数が多い場合、加害者はいじめ行為を正当化する傾向にあると言える。

　最後に、交互作用効果についてである[6]。「遊びやふざけだと思ったから（危害の否定）」については、有意な3次の交互作用効果が認められた（$F(2,137)=2.614, p=0.010$）。そこで、図表4-10（男性のみ）、図表4-11（女性のみ）のようなグラフを作成した。

図表4-9　いじめ積極的関与者の人数といじめた理由(有意な主効果が認められた項目のみ)

		人数	平均値	標準偏差
暴力をふるうわけではないし、たいしたことないと思ったから「危害の否定」	5人未満	63	1.444	0.690
	10人未満	56	1.625	0.906
	10人以上	48	2.083	1.182
遊びやふざけだと思っていたから「危害の否定」	5人未満	64	1.859	1.111
	10人未満	55	2.145	1.193
	10人以上	49	2.408	1.206
だれだって、いじめをしてるから「非難者の非難」	5人未満	64	1.422	0.730
	10人未満	55	1.618	0.871
	10人以上	48	2.063	1.210
おもしろいから「快楽的動機」	5人未満	63	1.476	0.669
	10人未満	55	1.636	0.847
	10人以上	49	1.776	1.006
相手に悪いところがあるから「被害の否定」	5人未満	64	2.469	1.234
	10人未満	57	2.912	1.106
	10人以上	49	2.918	1.057
気分がスカッとするから「快楽的動機」	5人未満	64	1.313	0.664
	10人未満	55	1.473	0.766
	10人以上	48	1.771	1.057

備考：下2つのいじめた理由については、有意傾向。

　男性については、被害経験のない者において、「いじめ積極的関与者の人数」の増加に伴い、「遊びやふざけだと思っていたから」の平均値が高くなる傾向にある。この結果は、男性については、いじめられた経験がない者において、いじめに積極的に関わる者の人数の増加に伴い、「遊びやふざけだと思っていたから」という正当化をする傾向にあることを示唆している。

　その一方で、女性については、被害経験のある者において、「いじめ積極的関与者の人数」の増加に伴い、「遊びやふざけだと思っていたから」の平均値が高くなる傾向にある。この結果は、女性については、いじめられた経験がある者において、いじめに積極的に関わる者の人数の増加に伴い、「遊びやふざけだと思っていたから」という正当化をする傾向にあることを示唆している。

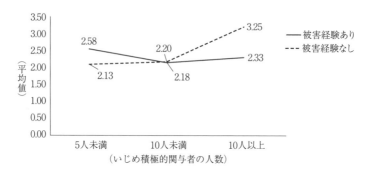

図表4-10 「遊びやふざけだと思ったから」(男性のみ)

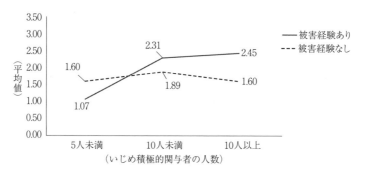

図表4-11 「遊びやふざけだと思ったから」(女性のみ)

第4節　まとめと考察

　本章の目的は、小学生を対象とした質問紙調査をもとに、加害者によるいじめ行為の正当化の実態と、いじめ行為の正当化に影響を及ぼす要因を検討することにあった。加害者によるいじめ行為の正当化のあり様については、Sykes, G. M. and Matza, D.（1957）の「中和の技術（technique of neutralization）」を参考にした。

　まずは、加害者によるいじめ行為の正当化の実態についてである（図表4-3）。加害者には、いじめの原因を被害者に帰す傾向（被害の否定）や、被害者に与えた被害を低く見積もる傾向（危害の否定）が顕著に認められた。また、「いじめなければ自分もいじめられるから（責任の回避）」や、「だれだっていじめをしてるから（非難者の非難）」についても、比較的選択率が高かった。これらのことから、「中和の技術」は、加害者によるいじめ行為の正当化を説明する上で有効であると言えそうである。

　ただし、「中和の技術」に関する項目以外においても、比較的選択率の高い項目が見られたこと（「なんとなくいじめたくなるから（不明確な動機）」（23.1％）、「おもしろいから（快楽的動機）」（16.2％）にも留意する必要があろう。

　次に、いじめ行為の正当化に影響を及ぼす要因についてである。この点については、いじめた理由に関する各項目を従属変数に、「性別」や「被害経験の有無」「いじめに積極的に関与した者（加害者・観衆）の人数」を独立変数とした、三元配置分散分析を行った（図表4-5〜図表4-11）。そこで、以下では、それぞれの独立変数が及ぼす影響について述べることとしたい。

1　「性別」が及ぼす影響について

　男性は女性に比べ、"被害者に与えた被害を低く見積もる、「危害の否定」"という「中和の技術」を用いて、いじめ行為を正当化する傾向にあった。また、男性は女性に比べ、「おもしろいから（快楽的動機）」や、「なんとなくいじめたくなるから（不明確な動機）」という理由から、いじめをする傾向にあった。

その一方で、女性は男性に比べ、"いじめの原因を被害者に帰する、「被害の否定」"という「中和の技術」を用いて、いじめ行為を正当化する傾向にあった。

　また、男性については、いじめられた経験がない者において、いじめに積極的に関わる者の人数の増加に伴い、「遊びやふざけだと思っていたから（危害の否定）」という正当化をする傾向にあった。

　その一方で、女性については、いじめられた経験がある者において、いじめに積極的に関わる者の人数の増加に伴い、「遊びやふざけだと思っていたから（危害の否定）」という正当化をする傾向あった。

　男性が女性と比べ、「危害の否定」という「中和の技術」を用いる傾向にあったことについては、男性が女性以上に相手を「いじる」というコミュニケーションを日常的にとっていることを示しているのかもしれない。望月ほか（2017）は、大学生を対象とした質問紙調査をもとに、対人行動におけるいじりがどのように認識されているのかということについて、からかいやいじめとの比較にもとづき検討している。その結果、いじりがほかの2つの行動と比べて、肯定的に評価される傾向にあることを明らかにしている。また、澤海ほか（2023）は、大学生を対象とした質問紙調査をもとに、からかいといじめを比較対象として用いることにより、いじり行為のもたらす感情経験について検討している。その結果、いじりはほかの2つの行動と比べ、ポジティブな感情を引き起こす傾向にあることを明らかにしている。

　これらの研究に鑑みれば、いじりはからかいやいじめとは異なり、望ましい特徴をもっていると考えられるかもしれない。ただし、先の先行研究では、"「いじり」かそれ以外の行為かということはあらかじめ決められた上で、対象者は調査に回答している"ということに留意する必要がある。実際のコミュニケーション場面においては、ある行為がいじりと言えるのかどうか、という点について、いじる側といじられる側とで認識の不一致が生じるということは、よくあることだと考えられる。例えば、いじる側は相手も楽しんでいると思っている一方で、いじられる側はとても嫌な感情を抱いているということは、十分に考えられよう。

また、「いじる―いじられる」という関係がお互いにとって良好な形で成立するためには、発達段階も考慮する必要があるかもしれない。千島・村上（2016）は、中学生と大学生を対象とした質問紙調査をもとに、中学生と大学生とでキャラを介した友人関係に違いが見られるのかどうかという点について検討している。その結果、大学生とは異なり、中学生では、他者から付与されたキャラにしたがった行動をするほど、心理的な適応が損なわれやすい傾向にあること、などを明らかにしている。この結果は、いじりの問題を考える上でも、示唆的であると思われる。いじりは、いわゆる「いじりキャラ」と「いじられキャラ」というそれぞれのキャラを介したコミュニケーションであると考えられるからである。そのうえで千島・村上（2016）の結果を「いじる―いじられる」という関係に置き換えて解釈すると、次のようなことが言えるだろう。それは、大学生では、ある行為をいじりとみなすかどうかという点において、いじる側といじられる側とで認識が一致する傾向にある一方で、中学生では認識が一致しない傾向にあるということである。

　以上を踏まえると、男性が女性と比べ、「危害の否定」という「中和の技術」を用いる傾向にあったという結果については、次のように解釈することができよう。その解釈とは、"男性は女性と比べ、相手をいじるというコミュニケーションをとりがちではあるが、小中学生という未熟な発達段階においては、いじる側といじられる側で認識の不一致が生じやすく、相手をいじっていたつもりが実は相手は傷ついていた（いじめていた）ということになりやすい"というものである。

　しかし、男女でいじめ行為の正当化のあり様が異なる理由について、本章では十分に検討することができなかった。男女の違いについては、いじめの形態についても確認されている[7]。その一方で、男女でなぜこのような違いが見られるのか、という点については、ほとんど検討されていない。今後は、いじめ問題にジェンダーの視点からアプローチする研究が求められよう[8]。

2 「被害経験の有無」が及ぼす影響について

いじめられた経験のある者はない者にくらべ、「被害の否定」や「非難者の非難」「高度な忠誠への訴え」などの「中和の技術」を用いて、いじめ行為を様々な形で正当化する傾向にあった。

過去にいじめられた経験のある者は、再び被害者となることのないように細心の注意を払っていると考えられる。極端な場合、自分が被害者となることのないように、意図的にスケープゴートを作りあげることもあるだろう。誰かがいじめられていることによって、一時的ではあるかもしれないが、自分の身の安全が保障されるからである。また、周囲からいじめをするように持ち掛けられた場合には、その圧力に抗することができずに、誰かをいじめてしまうこともあるだろう。

しかしその一方で、いじめられた経験のある者は、自身の経験から被害者となった者の辛さをある程度理解していると考えられる。

以上を踏まえると、いじめられた経験のある者は、いじめが被害者を深く傷つける行為であることをわかっていながらも、自分の保身のためにいじめ行為に参加せざるを得ない、という点において葛藤状態にあると推察される。いじめられた経験のある者は、このような葛藤状態から抜け出すために、「中和の技術」を用いていじめ行為を正当化していると考えられる。

3 「いじめ積極的関与者の人数」が及ぼす影響について

いじめに積極的に関わる者の人数が多い場合、加害者は「危害の否定」や「非難者の非難」「被害の否定」などの「中和の技術」を用いて、いじめ行為を正当化する傾向にあった。

いじめに直接的に関わる者の人数が多い場合、「だれだって、いじめをしてるから（非難者の非難）」という「中和の技術」が用いられることは、想像に難くない。それでは、被害者に与えた被害が低く見積もられたり（「危害の否定」）、「おもしろいから（快楽的動機）」という理由が台頭したり、被害者にいじめの原因を求めたりする（「被害の否定」）のはなぜなのだろうか。

その理由としては、次のようなことが考えられる。第1に、いじめに積極的に関わる者の人数が多いことにより、責任の所在が不明確となりやすい、ということである。責任の所在が不明確な場合、加害者は罪悪感を持ちにくく、被害者への思いやり感情は希薄となるため、"被害者に与えた被害が低く見積もられる（「危害の否定」）"ことは、十分に予想される。また、このような被害者への思いやり感情の希薄化は、「おもしろいから」という快楽的動機にもとづくいじめへと発展しやすいと推察される。

　第2に、いじめに積極的に関わる者の人数が多い場合、加害者は、被害者が総体的に受ける被害について無自覚となりがちである、ということである。加害者一人ひとりが被害者に与える被害がたとえ小さいものであったとしても、いじめに積極的に関わる者の人数が多い場合、被害者が総体的に受ける被害は甚大なものとなる。このことに対して加害者は無自覚であるため、"被害者に与えた被害を低く見積もる（「危害の否定」）"ものと考えられる。

　第3に、いじめに直接的に関わる者の人数が多い場合、加害者は「これだけ多くの者がいじめに賛同し、参加するのは、被害者側に過失があるからだ」という考えを抱きやすい、ということである。同様の結果は、大野（1996）でも確認されている。大野（1996）は、大学生を対象とした質問紙調査をもとに、どのような条件下で「いじめ被害者側にも問題がある」とする考えが生じやすいのか、という点について検討している。その際、Lerner, M. J. and Miller, D. T.（1978）が提唱した「正当世界信念仮説（belief in just world hypothesis）」にもとづく仮説を立てている。この仮説によれば、ある者が正当な理由なく幸運を手にしたり不運に見舞われたりするのを第三者が観察した場合、その結果は第三者の正当世界信念（自分の人格的価値や行為に見合った結果を獲得することができる世界に住んでいるという信念）を脅かすことになる。そこで、第三者はこのような信念を維持するために、物事の結果を被害者の性格や行為に帰属させる。分析の結果、大野は、加害者が集団である条件では単独である条件以上に、被害者の責任が高く見積もられる傾向にあることを明らかにしている。この結果は、加害者が集団である条件下では、「正当世界信念」を維持するために、「被害者側にも何らかの問題があるはずである」と

いう考えが生じやすいことを示唆している。

　最後に、本章の結果を踏まえ、教師がいじめ指導をする上で留意すべき点について若干の考察を試みたい。教師がいじめを発見した際、いじめへの対処策として加害者側の意見を聞くことは多いであろう。当然のことながら、そのこと自体は誤りではない。教師が状況を把握するためには、加害者側にも話を聞く必要があるからである。

　しかしその一方で、加害者側の意見を聞く際には、加害者がいじめ行為を正当化している可能性を十分に考慮する必要がある。本章により、"子どもたちがいじめ行為を正当化していること"、"加害者によるいじめ行為の正当化には、被害者とはおよそ無関係な要因が影響を及ぼしていること"、が示唆された。この結果に鑑みれば、加害者側の言い分がどのようなものであれ、教師はいじめの原因を被害者に帰するような言動(「あなたにもいじめられる原因があるのだから、気をつけなさい」など)を絶対に避ける必要があろう。そのような言動は、被害者をいたずらに傷つけるだけではなく、加害者側の正当化にお墨付きを与える(「先生が言うように、やはり自分たちは正しく、問題があるのはいじめられるほうだったんだ」など)ことになり、加害者がいじめ行為をますますエスカレートさせる危険性すらあるからである。

　また、本章により、いじめに積極的に関わる者の人数が多い場合に、加害者はいじめ行為を正当化する傾向にあることが明らかとなった。いじめに積極的に関わる者の人数は、いじめ行為を支持する者の数と同義であるため、集団のいじめへの許容度をあらわしていると考えられる。このことに鑑みれば、本章の結果は、集団のいじめへの許容度が増した場合に、加害者によるいじめ行為の正当化が容易になることを示していると言えよう。また、集団のいじめへの許容度が増した場合、いじめへの否定的反作用の担い手である仲裁者が現れにくくなり、いじめに歯止めがかかりにくくなる。そのため、教師はいじめが起こったときに対処するだけではなく、常日頃から集団のいじめへの否定的反作用の力を高めるための取り組みを行い、いじめが起きにくい学級集団づくりに努める必要があろう。

注

(1) 本調査では、いじめられたときの対応として「何もしないでいじめられるままになっていた」と回答した子どもたちに対して、その理由を尋ねている。それによれば、「自分にも悪いところがあったから」の選択率は 38.9％、「いじめられているのをだれかに言うのは、ひきょうだと思ったから」の選択率は 28.6％であった。この結果は、被害者が加害者側の論理に丸め込まれていることを物語っている。

(2) このような手続きをとったのは、できる限り信頼性の高いデータを得るためである。学級で集団一斉方式により調査を実施した場合、子どもたちはほかの子どもたちや教師の目を意識して回答しづらいと考えた。

(3) 調査用紙の表紙には、"いじめとは具体的にどういったことなのか"を示す文章を載せている。この文章は、森田監修（2001）がいじめの国際比較調査を行う際に作成したものであり、いじめ研究で国際的に知られているオルヴェウス（Olweus, D.）の操作的定義をもとにしている。具体的には、以下のような文章である（森田ほか編 1999, 13-14 頁）。

　これから、「いじめられる」ことや「いじめる」ことなどについての質問をします。
　このアンケート調査で「いじめる」とは、ほかの人（児童または生徒）に対して、
　※　いやな悪口を言ったり、からかったりする
　※　無視をしたり仲間はずれにする
　※　たたいたり、けったり、おどしたりする
　※　その人がみんなからきらわれるようなうわさをしたり、紙などにひどいことを書いてわたしたり、その人の持ち物にひどいことを書いたりする
　※　その他これらに似たことをする
　などのことです。
　いじの悪いやりかたで、何度も繰り返しからかうのも、いじめです。
　しかし、からかわれた人もいっしょに心のそこから楽しむようなからかいは、いじめではありません。また、同じぐらいの力の子どもどうしが、口げんかをしたり、とっくみあいのけんかをしたりするのは、いじめではありません。

---

(4) いじめた理由を従属変数、学年を独立変数とした一元配置分散分析を行ったところ、統計的に有意な差は見られなかった。そこで、独立変数には学年を入れずに分析を行

うこととした。
(5) 「加害者の人数」と「観衆の人数」との相関係数を算出したところ、0.353（p<0.001）と比較的高かった。そこで、これらを個別に独立変数として採用するのではなく、合計したものを「いじめ積極的関与者の人数」とし、独立変数として採用することとした。
(6) 3次の交互作用については、「暴力をふるうわけではないし、たいしたことないと思ったから」といういじめた理由において、有意傾向にあった（F(2,137)=2.365, p=0.098）。ただし、それ以上の分析を行っていない。その主たる理由は、3次の交互作用についてはそもそも解釈が困難であることに加え、p値が0.1に近いからである。
(7) 先行研究により、男性は女性に比べ、身体的・物理的な危害を加えるといった直接的攻撃にもとづくいじめをする傾向にある一方で、女性は男性に比べ、無視したり孤立させたりするといった間接的な攻撃にもとづくいじめをする傾向にあることが明らかとなっている（森田ほか編 1999）。同様の結果は、本調査でも確認された。図表4-12は、いじめた経験が「ある」と回答した者に対して、どのようないじめをしたのかを尋ねた結果である。

図表4-12　いじめの形態

		人数	平均値	標準偏差	
悪口・からかい	男性	95	3.326	0.844	
	女性	90	3.178	1.023	
無視・なかまはずれ	男性	85	2.012	1.075	***
	女性	85	2.741	1.156	
たたく・ける・おどす	男性	87	2.092	1.168	**
	女性	83	1.602	1.081	
金品をとる・こわす	男性	83	1.133	0.435	*
	女性	81	1.012	0.111	

備考：「まったくあてはまらない」〜「とてもあてはまる」に1〜4の得点を配分。

　その結果、「無視・仲間はずれ」（t(168)=4.260, p<0.001）、「たたく・ける・おどす」（t(168)=2.833, p=0.005）、「金品をとる・こわす」（t(162)=2.409, p=0.017）で統計的に有意な差が見られた。「無視・仲間はずれ」では女性は男性に比べ平均値が高い一方で、それ以外の形態のいじめでは男性は女性に比べ平均値が高くなっている。この結果より、女性は男性に比べ、「無視・仲間はずれ」といういじめをする傾向にある一方で、男性は女性に比べ、「たたく・ける・おどす」「金品をとる・こわす」といういじめをする傾向にあると言える。
(8) いじめをジェンダーの視点から検討した数少ない研究としては、Simmons, R.（訳書2003）や山口（2010）がある。

第5章

なぜいじめはエスカレートするのか?
―― いじめ加害者の利益に着目して ――

第1節　問題の設定

　本章の目的は、中学生を対象とした質問紙調査をもとに、いじめのエスカレート化を規定する要因について検討することにある。その際、本研究が依拠するのは、ラベリング理論である。ラベリング理論を提唱したBecker, H. S.（1963）によれば、逸脱とは人間の行為の性質ではなく、他者によって、ある行動を罰する規則と制裁とが「違反者」に適用された結果である。これを踏まえ、本章では、いじめとは、ある子どもたちによって、集団内におけるルールと制裁とが「違反者」に適用された結果であると考える。

　いじめにラベリング理論からアプローチする理由は、主には次の3つである。第1に、いじめとラベリングとが密接に関連しているからである。いじめ被害者にしばしば付けられる「あだ名」も、否定的ラベルの一種である。例えば、菅野（1986）は「あだ名は子どもの特徴を巧みにとらえる隠喩である、というのでは不十分である。のみならず、そのようにとらえることによって、あだ名はまさにその子をそのようなものに作りあげていく働きをする」（58-59頁）と述べている[1]。第2に、いじめを集団内規則から逸脱した者に対する制裁としての意味合いをもつことを認めつつも、いじめ被害者が「実際に」集団内規則から逸脱したと仮定する必要性がなくなるからである。これにより、被害者側にも何らかの問題があるとする考えを退けることが可能となる。第3に、集団内規則の執行やいじめのエスカレート化を促すものとして、いじめ加害者の利益に着目することの重要性を喚起するからである。これら3つの理由のうち、第2、第3の理由については、以下でより詳しく述べることとしたい。

いじめ研究が本格化した始めたのは、いじめが社会問題化した1980年代半ば以降のことである。当初、いじめの原因は、被害者・加害者といったいじめの当事者の性格に求められた[2]。例えば、杉原ほか(1986)は、小学生を対象とした質問紙調査をもとに、被害者と加害者のパーソナリティ特性の比較を行っている。また、文部省(1984)は、被害者・加害者になりやすい子どもの性格面や行動面の特徴をあげている。ここからうかがえるのは、"被害者・加害者の性格上の問題が原因でいじめが生じる"という考えは、当時の教育界にかなり浸透していた、ということである。

　その後、森田・清永([1986]1994)によって「いじめ集団の四層構造論」が提唱されたことにより、"いじめは被害者・加害者といった当事者間の問題ではなく、学級集団全体のあり方が問われる問題である"とする考えが、研究者および教育関係者の間に広く浸透していくこととなった。こうした考えの妥当性を裏付ける研究として、学級集団特性といじめとの関連を検討した研究がある。例えば、高木(1986)は、中学生を対象とした質問紙調査をもとに、いじめ認知率[3]が低い学級と高い学級とを比較し、低い学級は高い学級に比べ、生徒間に協力的・親和的関係が存在することなどを明らかにしている。また、黒川・大西(2009)は、小中学生を対象とした質問紙調査をもとに、いじめに対する否定的な準拠集団規範が加害傾向を抑制することを明らかにしている。

　その一方で、「いじめ集団の四層構造論」では、いじめがどういった過程を経て集団内に発現するのか、という点に対しての説明が十分ではない。この点について参考になるのが、竹川(1993)の説明である。竹川によれば、学級集団内に「いじめ許容空間」が発生し、いじめる側に「いじめ衝動」、いじめられる側にヴァルネラビリティ（攻撃誘発性）のある場合にのみ、いじめ現象が発生する。また、竹川は、ヴァルネラビリティを有する子どもに対する周囲の反応がいじめとなるか、あるいは思いやりとなるかを分かつ重要な要素として集団状況をあげている。竹川は、集団状況について次のように説明している。集団が組織された当初は、子どもたちはそれぞれの経験から蓄積された知識をもとに私的な状況の定義づけを行う。その後、子ども間で相互

作用がなされていくにつれて、私的な状況の定義づけは多くの子どもたちの間で共有された定義づけへと変わっていく。集団状況が状況の定義づけの共有化によって安定してくると、子どもたちの行動を細部にわたって規定する集団規範が生じる。こうした集団規範からの逸脱者に対する制裁が一方的に多数の子どもたちによって持続的に行われ、かつ、攻撃の対象となる子どもに脆弱性があって耐えられないならばいじめが成立する。

　こうした竹川の指摘からうかがえるのは、"いじめが集団内におけるルールから逸脱した者に対する制裁としての意味合いをもつ"という考えである。このように、いじめを集団内におけるルールとの関係でとらえている研究は、決して少なくない (赤坂 1995, 村瀬 1996, 森田 2010, 加野 2011 など)。これらの先行研究に鑑みれば、「いじめ被害者にも何らかの非がある」といった、いじめの原因を被害者に帰する考えも、それ相応の妥当性を有しているように思えるかもしれない。

　しかし、いじめ被害者が集団内におけるルールから「実際に」逸脱したと断言することはできるだろうか。この問題については、逸脱の社会学理論であるラベリング理論が、「セレクティブ・サンクション」として言及している。例えば、Black, D. J. and Reiss, A. J. Jr. (1970) は、警察官が法を犯したとされる青少年をどのように処罰するのかを観察した結果を踏まえ、①警察官が青少年犯罪者を逮捕することは稀であること、②黒人の青少年を逮捕する割合は、白人の青少年を逮捕する割合よりも高いこと、③警察による青少年への制裁は、市民の告訴人の好みを色濃く反映すること、④逮捕の可能性は、容疑者の警察官に対する尊敬の程度によって変わること、を明らかにしている。これらの結果は、法の執行者である警察官が選別的な方法で規則を執行している可能性を示唆している。また、Becker, H. S. (訳書 1978) は、「法的規則は、当然、精密でしかも多義的でない規則であることが多い。これに対して、インフォーマルで慣習的な規則は、あいまいで多様な解釈のほどこされる余地を大きく残している場合が多い」(195頁) としている。こうした Becker, H. S. の指摘に鑑みれば、インフォーマルな規則である集団内規則の執行は、法的規則以上に選別的になされる可能性が極めて高いと言えるだろう。

それでは、集団内規則の執行を促すものは何なのであろうか。Becker, H. S.（訳書 1978）は、規則執行の前提条件を4つあげているが、そのなかに「人びとが呼子を吹いて執行を必然的にするのは、その行動になんからの利益を見出した時だ」(180頁)というものがある。例えば、Seidman, D. and Couzens, M.（1974）の研究では、犯罪統計に影響を及ぼす要因が検討されている。彼らによれば、犯罪が多発していた地区にある者が署長として就任したことが、犯罪統計に決定的な影響を及ぼしていた。その署長の就任時期に、警察官による犯罪の格下げが急速に増大したのである。その署長が警察官に犯罪の格下げを促した意図は、自身の在職中に当該地区の犯罪数が減少したことを周囲に示すことにあった。

　以上を踏まえると、"いじめとは加害者側がいじめをすることによって得られる利益を見出した場合に、ある者に対して集団内規則の執行を選別的に行った結果である"、と考えることができる。また、いじめが始まった当初は加害者側がいじめをすることによって得られる利益をそれほど明確に意識していなくても、いじめをしていくなかで利益を実感することによって、いじめ行為により一層拍車をかける可能性も指摘できよう。

　そこで、本章では、いじめのエスカレート化を促す要因として、いじめ加害者がいじめをすることによって受ける利益に着目する。先行研究においても、いじめ加害者の利益に着目したものがいくつか見られる。例えば、内藤（2001・2007・2009）は、加害者がいじめを行うことによって全能感を得ている可能性を指摘している。また、森口（2007）は、いじめが集団内のポジション取りと密接に関わっていると述べている。さらに、土井（2008）は、いじめが集団におけるガス抜きの機能を果たしている可能性について述べている。しかし、これらの研究は、次の2点において課題を有していると考えられる。1つは、いずれも仮説としてのもっともらしさがあるものの、実証的証拠に乏しい、ということである。第2に、加害者側の心情の変化が考慮されていない、ということである。例えば、当初は被害者側に非があるとの制裁目的で始められたいじめが、遊び目的のいじめへと変質する可能性も十分に考えられる。また、いじめを実際に行うことによって、加害者側がいじめをする

ことによる利益に気づく、ということもあるであろう。

いじめがエスカレートするという点については複数の研究者が指摘しているものの、実証的研究が少なく、エスカレート化の要因を加害者側の利益から検討した研究は管見する限り見当たらない。この点からも、本章の意義は認められよう。

第2節　方法

1　第1回調査(予備調査)の実施

調査は2度実施した。第1回調査は、2011(平成23)年4月中旬に実施した。調査の目的は、中学生を対象とした質問紙における項目の作成であった。調査対象は、X県にある国立大学の学生 (171名)、ならびに、看護系の専門学校2校の学生 (73名)、計244名である。ただし、回収した調査用紙には回答が不十分なものがあったため、これらを除いた237名を分析対象とした (有効回答率97.1%)。男女比は、男性40.9%、女性59.1%である。

小学校に入学してから高校を卒業するまでに誰かをいじめたことがあるかを尋ねたところ、「ある」と回答した者は50.6%と過半数を占めていた。これらいじめ加害経験を有する者に対して、「いじめをした理由」や「いじめを続けていくなかでの気持ちの変化」について自由記述の形で回答してもらった。「いじめをした理由」については、「相手が自分勝手で人に嫌な態度ばかりをとっていたから」といった制裁目的の記述が最も多く見られた (自由記述回答者110名中23名)。次いで多かったのが、「クラス全員の雰囲気に合わせたから」といった、周囲への同調に関する記述であった (自由記述回答者110名中17名)。ほかには、被害者に対する嫌悪感・違和感に関する記述や、遊び目的・快楽目的に関する記述なども見られた。

「いじめを続けていくなかでの気持ちの変化」については、「さいしょは、乗り気であったが、徐々に罪悪感が出た」のように、「罪悪感・後悔」に関す

る記述が最も多かった(自由記述回答者105名中23名)。その一方で、「だんだん楽しくなって、相手もふざけて楽しんでいると錯覚した」「一目置かれるのに優越感を抱くようになった」といった記述も見られた。

また、"いじめがエスカレートしたかどうか"についても尋ね、「とてもエスカレートした」「ややエスカレートした」と回答した者については、"具体的にどのようにエスカレートしたのか"ということについて自由記述の形で回答してもらった。その結果、「初めはからかったりしていた程度だったけど、最終的には輪ゴム鉄砲などの的にしたりしていた」のように、いじめの形態の変化に関する記述が最も多かった(自由記述回答者30名19名)。次いで多かったのが、「だんだんと規模(参加人数)が大きくなっていった」のように、いじめの規模・参加人数の拡大に関する記述であった(自由記述回答者30名10名)。

以上の分析結果を踏まえ、いじめ加害動機に関する項目やいじめを続けていくなかでの心情の変化に関する項目、いじめの実態面での変化に関する項目を作成した。なお、項目の作成にあたっては、井上ほか(1986)、本間(2003)、いじめ加害者の手記(週刊少年ジャンプ編集部編1995など)も参考にした。

2 第2回調査(本調査)の実施

第2回調査は、2011年12月中旬に実施した。調査対象は、X県の公立中学校2校に在籍する生徒446名である[4]。回収率は80.9%(361部)であった。ただし、回収した調査用紙には回答が不十分なものがあったため、これらを除いた353名を分析対象とした(有効回答率79.1%)。

男女比は、男性49.9%、女性50.1%である。学年は1年生70.3%、2年生29.7%となっている。小学校に入学してから現在に至るまでに誰かをいじめたことがあるかを尋ねたところ、「ある」と回答した者は28.6%であった。いじめをした時期(複数回答)については、「小学校6年生の時」と回答した者が50.5%と最も多く、次いで多いのが「中学校1年生の時」(37.1%)であった。なお、いじめを複数学年にわたって行ったと回答した者については、"最も印象に残っているいじめ"を想定した上で質問に回答するよう求めた。

第3節　結果(加害者の私的利害は、いじめのエスカレート化にどのような影響を及ぼすのか?)

1　いじめ加害動機の因子分析結果

いじめ加害動機の構造的把握を行うために、因子分析を行った[5]。その結果が、図表5-1である。

第1因子で負荷が高かったのは、「いじめられていた子が変わった人だったから (0.769)」「いじめられていた子がみんなと違うことをしていたから (0.739)」「いじめられていた子の動作がおそかったから (0.705)」「いじめられていた子が運動が下手だったから (0.699)」「いじめられていた子が清潔（せいけつ）ではなかったから (0.592)」「周囲のノリに合わせたから (0.516)」の7項目である (カッコ内の数値は因子負荷量。以下同様)。そこで、この因子を"「異質」な者をその場の雰囲気に乗じていじめた"という意味で「異質者排除」と命名した。

第2因子で負荷が高かったのは、「いじめられていた子が自分勝手だったから (0.814)」「いじめられていた子が調子にのっていたから (0.774)」「いじめられていた子に悪いところがあったから (0.649)」「いじめられていた子がうそをついたから (0.608)」「いじめられていた子のことが嫌いだったから (0.481)」の6項目である。そこで、この因子を"被害者側に何らかの非があるからいじめた"という意味で「制裁」と命名した。

第3因子で負荷が高かったのは、「なんとなくいじめたくなったから (0.798)」「ストレス発散になるから (0.736)」「いじめられている子の悪口をみんなで言うのが楽しかったから (0.642)」という3項目である。そこで、この因子を"被害者の属性とはおよそ無関係な身勝手な理由であり、かつ、遊びや快楽を目的としていじめを行った"という意味で「遊び・快楽指向」と命名した。

第4因子で負荷が高かったのは、「友だち（いじめをしていた人）との関係を維持したかったから (0.811)」「いじめなければ自分がいじめられるから

図表5-1　いじめをした理由の因子分析結果

	異質者排除	制裁	遊び・快楽指向	周囲への同調	家庭内でのストレス発散
いじめられていた子が変わった人だったから。	0.769	0.119	0.102	0.119	0.300
いじめられていた子がみんなと違うことをしていたから。	0.739	0.007	0.277	-0.020	0.121
いじめられていた子の動作がおそかったから。	0.705	0.085	0.214	0.187	0.283
いじめられていた子が運動が下手だったから。	0.699	0.163	0.073	-0.024	0.053
いじめられていた子が清潔(せいけつ)ではなかったから。	0.592	0.156	0.081	0.104	0.228
周囲のノリに合わせたから。	0.516	0.042	0.119	0.387	0.157
いじめられていた子が自分勝手だったから。	0.127	0.814	0.008	-0.002	0.109
いじめられていた子が調子にのっていたから。	-0.064	0.774	0.195	0.032	-0.018
いじめられていた子に悪いところがあったから。	0.330	0.649	0.261	-0.001	-0.180
いじめられていた子がうそをついたから。	0.049	0.608	0.032	0.023	0.256
いじめられていた子のことが嫌いだったから。	0.267	0.481	0.284	0.058	0.001
なんとなくいじめたくなったから。	0.120	0.187	0.798	0.110	0.281
ストレス発散になるから。	0.297	0.166	0.736	0.235	0.318
いじめられている子の悪口をみんなで言うのが楽しかったから。	0.317	0.291	0.642	0.061	-0.159
友だち(いじめをしていた人)との関係を維持したかったから。	0.216	-0.010	0.295	0.811	-0.083
いじめなければ自分がいじめられるから。	-0.009	-0.082	-0.088	0.778	0.102
友だちから誘われたから。	0.102	0.286	0.199	0.606	0.279
家庭のことでイライラしていたから。	0.231	0.213	0.284	-0.007	0.719
いじめられていた子の成績がよくなかったから。	0.283	0.138	0.103	0.246	0.599
いじめられていた子がいじられキャラだったから。	0.227	-0.085	-0.010	0.055	0.499
固有値	3.387	2.665	2.164	1.981	1.799
寄与率	16.9	13.3	10.8	9.9	9.0

備考：太線で囲っているのは、因子負荷量の絶対値が0.4以上のもの。以下同様。

(0.778)」「友だちから誘われたから (0.606)」の3項目である。そこで、この因子を"周囲(友人)に合わせていじめを行った"という意味で「周囲への同調」と命名した。

　第5因子で負荷が高かったのは、「家庭のことでイライラしていたから (0.719)」「いじめられていた子の成績がよくなかったから (0.599)」「いじめられていた子がいじられキャラだったから (0.499)」の3項目である。そこで、

この因子を"家庭内で生じたストレスを攻撃しやすい者に対してぶつけている"という意味で「家庭内でのストレス発散」と命名した。

2　いじめを続けていくなかでの加害者の心情の変化

図表5-2は、いじめを続けていくなかでの加害者の心情の変化を示したものである。「やりすぎではないかと心配になっていった」(48.6％)、「いじめられていた子に対して、申し訳ないと思うようになっていった」(45.8％)など、いじめへの後悔の念を示す内容で割合が高くなっている。

その一方で、「いじめをしていた子同士で、仲間意識を感じるようになっていった」(29.2％)、「いじめられていた子の反応を見るのが楽しくなっていった」(20.8％)といった、いじめをすることによって生じる加害者側の利益をうかがわせる項目で2割を超えている。

図表5-2　いじめを続けていくなかでの加害者の心情の変化　　　　(％)

	「あてはまる」	合計
心の中で、いじめることが当たり前のようになっていった。	21.1	100.0 (71)
いじめられていた子の気持ちを考えるようになっていった。	40.3	100.0 (72)
気分がスカッとして、いじめることをやめられなくなっていった。	13.9	100.0 (72)
いじめられていた子に対して、申し訳ないと思うようになっていった。	45.8	100.0 (72)
みんなで一緒にいじめをするのが、楽しくなっていった。	15.3	100.0 (72)
いじめをしている自分がなさけないと思うようになっていった。	36.1	100.0 (72)
いじめをしていても、何も感じなくなっていった。	16.7	100.0 (72)
いじめをしていた子同士で、仲間意識を感じるようになっていった。	29.2	100.0 (72)
いじめられていた子の反応を見るのが楽しくなっていった。	20.8	100.0 (72)
やりすぎではないかと心配になっていった。	48.6	100.0 (72)
いじめられていた子のことがもっと嫌いになっていった。	27.8	100.0 (72)
自分が先生や親にしかられるのではないかと心配になっていった。	31.0	100.0 (71)
いじめられていた子にうらまれるのではないかと心配になっていった。	12.7	100.0 (71)
いじめられていた子が自分のいうことをきくので、気分がよくなった。	8.3	100.0 (72)
悪いことをしているという気持ちがなくなっていった。	9.7	100.0 (72)

備考：「とてもあてはまる」「ややあてはまる」と回答した者を合計したパーセンテージ。カッコ内の数値は人数。以下同様。

次に、いじめを続けていくなかでの加害者の心情の変化の構造的把握を行うために、因子分析を行った[6]。その結果が、図表5-3である。

第1因子で負荷が高かったのは、「いじめられていた子に対して、申し訳ないと思うようになっていった (0.832)」「いじめをしている自分がなさけないと思うようになっていった (0.799)」「やりすぎではないかと心配になっていった (0.784)」「いじめられていた子の気持ちを考えるようになっていった (0.659)」「いじめられていた子にうらまれるのではないかと心配になっていった (0.610)」「自分が先生や親にしかられるのではないかと心配になっていった (0.438)」の6項目である。そこで、この因子を"いじめをすることに対して後悔の念を抱くようになっている"という意味で「いじめへの後悔」と命名した。

第2因子で負荷が高かったのは、「いじめられていた子の反応を見るのが楽しくなっていった (0.825)」「気分がスカッとして、いじめることをやめられなくなっていった (0.798)」「みんなで一緒にいじめをするのが、楽しくなっ

図表5-3　いじめを続けていくなかでの加害者の心情の変化の因子分析結果

	いじめへの後悔	利益の発生
いじめられていた子に対して、申し訳ないと思うようになっていった。	0.832	-0.112
いじめをしている自分がなさけないと思うようになっていった。	0.799	-0.048
やりすぎではないかと心配になっていった。	0.784	-0.099
いじめられていた子の気持ちを考えるようになっていった。	0.659	-0.234
いじめられていた子にうらまれるのではないかと心配になっていった。	0.610	0.141
自分が先生や親にしかられるのではないかと心配になっていった。	0.438	0.250
いじめられていた子の反応を見るのが楽しくなっていった。	-0.087	0.825
気分がスカッとして、いじめることをやめられなくなっていった。	-0.124	0.798
みんなで一緒にいじめをするのが、楽しくなっていった。	-0.176	0.773
いじめられていた子が自分のいうことをきくので、気分がよくなった。	0.044	0.729
いじめをしていた子同士で、仲間意識を感じるようになっていった。	0.259	0.557
固有値	3.066	2.919
寄与率	27.9	26.5

備考：「まったくあてはまる」～「とてもあてはまる」に1～5の得点を配分。太線で囲っているのは、因子負荷量の絶対値が0.4以上のもの。

ていった (0.773)」「いじめられていた子が自分のいうことをきくので、気分がよくなった (0.729)」「いじめをしていた子同士で、仲間意識を感じるようになっていった (0.557)」の5項目である。そこで、この因子を"いじめをすることによる利益を感じるようになっている"という意味で「利益の発生」と命名した。

3 いじめの実態面での変化

図表5-4は、いじめの実態面での変化を示したものである。「悪口の程度がひどくなった」(52.1％)、「いじめられていた子を極端に避けるようになった」(49.3％)、「無視の程度がひどくなった」(42.5％)など、いじめの形態面での変化を指摘した者の割合が高くなっている。

また、「いじめへの参加人数が増えていった」(44.4％)、「いじめられていた子と仲の良かった人までいじめに参加するようになった」(26.0％)、「他のクラス・学年などもいじめに参加するようになった」(24.7％)など、いじめの規模の拡大を指摘した者の割合も比較的高くなっている。

図表5-4　いじめの実態面での変化　　　　(％)

	「あてはまる」	合計
悪口の程度がひどくなった。	52.1	100.0 (73)
無視の程度がひどくなった。	45.2	100.0 (73)
いじめられていた子の所有物を攻撃するようになった。	11.1	100.0 (72)
いじめられていた子を極端に避けるようになった。	49.3	100.0 (72)
いじめられていた子に触れられるのを拒むようになった。	39.7	100.0 (73)
いじめられていた子に身体的な攻撃をするようになった。	8.2	100.0 (73)
いじめられていた子から金品を奪うようになった。	1.4	100.0 (73)
目立つところでもいじめが行われるようになった。	16.7	100.0 (72)
いじめられていた子の友達もいじめられるようになった。	16.4	100.0 (73)
いじめへの参加人数が増えていった。	44.4	100.0 (72)
他のクラス・学年などもいじめに参加するようになった。	24.7	100.0 (73)
いじめられていた子と仲の良かった人までいじめに参加するようになった。	26.0	100.0 (73)
いじめの回数が増えた。	26.4	100.0 (72)

備考：「とてもあてはまる」「ややあてはまる」と回答した者を合計したパーセンテージ。

その一方で、「いじめられていた子の所有物を攻撃するようになった」(11.1%)、「いじめられていた子に身体的な攻撃をするようになった」(8.2%)、「いじめられていた子から金品を奪うようになった」(1.4%)を指摘した者の割合は低い。

なお、いじめの実態面での変化に関する項目について因子分析を行ったところ、第1因子における各項目の因子負荷量の絶対値は1項目を除き、いずれの項目についても0.4を超えていた。そこで、これらの項目の合計得点をエスカレート化の指標として用いることとした[7]。

4 いじめのエスカレート化の規定要因に関する分析

ここでは、いじめのエスカレート化の規定要因に関する分析を行う。分析に使用する変数は、図表5-5の通りである[8]。

なお、分析モデルでは、いじめをした理由に影響を及ぼす要因として、「加害者の性別」や「いじめへの参加のきっかけ」のほかに、「否定的なクラスイメージ」を設定している。所属しているクラスの状態によって、ある特定の理由にもとづくいじめが生まれやすくなったり、いじめをすることによる

図表5-5　分析に使用する変数

①	加害者の性別	:	男性なら1、女性なら0のダミー変数。
②	いじめへの参加のきっかけ	:	自分から始めた場合には1、友だちに誘われて始めたり周囲の雰囲気に影響されて始めた場合には0のダミー変数。
③	異質者排除	:	いじめをした理由に関する項目について因子分析を行った結果得られた5つの因子得点。
④	制裁		
⑤	遊び・快楽指向		
⑥	周囲への同調		
⑦	家庭内でのストレス発散		
⑧	否定的なクラスイメージ	:	いじめに参加した時のクラスの様子に関する5項目について主成分分析を行った結果得られた主成分得点[9]。
⑨	利益の発生	:	いじめを続けていくなかでの加害者の心情の変化に関する項目について因子分析を行った結果得られた2つの因子のうち、「利益の発生」の因子得点[10]。
⑩	エスカレート化	:	いじめの実態面での変化に関する項目の合計得点。

利益が実感されやすくなったりすると考えたからである。

また、いじめをした理由といじめのエスカレート化とを媒介する要因として、「利益の発生」を設定している。いじめをした当初の理由によって加害者側の利益が生じやすくなるかどうかが左右されると考えたからである。

図表5-6および図表5-7は、いじめのエスカレート化の規定要因に関する分析（パス解析）を行った結果である[11]。

いじめのエスカレート化に統計的に有意な影響を及ぼしているのは、「加害者の性別」（$p=0.039$）、「異質者排除」（$p<0.001$）、「制裁」（$p=0.015$）、「遊び・快楽指向」（$p=0.011$）、「利益の発生」（$p=0.022$）という5つの変数であり、いずれも正の影響を及ぼしている。この結果より、次の3点を指摘できる。

第1に、加害者が女性の場合よりも男性の場合において、いじめはエスカレートしやすい、ということである。

第2に、「異質」な者を排除することを目的としたいじめや、被害者への制裁を目的としたいじめ、被害者の属性とはおよそ無関係な身勝手な理由によって行われる遊びや快楽を目的としたいじめは、エスカレートしやすい、ということである。

第3に、加害者がいじめをすることによって得られる利益を実感するようになった場合に、いじめはエスカレートしやすい、ということである。

なお、本章では、いじめをエスカレートさせる要因として、いじめの進行に伴って生じる加害者側の利益に着目している。そこで、「利益の発生」に影響を及ぼしている要因にも着目したい。「利益の発生」に統計的に有意な影響を及ぼしているのは、「否定的なクラスイメージ」（$p=0.008$）、「遊び・快楽指向」（$p<0.001$）、「家庭内でのストレス発散」（$p=0.002$）という3つの変数であり、いずれも正の影響を及ぼしている。「利益の発生」はいじめのエスカレート化に有意な正の影響を及ぼしていたことから、これら3つの変数はいじめのエスカレート化に正の間接的な影響を及ぼしていると言える。

この結果より、主には次の2点を指摘できる。第1に、被害者の属性とはおよそ無関係な身勝手な理由によって行われる遊びや快楽を目的としたいじめ（遊び・快楽指向）や、家庭内で生じたストレスを攻撃しやすい者に対して

図表5-6　いじめのエスカレート化の規定要因に関する分析(パス解析)

従属変数	独立変数	直接効果	間接効果	総効果
異質者排除	加害者の性別	-0.102	—	-0.102
($R^2=0.123$, F=2.861, p=0.044)	いじめへの参加のきっかけ	-0.300*	—	-0.300
	否定的なクラスイメージ	0.163	—	0.163
制裁	加害者の性別	-0.024	—	-0.024
($R^2=0.084$, F=1.864, p=0.145)	いじめへの参加のきっかけ	0.110	—	0.110
	否定的なクラスイメージ	0.277*	—	0.277
遊び・快楽指向	加害者の性別	0.131	—	0.131
($R^2=0.112$, F=2.565, p=0.063)	いじめへの参加のきっかけ	0.157	—	0.157
	否定的なクラスイメージ	0.254*	—	0.254
周囲への同調	加害者の性別	0.085	—	0.085
($R^2=0.168$, F=4.119, p=0.010)	いじめへの参加のきっかけ	-0.164	—	-0.164
	否定的なクラスイメージ	0.341**	—	0.341
家庭内でのストレス発散	加害者の性別	0.002	—	0.002
($R^2=0.028$, F=0.578, p=0.632)	いじめへの参加のきっかけ	-0.092	—	-0.092
	否定的なクラスイメージ	-0.144	—	-0.144
利益の発生	加害者の性別	-0.075	0.057	-0.018
($R^2=0.599$, F=10.103, p<0.001)	いじめへの参加のきっかけ	0.006	0.047	0.053
	否定的なクラスイメージ	0.289**	0.156	0.445
	異質者排除	0.083	—	0.083
	制裁	0.177	—	0.177
	遊び・快楽指向	0.521***	—	0.521
	周囲への同調	0.011	—	0.011
	家庭内でのストレス発散	0.295**	—	0.295
エスカレート化	加害者の性別	0.178*	0.021	0.199
($R^2=0.685$, F=11.816, p<0.001)	いじめへの参加のきっかけ	0.045	-0.077	-0.032
	否定的なクラスイメージ	-0.027	0.298	0.271
	異質者排除	0.423***	0.025	0.448
	制裁	0.219*	0.053	0.272
	遊び・快楽指向	0.288*	0.155	0.443
	周囲への同調	0.170	0.003	0.173
	家庭内でのストレス発散	0.066	0.088	0.154
	利益の発生	0.298*	—	0.298

備考：*p<0.05, **p<0.01, ***p<0.001. 以下同様。

ぶつけるいじめ（家庭内でのストレス発散）の場合、加害者側はいじめをすることによって得られる利益を実感しやすくなる、ということである。

　第2に、自分の所属しているクラスに対して否定的なイメージを抱いている場合、いじめの進行に伴い、加害者側はいじめをすることによって得られる利益を実感しやすくなる、ということである。

図表5-7　いじめのエスカレート化の規定要因に関する分析(パス解析)

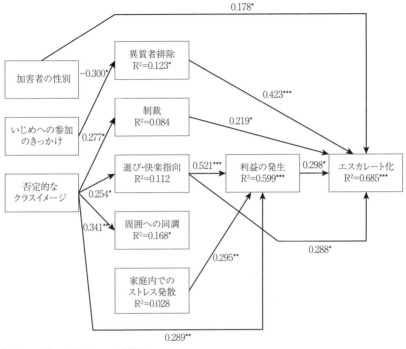

備考：5%水準で有意なパスのみ実線化。

第4節　まとめと考察

　本章の目的は、中学生を対象とした質問紙調査をもとに、いじめ加害者がいじめによって得られる利益に着目し、いじめをエスカレートさせる要因について検討することにあった。本章によって明らかとなったことは、以下の4点に要約される。

第1に、いじめをした理由といじめによって得られる利益についてである。いじめをした理由について因子分析を行った結果、「異質者排除」（異質な者への排除意識にもとづくもの）、「制裁」（被害者を懲らしめるという制裁感覚にもとづくもの）、「遊び・快楽指向」（被害者の属性とはおよそ無関係な身勝手な理由によって行われる遊びや快楽を目的としたもの）、「周囲への同調」（周囲の雰囲気に流されたとするもの）、「家庭内でのストレス発散」（家庭内で生じたストレスを攻撃しやすい者に対してぶつけているもの）、という5つの因子が抽出された（図表5-1）。これらの理由のうち、「制裁」を除いた4つについては、加害者側ですら被害者側に何らかの非があるとは考えてはいない。なかでも、「遊び・快楽指向」や「家庭内でのストレス発散」にもとづくいじめは、いじめを行った当初から、加害者側によっていじめによって得られる利益（いじめを楽しむ、家庭内で生じたストレスを発散する）が意識されている可能性が高いと言えよう。

　第2に、いじめを続けていくなかでの加害者の心情の変化についてである。いじめへの後悔の念を抱くようになった者が多い一方で、いじめをすることによって生じる利益を実感するようになった者も一定数いた（図表5-2）。また、いじめを続けていくなかでの加害者の心情の変化に関する項目について因子分析を行った結果、「いじめへの後悔」（いじめをすることに罪悪感やなさけなさ、不安を抱くようになる）と「利益の発生」（いじめが楽しくなったり、被害者を服従させることで気分がよくなったり、加害者同士で連帯感を感じるようになる）という2つの因子が抽出された（図表5-3）。内藤（2009）は、いじめを①最広義、②広義、③狭義、の三段階に分けて定義している。いずれの定義のなかでも強調されているのは、「実効的に遂行された嗜虐的関与」という要素である（49-52頁）。内藤の定義は、「嗜虐意欲」という加害者の心情を定義のなかに組み込んでいる、ということに大きな特徴があると言える。こうした「嗜虐意欲」は、いじめの当初から加害者によって意識されていることもあると考えられるが、本章の結果は、加害者の「嗜虐意欲」がいじめの進行に伴って高まっていく可能性を示唆している。

　第3に、いじめの実態面での変化についてである。この点については、「無視や悪口の程度がひどくなった」という形態面での変化や、「いじめへの

参加人数が増えた」という規模の拡大を指摘した者の割合が高かった（図表5-4）。"いじめがエスカレートする"ということは複数の研究者によって指摘されてはいるものの、その内実は必ずしも明らかとなっていなかった。本章の結果は、いじめのエスカレート化には、形態面での変化と規模の拡大という2つの側面があることを示している。また、いじめの実態面での変化に関する項目について因子分析を行った結果、一元性に近いことが確認されたことから、形態面での変化と規模の拡大とがそれぞれ独立して進行するというよりはむしろ、相互に結びついた形で進行する可能性も示唆していると言えるだろう。

　第4に、いじめをエスカレートさせる要因についてである。いじめのエスカレート化には、加害者の性別やいじめをした理由（「異質者排除」「制裁」「遊び・快楽指向」）、いじめによる利益を実感するようになることが、有意な正の影響を及ぼしていた（図表5-6および図表5-7）。久保田（2012b）は、高等教育機関に在籍する学生を対象とした回顧調査をもとに、男子仲間集団のいじめと女子仲間集団のいじめとの違いについて検討している[12]。その結果、①被害者の性別と加害者の性別とがかなりの程度一致していること、②男子仲間集団におけるいじめは女子仲間集団におけるいじめと比べ、集団化し、長期化する傾向にあること、などを明らかにしている。この結果に鑑みれば、本章の結果は、男子仲間集団におけるいじめは女子仲間集団におけるいじめと比べ、エスカレートしやすいことを示唆していると言えるだろう。

　また、いじめをした理由については、異質な者への排除意識にもとづくいじめ（異質者排除）や、被害者を懲らしめるという制裁感覚にもとづくいじめ（制裁）、被害者の属性とはおよそ無関係な身勝手な理由によって行われる遊びや快楽を目的としたいじめ（遊び・快楽指向）は、エスカレートしやすいことが明らかとなった。井上ほか（1986）は、小中学生を対象とした質問紙調査をもとに、いじめの理由やいじめの理由別許容度について検討している。その結果、「こらしめ」型のいじめで子どもたちの許容度が最も高いこと、「異質者排除」型のいじめについても3〜4割の子どもたちが許容していることを明らかにしている。この結果に鑑みれば、本章の結果は、「異質者」の排

除や制裁にもとづくいじめは周囲の子どもたちに容認される傾向にあることからいじめに歯止めがかかりにくく、エスカレートしやすいことを示唆していると考えられる。このことを部分的に裏付けるのが、「いじめへの参加のきっかけ」が「異質者排除」に有意な負の影響を及ぼしていた、という本章の結果である（図表5-6および図表5-7）。この結果は、自分からいじめを始めた者よりも、友だちに誘われたり周囲に雰囲気に流されたりしていじめを始めた者のほうが、「異質」な者を排除することを目的としたいじめを行う傾向にあることを示唆している。「異質」な者を排除することを目的としたいじめは、たとえその目的が単なる建前や口実に過ぎないとしても、一見正当性があるように思えることから、いじめをすることの罪悪感を軽減するのであろう。「異質者排除」型のいじめが、周囲の子どもたちにいかに容認されやすく、それゆえにエスカレートしやすいのかをある意味物語っていると言える。

　一方、遊び・快楽指向型のいじめについては、いじめることそのものが目的化していると考えられることから、加害者側は様々なバリエーションのいじめを追求し、結果としてエスカレートするものと推察される。

　さらに、加害者側がいじめの進行に伴い、いじめをすることによって得られる利益を実感するようになった場合に、いじめがエスカレートしやすいことが明らかとなった。それでは、どのような状況下で加害者側は利益を実感しやすくなるのであろうか。この点について分析した結果、いじめをした理由（「遊び・快楽指向」「家庭内でのストレス発散」）や、加害者側が自分の所属しているクラスに否定的なイメージを抱いていることが、利益の発生に正の影響を及ぼしていることが明らかとなった（図表5-6および図表5-7）。

　いじめをした理由については、被害者側の属性とはおよそ無関係な身勝手な理由によって行われる遊びや快楽を目的としたいじめ（遊び・快楽指向）や家庭内で生じたストレスを発散することを目的としたいじめ（家庭内でのストレス発散）の場合に、加害者側はいじめをすることによる利益を実感する傾向にあった。これらのいじめについては、加害者側にとって"被害者が誰なのか"ということは大した問題ではなく、加害者側は当初から"いじめを加害

者同士で楽しんだり、いじめによってストレスを発散したりする"といった、いじめによって得られる利益を意識している可能性が高いと言えよう。このことを踏まえるならば、本章の結果は、遊び・快楽指向型のいじめや家庭内で生じたストレスの発散を目的としたいじめについては、いじめの進行に伴い、加害者がいじめによって得られる利益をより一層強く意識するようになることを示唆していると推察される。

　また、加害者が自分の所属しているクラスに否定的なイメージを抱いている場合に、加害者側はいじめをすることによる利益を実感しやすいことが明らかとなった。この結果は、クラスの人間関係が緊張状態にある場合に、いじめ被害者の心情を想像したり汲み取ろうとしたりする力が弱まり、いじめをすることによって得られる利益に目が向きがちとなることを示唆していると考えられる。

　さらに、「否定的なクラスイメージ」がいじめをした理由に及ぼしていた影響にも着目したい。「否定的クラスイメージ」は、「制裁」「遊び・快楽指向」「周囲への同調」という3つの変数に統計的に有意な正の影響を及ぼしていた。この結果は、クラスの人間関係が緊張状態にある場合に、いじめが発生しやすくなることを示唆していると考えられる。このことは、先行研究によって再三指摘されてきたことである。

　その一方で、「否定的なクラスイメージ」は、「異質者排除」と「家庭内でのストレス発散」という2つの変数には統計的に有意な影響を及ぼしていなかった。「家庭内でのストレス発散」については、いじめの目的が家庭内で生じたストレスを発散することにあるため、クラスイメージが影響を及ぼさないことは想像に難くない。ただし、クラスイメージが「異質」な者を排除することを目的としたいじめに統計的に有意な影響を及ぼしていないことには留意する必要があろう。こうしたいじめについては、たとえ多くの子どもたちがクラスの状態に不満を抱いていなかったとしても起きてしまう可能性があるからである。

　最後に、今後のいじめに関する研究上の課題を2つほどあげ、本章を締めくくることとしたい。1つは、いじめ加害者という「個人」と学級集団とい

う「集団」との関連を踏まえた研究の必要性である。「いじめ集団の四層構造論」が提唱されて以降、学級集団といじめとの関連に着目した研究が数多く行われるようになってきている。その結果、有意義な知見がもたらされている一方で、いじめが学級集団全体の問題であると過度に強調されてきたきらいがある[13]。しかし本章の結果は、いじめのエスカレート化の問題を考えるにあたり、加害者の私的利害に着目することの重要性を示唆している。今後は、いじめについて検討するにあたり、加害者という「個人」と学級集団という「集団」のどちらか一方ではなく、双方の関連を踏まえた理論や調査研究が求められよう。

　もう1つは、いじめの段階を踏まえたモデルにもとづく分析の必要性である。従来のいじめ研究は、いじめをある種、静的なものとしてとらえる傾向にあった[14]。例えば、いじめのタイプに着目した研究がある。これらの研究では、いじめを形態や加害者側の意図などから分類している（森田・清永 [1986] 1994, 藤田 1997, 住田 2007 など）。確かに、いじめを理念的に分類することには、ある一定の意味はあろう。しかし、あるタイプに位置づけられるいじめが、その後も同じ状態を維持するとは限らない。本章の結果は、いじめを行った理由やいじめによって得られる利益の発生次第によって、いじめがエスカレートする可能性を示唆している。この結果に鑑みれば、いじめを動的なものとしてとらえ、いじめの段階を踏まえたモデルのもと、いじめを発生させる要因といじめをエスカレートさせる要因とを峻別し、それぞれについて詳しく検討する必要があろう。

注

(1) このように、ラベリングといじめとの関係を指摘している研究者は少なくない（山口 1988, 滝 1992a, 赤坂 1995 など）。
(2) 滝 (1992a) は、このような立場に立脚した仮説を「（被害者・加害者の）性格原因仮説」と呼んでいる。
(3) いじめ認知率とは、「あなたのクラスでは、今までに『いじめ』がありましたか」という問いに対して「ある」と回答した者の人数が学級全体の人数に占める割合のことである。
(4) 生徒は、調査用紙を家庭に持ち帰り、自宅で記入した上で封筒に密封し、担任教師に提出することとした。このような手続きをとったのは、できる限り信頼性の高いデータを得るためである。なお、調査用紙の表紙には、調査用紙の表紙には、"いじめとは具体的にどういったことなのか"を示す文章を載せている。この文章は、森田監修 (2001) がいじめの国際比較調査を行う際に作成したものであり、いじめ研究で国際的に知られているオルヴェウス（Olweus, D.）の操作的定義をもとにしている。具体的には、以下のような文章である（森田ほか編 1999, 13-14 頁）。

> これから、「いじめられる」ことや「いじめる」ことなどについての質問をします。
> このアンケート調査で「いじめる」とは、ほかの人（児童または生徒）に対して、
> ※ いやな悪口を言ったり、からかったりする
> ※ 無視をしたり仲間はずれにする
> ※ たたいたり、けったり、おどしたりする
> ※ その人がみんなからきらわれるようなうわさをしたり、紙などにひどいことを書いてわたしたり、その人の持ち物にひどいことを書いたりする
> ※ その他これらに似たことをする
> などのことです。
> いじの悪いやりかたで、何度も繰り返しからかうのも、いじめです。
> しかし、からかわれた人もいっしょに心のそこから楽しむようなからかいは、いじめではありません。また、同じぐらいの力の子どもどうしが、口げんかをしたり、とっくみあいのけんかをしたりするのは、いじめではありません。

(5) 「とてもあてはまる」に 5、「ややあてはまる」に 4、「どちらともいえない」に 3、「あまりあてはまらない」に 2、「まったくあてはまらない」に 1 の得点をそれぞれ配分し

た。因子分析の方法としては、因子数を3～6とし、主因子法により因子を抽出し、バリマックス法による因子軸の回転を行った。その結果、固有値の大きさ、因子の解釈のしやすさから5因子解を採用した。また、因子負荷量の絶対値が複数の因子で0.4以上であった項目を削除した後に、再び主因子法、バリマックス回転による因子分析を行った。

(6) 「とてもあてはまる」に5、「ややあてはまる」に4、「どちらともいえない」に3、「あまりあてはまらない」に2、「まったくあてはまらない」に1の得点をそれぞれ配分した。因子分析の方法としては、因子数を1～3とし、主因子法により因子を抽出し、バリマックス法による因子軸の回転を行った。その結果、固有値の大きさ、因子の解釈のしやすさから2因子解を採用した。また、因子負荷量の絶対値が複数の因子で0.4以上であった項目を削除した後、再び主因子法、バリマックス回転による因子分析を行った。

(7) 「とてもあてはまる」に5、「ややあてはまる」に4、「どちらともいえない」に3、「あまりあてはまらない」に2、「まったくあてはまらない」に1の得点をそれぞれ配分した。

(8) 男女でいじめをエスカレートさせる要因は異なる可能性があるため、本来であれば男女別に分析することが望ましい。ただし、本研究におけるデータサンプルでは、男女でいじめ加害経験率が異なっており、女性ではいじめ加害経験率が低かった（男性：38.1％、女性：19.2％）。このように、女性のいじめ加害経験者が少ないため、男女別に分析を行うことは難しいと判断し、男女を合わせたデータを分析することとした。

(9) いじめに参加した時のクラスの様子に関する5項目について主成分分析を行った。項目については、森田ほか編（1999）を参照した。回答結果の得点化については、「とてもあてはまる」に5、「ややあてはまる」に4、「どちらともいえない」に3、「あまりあてはまらない」に2、「まったくあてはまらない」に1の得点をそれぞれ配分した。その結果、1つの成分にまとまることが確認された（図表5-8）。そこで、この成分を「否定的クラスイメージ」と命名し、その主成分得点を変数として用いることとした。

図表5-8　いじめに参加したときのクラスの様子主成分分析

	否定的なクラスイメージ
仲の良い友だち以外の人が困っていても、気にしない人が多い。	0.864
多少悪いことでも、おもしろければやってしまう人が多い。	0.798
クラスのみんなと調子をあわせないと嫌われると思っている人が多い。	0.721
先生にほめられるようなことをすると、いい子ぶっていると悪口を言う人が多い。	0.681
先生にかくれて悪いことをするのは、簡単だと思っている人が多い。	0.575
固有値	2.698
寄与率	54.0

(10)「いじめへの後悔」を変数として含めた分析も行ったが、「いじめへの後悔」を従属変数とした重回帰分析における決定係数の値は低く、また、「いじめへの後悔」はいじめのエスカレート化に有意な影響及ぼしていなかった。そこで、分析モデルが煩雑となることを避けるために、「いじめへの後悔」を変数から除外して分析することとした。ただし、たとえいじめを続けていくなかで加害者がいじめに対する後悔の念を抱くようになったとしても、そのことがいじめのエスカレート化を食い止めることには結びつかない、という点は、注目される。この結果は、"一旦いじめが始まってしまうと、たとえいじめに対する後悔の念を抱くようになったとしても、個人の一存ではなかなか止めることが難しい"ということを示しているのかもしれない。今後、詳しく検討していく必要があろう。
(11)「エスカレート化」を従属変数とした重回帰分析を行うにあたり、各独立変数のVIFの値を算出した。各独立変数のVIFの値の範囲は、1.091から2.444の間であった。「利益の発生」については2を超えてはいるものの、ほかの独立変数については2未満であった。そのため、多重共線性の可能性は低いと判断した。
(12) 久保田（2012b）は、いじめを目撃したことが「ある」と回答した者に対して、その当時の状況について尋ねている。なお、この研究では、被害者の性別が「男性」であり加害者の性別が「男性だけ」「男性が大半」であるいじめを"男子仲間集団におけるいじめ"、被害者の性別が「女性」であり加害者の性別が「女性だけ」「女性が大半」であるいじめを"女子仲間集団におけるいじめ"と操作的に定義している。
(13) 例えば、北澤（1997）は、社会構築主義の立場から「いじめ集団の四層構造論」を批判している。「いじめ集団の四層構造論」では、ある子ども間の相互行為を子どもたちがみな「いじめ」と認識している、という「認識の一致」が前提とされている。北澤は、こうした「認識の一致」が子ども間の相互行為領域のすべてにおいて存在するということはあり得ないとし、「認識の一致」領域と「認識の不一致」領域を合わせた全体をとらえた上で、いじめについて検討することの重要性について述べている。
(14) 中井（1997）は、いじめがいくつかの段階からなることを主張する数少ない研究者のひとりである。中井は、いじめの過程を「孤立化」「無力化」「透明化」という3つの段階に分けている。

··· 第 6 章 ···

いじめを傍観する子どもたち
── 逸脱傾向にある子どもたちはなぜいじめを傍観するのか？ ──

第1節　問題の設定

　本章の目的は、中学生を対象とした質問紙調査をもとに、逸脱傾向にある子どもたちがいじめを傍観する理由について検討することにある。
　日本のいじめは主として学級を舞台として生じる[1]ことから、日本では学級集団に着目した研究が盛んに行われている。それらの多くは、森田・清永（[1986] 1994）によって提唱された「いじめ集団の四層構造論」を理論的な枠組みとしている。「いじめ集団の四層構造論」の妥当性については、先行研究でも確認されている。これらの研究により、いじめが被害者、加害者といった当事者間の問題にとどまらず、学級集団全体のあり方が問われる問題であることが明らかとなっている（高木1986, 滝1996, 大西2007, 河村・武蔵2008, 黒川・大西2009など）。
　一方、「いじめ集団の四層構造論」では傍観者がいじめ抑止のキーパーソンであると考えられているために、傍観者に着目した研究も見られる。これらの研究は、次の2つに大別される。1つは、傍観者の被害者への援助行動に着目した研究である。清水・瀧野（1998）は、小学生を対象とした質問紙調査をもとに、いじめを取り巻く第三者が被害者への援助行動を行った場合にいじめが抑制されることを明らかにしている。また、青木・宮本（2002）は、中学生を対象とした質問紙調査をもとに、被害者のタイプや（第三者の）援助規範意識が第三者の行動に影響を及ぼすことを明らかにしている。さらに、蔵永ほか（2008）は、大学生を対象とした質問紙調査をもとに、被害者に対する役割取得が被害者への援助行動を促進することを明らかにしている。
　もう1つは、傍観者の意識に着目した研究である。大坪（1999）は、小学生

を対象とした質問紙調査をもとに、①傍観者が被害者への援助を抑制する理由は多様であること、②これらの理由には性別やいじめの当事者との人間関係、加害者の人数が影響を及ぼすことを明らかにしている。また、渡部ほか(2001)も大坪と同様の分析を行い、個人的属性(性別、年齢)やいじめの状況(いじめの手段、加害者の人数、いじめの進行の程度)が傍観者意識に影響を及ぼすことを明らかにしている。

　本章はこれらの研究のうち、後者の傍観者の意識に着目した研究であるが、先行研究には次のような問題点がある。1つは、先行研究の多くが架空エピソードをもとにした分析をしている、ということである。架空エピソードを用いることの利点は、いじめの具体的状況を統制できるという点にあるが、架空エピソードによって得られた結果と実態とは大きく異なる可能性がある。青木・宮本(2002)の架空エピソードをもとにした研究では、いじめを目撃した際に被害者を助けると回答した者が最も多い。しかし、森田ほか編(1999)では、実際にいじめを目撃した際の行動として「かかわりをもたないようにした」と回答した者が最も多い。この結果は、架空エピソードを用いた場合、子どもたちは社会的に望ましい回答をすることを示唆している。

　一方、久保田(2008)や廣岡・吉井(2009)は、架空エピソードを用いず、実際にいじめを目撃した経験のある者を対象に傍観者の意識について検討している。しかし、これらの研究は大学生を対象としているため、時間の経過により経験が質的に再構成されている可能性がある。その場合、調査によって得られたデータは信頼性を欠くこととなる。

　3つめの問題点は、先行研究では子どもたちの多様性が十分に考慮されていない、ということである。生徒文化に着目した研究により、一口に生徒と言っても彼らは決して一枚岩ではなく、価値パターンや規範の異なる様々な集団に分化していることが明らかとなっている(武内1981、白石1985など)。具体的には、学校の価値パターンや規範に同調的な向学校的な子どもたちや、それらに対抗的な反学校的な子どもたちの存在などが確認されている。これらの子どもたちでは同じようにいじめを傍観するにしてもその理由は大きく異なると推察されるが、先行研究ではこの点について十分に検討されていない。

以上を踏まえ、本章では中学生を対象とした質問紙調査をもとに、次の3点を明らかにすることを目的とする。第1に、いじめを目撃した経験を有する子どもたちが実際にとった行動である。第2に、いじめ傍観者が被害者を援助しなかった理由である。第3に、逸脱傾向にあることがいじめを傍観する理由に及ぼす影響である。

逸脱傾向にある子どもたちは、いじめについても問題を有していると言えるのだろうか。この点について検討することは、今後の生徒指導のあり方を考える上でも極めて重要であると言えよう。

第2節　方法

1　調査対象

調査対象は、X県の公立中学校4校に在籍する中学1年生から中学3年生の生徒757名である。回収率は97.8％（740部）であった。ただし、回収した調査用紙には回答が不十分なものがあったため、これらを除いた495名の回答用紙を分析対象とした（有効回答率は65.4％）。男女比は、男性51.3％、女性48.7％である。学年は1年生70.9％、2年生23.0％、3年生6.1％となっている。

2　調査の実施

各学校長の承認を得て調査を実施した。実施時期は、2009（平成21）年12月である。調査用紙は、学級ごとに担任教師によって配布された。生徒は、調査用紙を家庭に持ち帰り、自宅で記入した上で封筒に密封し、担任教師に提出することとした[2]。なお、担任教師には、児童から提出された封筒を開封しないよう求めた。

3 調査内容[3]

(1) いじめを目撃した経験

小学校に入学してから今まで（調査時点）にかけて、"いじめを目撃したこと"があるかどうかを尋ねた。「ある」と回答した者については、いじめを目撃した学年を記入するよう求めた（複数回答）。2つ以上の学年に印をつけた者については、"もっとも印象に残っているいじめ"を目撃した学年も記入してもらった。なお、複数回いじめを目撃した者については、これまで目撃したなかで"もっとも印象に残っているいじめ"を想定し、以下の質問に回答するよう求めた。

(2) いじめの加害者・観衆の人数

「加害者は何人ぐらいいたのか」「"いじめ"を面白がり、はやしたてた者（＝観衆）は何人ぐらいいたのか」について尋ねた。

(3) いじめを目撃した当時のクラスの様子

いじめを目撃した時のクラスの様子については、森田ほか編（1999）を参照した。項目はいずれも、クラスに対する否定的なイメージを示す内容となっている。これらの項目について「とてもあてはまる」から「まったくあてはまらない」の4段階で回答を求めた。

(4) いじめを目撃した当時の生活の様子

いじめを目撃した当時の生活の様子については、福武書店教育研究所編（1980）や白松（1997）を参考にした。項目はいずれも逸脱的な意味合いの強い内容となっている。これらの項目について「とてもあてはまる」から「まったくあてはまらない」の4段階で回答を求めた。

(5) 被害者および加害者との親しさ

被害者との親しさについては、「よく遊ぶ友だち」「ときどき話す友だち」

「ほとんど話をしない子」のなかからいずれかを選択するよう求めた。加害者との親しさについても同様である。

(6) 被害者の印象
被害者の印象についてはSD法形式の項目を用意し、5段階で回答を求めた。

(7) いじめを目撃した際の行動
いじめを目撃した際の行動については友清（2005）を参考にし、それぞれの項目について「とてもあてはまる」から「まったくあてはまらない」の4段階で回答を求めた。

(8) いじめを傍観した理由
いじめを目撃した際に「なにもしなかった」「見て見ぬふりをした」と回答した者に、その理由を尋ねた。項目については山崎（1996）と大坪（1999）を参考にし、それぞれの項目について「とてもあてはまる」から「まったくあてはまらない」の4段階で回答を求めた。

第3節　結果（子どもたちはなぜいじめを黙って見ているのか？）

1　いじめを目撃した経験の有無

図表6-1は、いじめ目撃経験者の割合を示したものである。いじめを目撃した経験が「ある」と回答した者は、全体の51.5％と過半数を占めている。また、男女で統計的に有意な差が見られた（$\chi(1)=25.315, p<0.001$）。いじめ目撃経験者の割合は、男性よりも女性で高くなっている。

いじめを目撃した時期については「中学1年生のとき」をあげる者が最も多く、59.2％となっている（複数回答）。また、"もっとも印象に残っているいじめ"を目撃した時期についても「中学1年生のとき」をあげる者が最も多

図表 6-1　いじめ目撃経験者の割合　　　　　(%)

性別	いじめ目撃経験者の割合	合計	
男性	40.5	100.0 (252)	***
女性	63.2	100.0 (239)	
全体	51.5	100.0 (491)	

備考：カッコ内の数値は人数。† p<0.1, *p<0.05, **p<0.01, ***p<0.001。以下、同様。

く、35.4％となっている。

　さらに、目撃されたいじめについては、「週に2～3回以上」行われていたケースが66.8％であるとともに、1カ月以上続いたケースが59.4％、半年以上続いたケースが33.4％となっている。この結果から、目撃されたいじめの多くは一過性のものではなく、常態化したものであると言える。

2　いじめを目撃した際の行動

　図表 6-2 は、いじめを目撃した際の行動について尋ねた結果である。いじめを目撃した際の行動として最も多いのは、「様子を見ていた」（58.4％）である。それに次いで多いのが、「見て見ぬふりをした」（51.4％）、「なにもしなかった」（48.6％）である。

　一方、「加害者にやめるように言った」（23.9％）、「先生を呼んだ」（20.5％）、「周りの子にやめさせようと働きかけた」（24.5％）、「被害者と加害者の橋渡しをした」（11.9％）などの被害者をいじめから直接救おうとする行動については、いずれも3割に満たない。

　また、被害者に対する援助行動のなかで比較的パーセンテージが高いのは、「後で被害者の相談にのった」（32.9％）、「後で被害者と遊んだ」（30.3％）、「後で被害者に事情を聞いた」（30.3％）であり、いずれも3割を超えている。

　さらに、「はやしたてた」（16.7％）、「おもしろがって見ていた」（24.1％）といった観衆的態度をとる者が一定数いるとともに、「いじめに加わった」（21.6％）に見られるようにいじめの目撃者から加害者へと移行する者が2割程度いることが注目される。

図表6-2　いじめを目撃した際の行動　(%)

	あてはまる	合計
加害者にやめるように言った。	23.9	100.0 (243)
先生を呼んだ。	20.5	100.0 (244)
先生に言いつけると言った。	10.2	100.0 (244)
周りの子にやめさせようと働きかけた。	24.5	100.0 (245)
強い立場の子に、やめるように言ってもらった。	11.0	100.0 (245)
匿名(とくめい)で先生に知らせた。	13.1	100.0 (245)
後で被害者の相談にのった。	32.9	100.0 (243)
後で被害者と遊んだ。	30.3	100.0 (244)
被害者に事情を聞いた。	36.2	100.0 (246)
被害者と加害者の橋渡しをした。	11.9	100.0 (244)
被害者に非を改めさせた。	15.2	100.0 (243)
後で加害者に事情を聞いた。	30.3	100.0 (238)
なにもしなかった。	48.6	100.0 (245)
見て見ぬふりをした。	51.4	100.0 (245)
その場から離れた。	38.6	100.0 (246)
様子を見ていた。	58.4	100.0 (243)
はやしたてた。	16.7	100.0 (246)
おもしろがって見ていた。	24.1	100.0 (245)
いじめに加わった。	21.6	100.0 (245)
うわさ話をした。	33.7	100.0 (246)

備考：「とてもあてはまる」「ややあてはまる」と回答した者を合計したパーセンテージ。カッコ内の数値は人数。以下同様。

　これらの結果から、いじめを目撃した者の多くは、被害者を助けるための行動をとる以上に、いじめを傍観する傾向にあることがうかがえる。

3　いじめ傍観者の被害者への援助抑制理由

　いじめを目撃した際に、「なにもしなかった」「見て見ぬふりをした」と回答した者に対して、その理由を尋ねた。その結果が、図表6-3である。過半数を超えていたのは、「何もしなくてもそのうちおさまると思ったから」（62.3％）、「いじめられていた子をどのように助けていいかわからなかったから」（61.4％）、「助けると自分もいじめられるから」（54.8％）、「いじめられてい

図表6-3　いじめ傍観者の被害者への援助抑制理由　　　　　　　　（％）

	あてはまる	合計
いじめられていた子が気に入らなかったから。	52.1	100.0 (169)
いじめられていた子に悪いところがあったから。	52.7	100.0 (167)
いじめられていた子をどのように助けていいかわからなかったから。	61.4	100.0 (166)
おせっかいだと思われたくなかったから。	35.1	100.0 (168)
いじめられているのを見るのがおもしろかったから。	21.0	100.0 (167)
いじめっ子がこわかったから。	37.7	100.0 (167)
助けても自分はとくをしないから。	40.4	100.0 (166)
いじめられていた子が、いじめられるようなことをしていたから。	46.7	100.0 (167)
自分にいじめられていた子を助ける力がなかったから。	47.0	100.0 (168)
人に注意するのがはずかしかったから。	30.7	100.0 (166)
いじめられているのを見るのが楽しかったから。	24.0	100.0 (167)
自分のことだけでいそがしいから。	32.3	100.0 (167)
助ける勇気がなかったから。	50.3	100.0 (167)
何もしなくてもそのうちおさまると思ったから。	62.3	100.0 (167)
自分には関係ないから。	48.8	100.0 (168)
いじめられていた子が自分自身で何とかすべきだと思ったから。	39.3	100.0 (168)
そんなにひどくいじめられていたわけではなかったから。	43.5	100.0 (168)
助けるのがめんどうだったから。	37.7	100.0 (167)
自分が助けることをたのまれたわけではなかったから。	41.7	100.0 (168)
目立ちたくなかったから。	44.6	100.0 (166)
いじめられていた子がいじめられているのが気にならなかったから。	29.8	100.0 (168)
自分がいじめられていたわけではないから。	43.1	100.0 (167)
助けたら、いじめられていた子がもっとひどい目にあうと思ったから。	42.5	100.0 (167)
みんなにいい子ぶっていると思われたくなかったから。	51.8	100.0 (168)
いじめられていた子のことをかわいそうだと思わなかったから。	31.1	100.0 (167)
助けると自分もいじめられるから。	54.8	100.0 (166)
いじめられていた子に関わりたくなかったから。	51.8	100.0 (168)
いじめられていた子がそれほどいやがっているように思わなかったから。	29.8	100.0 (168)

た子に悪いところがあったから」（52.7%）、「いじめられていた子が気に入らなかったから」（52.1%）、「みんなにいい子ぶっていると思われたくなかったから」（51.8%）、「いじめられていた子に関わりたくなかったから」（51.8%）、「助ける勇気がなかったから」（50.3%）の8項目である。

　一方、選択率が3割に満たないのは、「いじめられているのを見るのがおもしろかったから」（21.0%）、「いじめられているのを見るのが楽しかったから」（24.0%）、「いじめられていた子がいじめられているのが気にならなかったから」（29.8%）、「いじめられていた子がそれほどいやがっているように思わなかったから」（29.8%）の4項目である。

　この結果から、いじめを傍観した理由としては、「被害者を多少なりとも助けてあげたいと思いつつも、自分が新たな標的となるのが怖いから」と考えている者が多い一方で、「被害者にも非があるから」と考えている者も比較的多いことがうかがえる。

　次に、いじめ傍観者の援助抑制理由の構造的把握を行うために、因子分析を行った[4]。その結果が、図表6-4である。第1因子で負荷が高かったのは、「助ける勇気がなかったから（0.735）」「自分にいじめられていた子を助ける力がなかったから（0.710）」「助けると自分もいじめられるから（0.626）」「いじめっ子がこわかったから（0.623）」「助けたら、いじめられていた子がもっとひどい目にあうと思ったから（0.606）」「人に注意するのがはずかしかったから（0.560）」「いじめられていた子をどのように助けていいかわからなかったから（0.493）」「おせっかいだと思われたくなかったから（0.432）」の8項目である（カッコ内の数値は因子負荷量。以下同様）。そこで、この因子を"被害者を多少なりとも助けてあげたいと思いつつも、周囲の目が気になり、新たないじめの標的となることを恐れている"という意味で「いじめへの恐怖」と命名した。

　第2因子で負荷が高かったのは、「いじめられていた子に悪いところがあったから（0.903）」「いじめられていた子が、いじめられるようなことをしていたから（0.728）」「いじめられていた子が気に入らなかったから（0.715）」の3項目である。そこで、この因子を"いじめの原因は被害者側にあると考え

図表6-4　いじめ傍観者の被害者への援助抑制理由の因子分析結果

	いじめ への恐怖	被害者 への帰属	関与の 否定	快楽的 動機	事態の 楽観視
助ける勇気がなかったから。	0.735	-0.202	0.090	-0.220	0.169
自分にいじめられていた子を助ける力がなかったから。	0.710	-0.074	-0.034	-0.122	0.312
助けると自分もいじめられるから。	0.626	0.043	0.359	-0.027	-0.164
いじめっ子がこわかったから。	0.623	-0.022	0.067	-0.031	-0.076
助けたら、いじめられていた子がもっとひどい目にあうと思ったから。	0.606	0.056	0.223	0.022	-0.191
人に注意するのがはずかしかったから。	0.560	-0.097	0.138	0.153	0.296
いじめられていた子をどのように助けていいかわからなかったから。	0.493	-0.255	-0.162	-0.236	0.168
おせっかいだと思われたくなかったから。	0.432	0.108	0.158	0.176	0.113
いじめられていた子に悪いところがあったから。	-0.040	0.903	0.094	0.074	0.088
いじめられていた子が、いじめられるようなことをしていたから。	-0.047	0.728	0.074	0.188	0.185
いじめられていた子が気に入らなかったから。	-0.101	0.715	0.112	0.323	0.095
自分がいじめられていたわけではないから。	0.069	0.122	0.670	0.297	0.082
自分が助けることをたのまれたわけではなかったから。	0.030	0.200	0.638	0.177	0.328
自分には関係ないから。	0.202	0.158	0.637	0.016	0.074
何もしなくてもそのうちおさまると思ったから。	0.224	-0.125	0.531	-0.014	0.197
いじめられているのを見るのが楽しかったから。	-0.038	0.228	0.183	0.809	0.085
いじめられているのを見るのがおもしろかったから。	-0.064	0.231	0.093	0.794	0.074
そんなにひどくいじめられていたわけではなかったから。	0.118	0.141	0.229	0.053	0.630
いじめられていた子がそれほどいやがっているように思わなかったから。	0.030	0.224	0.203	0.091	0.480
固有値	3.065	2.266	1.967	1.738	1.174
寄与率	16.1	11.9	10.4	9.1	6.2

備考：太線で囲っているのは、因子負荷量の絶対値が0.4以上のもの。以下同様。

ている"という意味で「被害者への帰属」と命名した。

　第3因子で負荷が高かったのは、「自分がいじめられていたわけではないから (0.670)」「自分が助けることをたのまれたわけではなかったから (0.638)」「自分には関係ないから (0.637)」「何もしなくてもそのうちおさまると思ったから (0.531)」の4項目である。そこで、この因子を"身近で起こったいじめを自分と切り離して考え、いじめへの関わりを拒否している"という意味で「関与の否定」と命名した。

　第4因子で負荷が高かったのは、「いじめられているのを見るのが楽しかったから (0.809)」「いじめられているのを見るのがおもしろかったから (0.794)」の2項目である。そこで、この因子を"いじめを見るのを楽しがったり面白がったりしている"という意味で「快楽的動機」と命名した。

　第5因子で負荷が高かったのは、「そんなにひどくいじめられていたわけではなかったから (0.630)」「いじめられていた子がそれほどいやがっているように思わなかったから (0.480)」の2項目である。そこで、この因子を"目撃したいじめをそれほど深刻視していない"という意味で「事態の楽観視」と命名した。

4　いじめ傍観者の被害者への援助抑制理由の規定要因に関する分析

　ここでは、逸脱傾向にあることがいじめを傍観する理由に及ぼす影響について検討を行う。"いじめを目撃した当時、子どもたちが逸脱傾向にあったかどうか"という点については、子どもたちの学校生活の様子に関する項目から判断する。項目は全部で7項目であり、いずれも逸脱的意味合いの強い内容となっている。

　図表6-5は、いじめを目撃した当時の生活に関する項目について主成分分析を行った結果である。第1主成分は、"教師への反感から授業中に話をするという問題行動を起こしている"という意味で「反教師傾向」と命名した。第2主成分は、"授業をさぼったり、カンニングや校則違反の制服を着たりするなどの逸脱行動をしている"という意味で「非行傾向」と命名した。

　それでは、教師への反感を募らせることや非行傾向にあることは、いじめ

を傍観する理由にどのような影響を及ぼしているのであろうか。この点については、被害者への援助抑制理由に関する項目について因子分析を行った結果得られた因子得点を従属変数とした重回帰分析を行い、検討することとしたい。分析に使用する変数は、図表6-6の通りである。

図表6-5 いじめを目撃した当時の生活の様子の主成分分析結果

	反教師傾向	非行傾向
先生に反発を感じる。	0.881	0.024
授業中おしゃべりをする。	0.796	0.133
先生に反抗する。	0.756	0.334
よく授業をさぼる。	0.206	0.686
学校で不正行為(カンニングなど)をする。	-0.017	0.671
制服を改造している。	0.087	0.610
よく遅刻をする。	0.256	0.568
固有値	2.098	1.745
寄与率	30.0	24.9

備考:「まったくあてはまらない」〜「とてもあてはまる」に1〜4の得点を配分。

図表6-6 分析に使用する変数

従属変数	
いじめ傍観者の被害者への援助抑制理由に関する項目について因子分析を行った結果得られた4つの因子(「いじめへの恐怖」「被害者への帰属」「関与の否定」「快楽的動機」)の因子得点[5]。	
独立変数	
① 性別	: 男性なら1、女性なら0のダミー変数。
② 反教師傾向、非行傾向	: いじめを目撃した当時の生活の様子に関する7項目について主成分分析を行った結果得られた2つの主成分得点。
③ 否定的なクラスイメージ	: いじめを目撃した当時のクラスの様子に関する5項目について主成分分析を行った結果得られた主成分得点[6]。
④ 加害者・観衆の人数	: 加害者と観衆の合計人数[7]。
⑤ 被害者との親しさ	: 「ほとんど話をしない子」には1、「ときどき話をす友だち」には2、「よく遊ぶ友だち」には3の得点を配分。
⑥ 加害者との親しさ	: 上記と同様。
⑦ 被害者の印象	: 被害者の印象に関する8項目について主成分分析を行った結果得られた2つの主成分得点[8]。

図表6-7は、「いじめへの恐怖」を従属変数とした重回帰分析の結果である[9]。「否定的なクラスイメージ」（p<0.001）が有意な正の影響を及ぼしている。この結果より、所属しているクラスに否定的なイメージを抱いている場合に、「いじめへの恐怖」から傍観的態度をとる傾向にあることがわかる。

　その一方で、「加害者との親しさ」（p=0.041）が有意な負の影響を及ぼしていることから、加害者と親しい場合には「いじめへの恐怖」は被害者への援助抑制理由にはなりにくい傾向にあると言える。

　また、有意傾向ではあるものの、「性別」（p=0.077）と「非行傾向」（p=0.073）が負の影響を及ぼしている。この結果より、女性は男性に比べ「いじめへの恐怖」から傍観的態度をとる傾向にあること、非行傾向にある場合には「いじめへの恐怖」は被害者への援助抑制理由にはなりにくい傾向にあることがうかがえる。

　図表6-8は、「被害者への帰属」を従属変数とした重回帰分析の結果である。「反教師傾向」（p=0.013）、「加害者・観衆の人数」（p=0.004）、「加害者との親しさ」（p=0.049）、「挑発性（被害者の印象）」（p<0.001）が、それぞれ有意な正の影響を及ぼしている。この結果より、教師に対して反感を抱いている場合や、加害者・観衆の人数が多い場合、加害者と親しい場合、被害者を挑発的であると感じている場合に、「被害者への帰属」から傍観的態度をとる傾向にあることがうかがえる。

　図表6-9は、「関与の否定」を従属変数とした重回帰分析の結果である。「性別」が有意な正の影響を及ぼしている。この結果より、男性は女性に比べ「関与の否定」から傍観的態度をとる傾向にあることがわかる。

　その一方で、「被害者との親しさ」が有意な負の影響を及ぼしている。この結果より、被害者と親しい場合には「関与の否定」は被害者への援助抑制理由にはなりにくい傾向にあると言える。

　また、有意傾向ではあるものの、「否定的なクラスイメージ」（p=0.082）が正の影響を及ぼしている。この結果より、所属しているクラスに否定的なイメージを抱いている場合に、「関与の否定」から傍観的態度をとる傾向にあることがわかる。

図表6-7 「いじめへの恐怖」を従属変数とした重回帰分析結果

	B	標準誤差	β	p値	
(定数)	0.454	0.330		0.172	
性別	-0.295	0.165	-0.163	0.077	†
反教師傾向	-0.075	0.085	-0.083	0.377	
非行傾向	-0.164	0.090	-0.182	0.073	†
否定的なクラスイメージ	0.332	0.086	0.369	$p<0.001$	***
加害者・観衆の人数	-0.003	0.004	-0.061	0.533	
被害者との親しさ	0.094	0.127	0.074	0.458	
加害者との親しさ	-0.227	0.110	-0.194	0.041	*
挑発性(被害者の印象)	-0.052	0.088	-0.055	0.552	
調整済みR^2			0.172		
F値			3.733	$p<0.001$	***

図表6-8 「被害者への帰属」を従属変数とした重回帰分析結果

	B	標準誤差	β	p値	
(定数)	-0.608	0.250		0.017	*
性別	-0.229	0.154	-0.126	0.139	
反教師傾向	0.199	0.079	0.219	0.013	*
非行傾向	-0.014	0.083	-0.015	0.869	
否定的なクラスイメージ	-0.048	0.079	-0.053	0.548	
加害者・観衆の人数	0.010	0.003	0.256	0.004	**
加害者との親しさ	0.203	0.102	0.171	0.049	*
脆弱性(被害者の印象)	-0.040	0.073	-0.046	0.590	
挑発性(被害者の印象)	0.324	0.081	0.336	$p<0.001$	***
調整済みR^2			0.273		
F値			6.074	$p<0.001$	***

図表6-9 「関与の否定」を従属変数とした重回帰分析結果

	B	標準誤差	β	p値	
(定数)	0.032	0.334		0.924	
性別	0.501	0.167	0.283	0.003	**
反教師傾向	0.061	0.086	0.068	0.481	
非行傾向	0.022	0.091	0.025	0.809	
否定的なクラスイメージ	0.152	0.087	0.173	0.082	†
加害者・観衆の人数	-0.005	0.004	-0.119	0.241	
被害者との親しさ	-0.269	0.128	-0.215	0.039	*
加害者との親しさ	0.152	0.111	0.132	0.176	
挑発性(被害者の印象)	0.087	0.089	0.092	0.331	
調整済みR^2			0.116		
F値			2.728	0.009	**

図表6-10 「快楽的動機」を従属変数とした重回帰分析結果

	B	標準誤差	β	p値	
(定数)	-0.630	0.320		0.052	†
性別	0.186	0.160	0.100	0.248	
反教師傾向	0.346	0.082	0.369	p<0.001	***
非行傾向	0.225	0.088	0.243	0.012	*
否定的なクラスイメージ	-0.057	0.083	-0.062	0.493	
加害者・観衆の人数	0.003	0.004	0.073	0.430	
被害者との親しさ	-0.072	0.123	-0.055	0.561	
加害者との親しさ	0.300	0.107	0.248	0.006	**
挑発性(被害者の印象)	0.001	0.085	0.001	0.992	
調整済みR²			0.268		
F値		5.799		p<0.001	***

　図表6-10は、「快楽的動機」を従属変数とした重回帰分析の結果である。「反教師傾向」(p<0.001)、「非行傾向」(p=0.012)、「加害者との親しさ」(p=0.006)が、それぞれ有意な正の影響を及ぼしている。この結果より、教師に反感を抱いている場合や、非行傾向にある場合、加害者と親しい場合に、「快楽的動機」から傍観的態度をとる傾向にあることがうかがえる。

第4節　まとめと考察

　本章の目的は、中学生を対象とした質問紙調査をもとに、逸脱傾向にある子どもたちがいじめを傍観する理由について検討することにあった。本章で明らかとなったことは、以下のように要約されよう。
　第1に、いじめを目撃した際の行動についてである。この点について分析を行った結果、いじめを目撃した者の多くは、被害者を助けるための行動をとる以上に、傍観的態度をとる傾向にあることが明らかとなった（図表6-2）。「いじめ集団の四層構造論」では傍観者がいじめ抑止のキーパーソンであると考えられているが、実際のいじめ場面において傍観者がそのような存在となるケースは少ないと言える。

第2に、傍観者の被害者への援助抑制理由についてである。子どもたちが被害者を助けようとしない理由について検討した結果、いじめに対して傍観的態度をとった者のなかには、「被害者を多少なりとも助けてあげたいと思いつつも、自分が新たな標的となるのが怖いから」と考えている者が多い一方で、「被害者にも非があるから」と考えている者も多いことが明らかとなった（図表6-3）。

　また、傍観者の援助抑制理由の構造的把握を行うために因子分析を行った結果、「いじめへの恐怖」（被害者を多少なりとも助けてあげたいと思いつつも、周囲の目が気になり、新たないじめの標的となることを恐れている）、「被害者への帰属」（いじめの原因は被害者側にあると考えている）、「関与の否定」（身近で起こったいじめを自分と切り離して考え、いじめへの関わりを拒否している）、「快楽的動機」（いじめを見るのを楽しがったり面白がったりしている）、「事態の楽観視」（目撃したいじめをそれほど深刻視していない）という5つの因子が抽出された（図表6-4）。先述したように、「いじめ集団の四層構造論」では傍観者がいじめ抑止のキーパーソンであると考えられている。その理由の1つとして、傍観者の人数の多さがあげられよう。傍観者が互いに力を合わせて結束することにより、数的優位性のもとで加害者に対峙することが想定されていたと推察される。ただし、本章の結果は、傍観者が決して一枚岩ではなく、いじめを傍観する理由も多様であるため、傍観者同士の結束が決して容易ではないことを示唆している

　第3に、傍観者の被害者への援助抑制理由の規定要因についてである。被害者への援助抑制理由に関する項目について因子分析を行った結果得られた因子得点を従属変数に、いじめを目撃した当時の生活の様子やいじめの状況（いじめを目撃した当時のクラスの様子、加害者・観衆の人数、いじめの当事者との親しさ、被害者の印象）を独立変数とした重回帰分析を行った（図表6-7から図表6-10）。

　なお、いじめを目撃した当時の生活の様子については、逸脱的意味合いの強い内容からなる7項目を用意し、これらの項目について主成分分析を行った。その結果、「反教師傾向」（教師への反感から授業中に話をするという問題行動を起こしている）、「非行傾向」（授業をさぼったり、カンニングや校則違反の制服を着た

りするなどの逸脱行動をしている）という2つの成分が抽出された（図表6-5）。重回帰分析を行うにあたっては、これら2つの主成分得点を独立変数に投入した。

「いじめへの恐怖」には、所属しているクラスに否定的なイメージを抱いていることが有意な正の影響を及ぼしていた。この結果は、「被害者を多少なりとも助けてあげたい」という思いを抱いていたとしても、クラスの人間関係が好ましくない場合に、自分が被害者に陥ることへの不安感情から周囲の視線が気になり、被害者を助けようとする気持ちが損なわれることを示唆している。

その一方で、「いじめへの恐怖」には、加害者と親しいことが有意な負の影響を及ぼしていた。この結果は、加害者と親しい関係にある場合に、自分がいじめられる不安は少ないものの、加害者側に感情移入し、被害者を助けようとする気持ちすら生じにくくなることを示していると考えられる。

また、有意傾向ではあるものの、女性は男性に比べ「いじめへの恐怖」から傍観的態度をとる傾向にあること、非行傾向にある場合に「いじめへの恐怖」は被害者への援助抑制理由にはなりにくいことが明らかとなった。女性は男性に比べ「いじめへの恐怖」から傍観的態度をとる、という点については、男女における立場の違いが関係しているかもしれない。先行研究により、男性については異性からいじめを受けるケースは非常に少ない一方で、女性については異性からいじめを受けるケースが少なからず存在することが明らかとなっている（森田ほか編 1999など）。この結果に鑑みれば、仮に女性が男性間のいじめを目撃したとしても、そのいじめを仲裁したり止めに入ったりすることには、男性が女性間のいじめを仲裁したり止めに入ったりすること以上に、大きなリスクが伴うと言える。いじめの矛先が自分に向かう可能性があるからである。そのため、女性は男性以上に「いじめへの恐怖」から傍観的態度をとる傾向にあると推察される。非行傾向にある場合に「いじめへの恐怖」が被害者への援助抑制理由にはなりにくい、という点については、非行傾向にある子どもたちの学級集団内でのポジションが関係していると考えられる。"非行傾向にある子どもたちが学級に受け入れられるかどうか"、という点については学級の状態に左右される[10]一方で、彼らの学級における立場は、比較的安定しているため、彼らは周囲の目を必要以上に気にかける必要がないと思われる。例えば、

久保田（2018）は、中学生を対象とした調査をもとに、「ヤンキー系のグループ」(11)の影響力が、男性のグループと女性のグループの双方で強いと評価されていることを明らかにしている。この結果に鑑みれば、非行傾向にある子どもたちの学級集団内でのポジションはほかの者と比べて高いため、彼らは"いじめ加害者からどのように見られているのか"ということをそれほど恐れたり気にしたりする必要もなく、「いじめへの恐怖」がいじめを傍観する理由になりにくいものと推察される。

　「被害者への帰属」には、教師に反感を抱いていることや加害者・観衆の人数が多いこと、加害者との関係、被害者を挑発的であると感じていることが有意な正の影響を及ぼしていた。教師への反感については、教師への反感から生じた攻撃衝動が権力関係にある教師には直接向かわず、周辺的な立場にある被害者に向けられることにより、教師への反感が被害者に対する反感へとすり替わり、いじめの原因を被害者に帰属させる傾向が強まることを示唆していると考えられる。加害者・観衆の人数については、いじめに積極的に関わる者の人数が多い場合に、「これだけ多くの人間にいじめられるからには、被害者側にも何らかの問題があるはずだ」という心理が生じやすく、いじめの原因を被害者側に求める傾向が強まることを物語っていると推察される。加害者との関係については、加害者と親しい関係にある場合、加害者側の論理に取り込まれやすくなり、いじめの原因を被害者側に求める傾向が強まるものと考えられる。被害者の挑発性については、被害者が挑発的であると感じられる場合に、被害者に対する同情の念が起きにくく、いじめの原因を被害者に求める傾向が強まることを示していると思われる。

　「関与の否定」には、「性別」が有意な正の影響を及ぼしていた。この結果は、男性は女性と比べ「自分には関係がない」という理由からいじめを傍観する傾向にあることを示唆している。この点については、男女におけるジェンダー規範の違いを考慮する必要があるかもしれない。今後は、ジェンダーといじめとの関係について、より詳細に検討する必要があろう(12)。

　その一方で、「関与の否定」には、被害者との関係が有意な負の影響を及ぼしていた。この結果は、被害者と親しい関係にある場合、被害者のことが

多少なりとも気になり、「関係ない」という立場をとることが難しくなることを示していると推察される。

　また、有意傾向ではあるものの、「否定的なクラスイメージ」が「関与の否定」に正の影響を及ぼしていた。この結果は、所属しているクラスに対して否定的なイメージを抱いている場合に、「自分には関係がない」という理由からいじめを傍観する傾向にあることを示唆している。この点については、自分の所属しているクラスへの愛着が乏しい場合、クラスメイトへの愛着も乏しくなり、「クラスメイトがいじめられていたところで自分には関係ない」という気持ちが生じやすくなることを物語っていると考えられる。

　「快楽的動機」には、教師に反感を抱いていることや非行傾向にあること、さらには加害者との関係が、有意な正の影響を及ぼしていた。教師に反感を抱いていることや非行傾向にあることについては、逸脱傾向にある場合に「いじめは許されない」という規範意識が低下し、その場の「ノリ」でいじめを楽しんだり面白がったりする傾向が強まることを示していると考えられる。また、加害者との関係については、加害者と親しい関係にある場合、加害者側に共感する一方で被害者側への思いやり感情が希薄化し、いじめを楽しんだり面白がったりする傾向が強まることを物語っていると思われる。

　注目すべきは、所属しているクラスに否定的なイメージを抱いていることが、被害者への援助抑制理由に無視できない影響を及ぼしていることである。この結果は、学級集団のあり様がいじめの発生のみならず、発生したいじめへの抑止力とも密接に関連していることを示唆している。

　また、教師に反感を抱いていることや非行傾向にあることが、「被害者への帰属」や「快楽的動機」に影響を及ぼしていたことも注目に値しよう。これら2つのいじめ傍観理由は、被害者への援助抑制理由のなかでも特に問題視すべき理由であると言える。子どもたちが教師に反感を抱く、あるいは非行傾向になる背景を考えるにあたっては、阪根（2009）が参考になろう。阪根（2009）は、中高生を対象とした質問紙調査をもとに、①中学生の4人に1人、高校生の2人に1人が「教師から疎外されている」といった心理的な距離を感じていること、②教師との距離感と非行経験との間に明らかな相関が

見られること、などを明らかにしている。この結果に鑑みれば、子どもたちが教師に反感を募らせたり、非行傾向になったりする背景には、教師からの疎外感がある可能性がある。

　その一方で、いわゆる非行少年が必ずしも教師に敵意を抱いているわけではなく、むしろ好意的な感情を抱いていることを示す研究結果がある。例えば、知念（2018）は、ある高校に在籍する「ヤンチャな子ら」を対象としたエスノグラフィックな調査をもとに、「ヤンチャな子ら」と教師との関係は一見すると対立的に見えるものの、「ヤンチャな子ら」は教師に対して極めて好意的な思いを抱いていることを明らかにしている。また、志田（2020）は、ある中学校に在籍する逸脱的な生徒を対象としたエスノグラフィックな調査をもとに、彼らが教師に関わってもらいたいという気持ちを持っており、教師との関わりを引き出すために、意図的に逸脱的な態度をとっていることを明らかにしている。

　知念（2018）や志田（2020）の研究結果は、"ともすれば教師からの疎外感を抱きがちな非行少年に対して、教師はどのように関わっていく必要があるのか"、ということを考える上で極めて示唆的であると言える。教師には、非行傾向にある子どもたちに安易に「問題児」というラベリングをするのではなく、彼らが問題行動を起こす背景にも目を向け、彼らと関わり続けるとともに、彼らを支援していくことが求められるのではないだろうか[13]。そのことは、非行傾向にある子どもたちに「立ち直り」の機会を提供することになるとともに、いじめに対して否定的反作用を有する学級集団づくりにもつながっていくと期待されるからである。

　また、学校全体の取り組みとして有効な方法としては、「ピース・メソッド」（滝1999）があげられる。「ピース・メソッド」とは、子どものストレス状況の改善をねらいとした、予防教育的視点にもとづくいじめ防止プログラムのことである。ある中学校でこのプログラムを実施した結果、対教師関係やストレス状況の改善、いじめの軽減などに効果的であったことが確認されている。この結果に鑑みれば、「ピース・メソッド」の実施により、子どもの教師への反感や問題行動の減少、ひいては、快楽的動機からいじめを傍観し

たり、いじめられるほうにも非があると考えたりする子どもの減少が期待される。あわせて、いじめを目撃した際に被害者を助けようとする子どもの増加も期待されよう。

注
(1) いじめの国際比較研究（森田監修 2001）によると、イギリス、オランダ、ノルウェーといった国々では、いじめが行われる場所として「校庭」の割合が高い。その一方で、日本では「教室」の割合が圧倒的に高い。
(2) このような手続きをとったのは、できる限り信頼性の高いデータを得るためである。
(3) 調査用紙の表紙には、"いじめとは具体的にどういったことなのか"を示す文章を載せている。この文章は、森田監修（2001）がいじめの国際比較調査を行う際に作成したものであり、いじめ研究で国際的に知られているオルヴェウス（Olweus, D.）の操作的定義をもとにしている。具体的には、以下のような文章である（森田ほか編 1999, 13-14 頁）。

> 　これから、「いじめられる」ことや「いじめる」ことなどについての質問をします。
> 　このアンケート調査で「いじめる」とは、ほかの人（児童または生徒）に対して、
> 　　※　いやな悪口を言ったり、からかったりする
> 　　※　無視をしたり仲間はずれにする
> 　　※　たたいたり、けったり、おどしたりする
> 　　※　その人がみんなからきらわれるようなうわさをしたり、紙などにひどいことを書いてわたしたり、その人の持ち物にひどいことを書いたりする
> 　　※　その他これらに似たことをする
> などのことです。
> 　いじの悪いやりかたで、何度も繰り返しからかうのも、いじめです。
> 　しかし、からかわれた人もいっしょに心のそこから楽しむようなからかいは、いじめではありません。また、同じぐらいの力の子どもどうしが、口げんかをしたり、とっくみあいのけんかをしたりするのは、いじめではありません。

(4) 方法としては、因子数を3～6とし、主因子法により因子を抽出し、因子の解釈のしやすさから5因子解を採用した。また、因子負荷量の絶対値が複数の因子において0.4以上であった項目を削除した後に、再び主因子法、バリマックス回転による因子分析を行った。
(5) 第5因子の「事態の楽観視」については、調整済みR^2の値が低かったため、分析結果を省略した。
(6) いじめを目撃した当時のクラスの様子に関する5項目について主成分分析を行ったところ、1つの成分にまとまることが確認された（図表6-11）。そこで、この成分を「否定的クラスイメージ」と命名し、主成分得点を変数として用いることとした。

図表6-11　いじめを目撃した当時のクラスの様子の主成分分析結果

	否定的なクラスイメージ
多少悪いことでも、おもしろければやってしまう人が多かった。	0.767
先生にほめられるようなことをすると、いい子ぶっていると悪口を言う人が多かった。	0.693
先生にかくれて悪いことをするのは、かんたんだと思っている人が多かった。	0.678
なかのよい友だち以外の人が困っていても、気にしない人が多かった。	0.668
クラスのみんなと調子をあわせないときらわれると思っている人が多かった。	0.659
固有値	2.408
寄与率	48.2

備考：「まったくあてはまらない」～「とてもあてはまる」に1～4の得点を配分。

(7) 加害者の人数と観衆の人数との相関係数の値は、0.763（$p<0.001$）と高かった。そこで、両者の合計人数を独立変数として用いることとした。
(8) 被害者の印象に関する8項目について主成分分析を行ったところ、2つの成分が抽出された（図表6-12）。第1主成分は、"周辺的な立場や弱々しい様子を示している"という意味で「脆弱性」と命名した。第2主成分は、"周囲の反感を買いやすい様子を示している"という意味で「挑発性」と命名した。

図表6-12　被害者の印象の主成分分析結果

	脆弱性	挑発性
活発だった(1点) ― おとなしかった(5点)	0.855	-0.078
目立っていた(1点) ― 目立たなかった(5点)	0.814	-0.063
気が強かった(1点) ― 気が弱かった(5点)	0.796	0.020
明るかった(1点) ― 暗かった(5点)	0.745	0.183
強がりだった(1点) ― 弱虫だった(5点)	0.735	0.010
親切だった(1点) ― いじわるだった(5点)	0.175	0.815
気が長かった(1点) ― 短気だった(5点)	-0.008	0.797
すなおだった(1点) ― わがままだった(5点)	-0.115	0.785
固有値	3.173	1.953
寄与率	39.7	24.4

(9)　「被害者との親しさ」と「脆弱性」（被害者の印象）との相関係数の値は、-0.396（p<0.001）と比較的高かった。そこで、これら２つの変数を独立変数として同時に投入するのではなく、いずれか一方の変数を投入した分析を行い、調整済み R^2 の値が高いモデルを分析結果として採用した。ほかの重回帰分析についても同様である。また、それぞれの重回帰分析について、各独立変数の VIF の値を算出したところ、その値の範囲は 1.055 から 1.282 の間であった。いずれの独立変数についても VIF の値が２に満たないことから、多重共線性の可能性は低いと言える。

(10)　大久保・加藤（2006）は、中学生を対象とした質問紙調査をもとに、問題行動（「タバコを吸う」「深夜に遊び回る」など）を起こす生徒の学級内での位置づけについて検討している。その結果、問題行動を起こす生徒を受容する学級ほど、学級が荒れているとともに、問題行動を起こす生徒の活動に対して支持的な雰囲気があること、などを明らかにしている。

(11)　この研究では、中学生に質問紙調査への回答を求めるにあたり、クラスに存在するグループとして「優等生のグループ」「ガリ勉のグループ」「ヤンキー系のグループ」「ギャル系のグループ」「運動部系のグループ」「文化部系のグループ」「オタク系のグループ」「中間層のグループ」の８つをあげている。各グループの特徴は、以下の通りである（図表6-13）。

　なお、これらのグループ名とそれぞれのグループの特徴は、高等教育機関（大学、専門学校）に在籍する学生を対象に、中学生時・高校生時に存在していたグループと各グループの特徴を自由記述形式で尋ねた結果にもとづいている。

図表6-13　各グループの特徴(久保田 2018, 45頁)

グループ名	特徴
優等生のグループ	真面目で勉強もでき、学校における責任ある立場を引き受けるなど、先生の印象も良いグループ。
ガリ勉のグループ	休み時間も勉強するなど、他の何よりも勉強や成績のことを最優先する子どもたちのグループ。
ヤンキー系のグループ	学校や先生に対して反抗的で、校則違反などの問題行動も多い子どもたちのグループ。
ギャル系のグループ	いわゆる「ギャル」を意識した服装や髪形をしており「ギャル語」を多用する子どもたちのグループ。
運動部系のグループ	体育会系の部活動(野球部、サッカー部、バスケ部、バレー部など)に所属しており、体育祭などの学校行事などに積極的な子どもたちのグループ。
文化部系のグループ	文化部系の部活動(茶道部、華道部、放送部など)に所属しており、どちらかといえばおとなしめの子どもたちのグループ。
オタク系のグループ	共通の趣味(マンガ、アニメ、ゲームなど)をもった子どもたちで構成されるグループ。
中間層のグループ	クラス内で中立的な立場にあり、他の子たちから「普通」と考えられている子どもたちのグループ。

(12) ジェンダーといじめとの関連を検討した数少ない研究としては、Simmons, R.(訳書 2003)や山口(2010)がある。

(13) 教師の非行傾向にある子どもとの関わり方を考えるにあたっては、太田(2007)が参考になろう。太田は、逸脱傾向にあった女子中学生と教師(担任教諭、養護教諭、生徒指導担当教諭)を対象としたインタビュー調査をもとに、当該女子中学生が「立ち直る」過程に着目した分析を行っている。その結果、当該女子中学生と関わる教師たちが、①彼女を単なる「逸脱者」としてラベル付けをするのではなく、「立ち直りたいという気持ちを持った逸脱者」としてラベル付けしていたこと、②彼女の問題行動の背景には「自分はここにいるんだ」という思いがあることを理解した上で彼女と関わっていたこと、などを明らかにしている。

··· 第7章 ···

「スクールカースト」はなぜ生じるのか?
―― 男子仲間集団と女子仲間集団の違いに着目して ――

第1節　問題の所在

　本章の目的は、中学生を対象とした質問紙調査をもとに、「スクールカースト」の構造と「スクールカースト」の発生メカニズムを男女の違いに着目して検討することにある。

　国内における近年のいじめ研究では、クラス内におけるグループ間の勢力関係に着目した研究が行われるようになっている。その嚆矢としては、森口(2007)があげられる。森口は、いじめについて考えるにあたり、「スクールカースト」に着目することの重要性を指摘する。「スクールカースト」とは、「クラス内のステイタスを表す言葉として、近年若者たちの間で定着しつつある言葉」(森口 2007, 41-43頁) のことである。森口によれば、クラス分けの後にクラス内で高いポジションを得た者は、1年間いじめ被害にあうリスクを免れる。その一方で、低いポジションしか獲得できなかった者は、いじめ被害にあうリスクが急激に高まり、ハイリスクな1年間を過ごすこととなる。森口は、このような「スクールカースト」を分かつ要因を、「コミュニケーション能力」(「自己主張力」「共感力」「同調力」の総合力) としている。

　他方、鈴木(2012) は、主には大学1年生(10名) を対象としたインタビュー調査をもとに、「スクールカースト」について検討している。その結果、①小学校時には個人間の差として認識されていた「スクールカースト」が、中学校時・高校時になるとグループ間の地位の差として認識されるようになること、②上位のグループの生徒は、学校生活を有利に過ごすことができること、などを明らかにしている。

　また、鈴木(2015) は、中高生を対象としたインターネット調査をもとに、

"中高生の間でいじめが抑止されないのはなぜか"という問いについて検討している。その結果、いじめを拒絶している子どもたちが集団内規範に対する影響力を有していない一方で、集団内規範に影響力を有している子どもたちが必ずしもいじめを拒絶しているわけではないことによって、いじめが抑止されにくいことを明らかにしている。

　さらに、現役の中学校教諭である堀 (2015) は、森口 (2007) の考え方を踏まえつつ、「スクールカースト」を左右する「コミュニケーション能力」を構成する3つの力には優先順位がある、と主張している。最も優先順位が高いとされているのは、「同調力」であり、「他人のノリを理解して、一緒に盛り上がることのできる能力が、生徒たちにとっては人間関係力の前提として捉えられている」(30頁) と述べている。次に優先順位が高いとされているのは、「自己主張力」である。ただし、独りよがりな主張を展開しても周囲には聞き入れてもらえないので、「同調力」を伴った「自己主張力」である必要がある、としている。最も優先順位が低いとされているのが、「共感力」である。堀は、「共感力」を戦後の民主主義教育を受けてきた教師が生徒を評価する基準として最も重視してきた力である、としている。しかし、臨時教育審議会の答申以降、「自己主張力」が重要視されるようになったことに伴い、子どもたちの間でも「自己主張力」が重視されるようなり、「共感力」の優先順位が低下することになった、と考察している。

　「スクールカースト」に着目した研究には、上記のほかに、作田 (2016)、水野・太田 (2017)、水野・加藤・太田 (2017)、石田 (2017)、貴島・中村・笹山 (2017)、水野・唐 (2019)、水野・日高 (2019) などがある。例えば、水野・太田 (2017) は、中学生を対象とした質問紙調査をもとに、「スクールカースト」と学校適応との関連について検討している。その結果、①グループ内の自分の地位ではなく、自分の所属するグループ自体の地位が高いことが、「集団支配志向性」(支配的な集団間の格差関係をより直接的に是認する態度) を通して、学校での居心地の良さや自身の課題・目標が明確に存在する (「やるべき目標がある」など)、といった学校への適応感を高めること、②グループ間やグループ内での地位が直接的に学校適応感に影響を及ぼしていること、などを明らかにし

ている。

　また、石田（2017）は、大学生を対象とした質問紙調査（自由記述を含む）をもとに、グループ間の序列を左右する要因を男女別に検討している。その結果、①同性による同性のグループへの序列化の認識は、男女ともに中学校で最も高いこと、②グループ間の序列化を左右する要因は男女で異なるとともに、男子におけるグループ間の序列化を左右する要因は学校段階によって変化すること、などを明らかにしている。

　一方、学校（学級）におけるグループ間の勢力関係については、青少年を主たる読者層とした小説においても詳細に描写されている（白岩 2004, 木堂 2007, 朝井 2012 など）。例えば、朝井（2012）の『桐島、部活やめるってよ』では、田舎の県立高校を舞台に、男子バレー部のキャプテンである桐島が突然部活動を辞めたことによってもたらされた学校生活上の変化が、同級生である5人の視点から描かれている。そのうちのひとりである前田涼也は、映画部に所属している生徒であるが、高校における人間関係について次のように述べている。

　　高校って、生徒がランク付けされる。なぜか、それは全員の意見が一致する。英語とか国語ではわけわかんない答えを連発するヤツでも、ランク付けだけは間違わない。大きく分けると目立つ人と目立たない人。運動部と文化部。
　　上か下か。
　　目立つ人は目立つ人と仲良くなり、目立たない人は目立たない人と仲良くなる。目立つ人は同じ制服でもかっこよく着られるし、髪の毛だって凝っていいし、染めていいし、大きな声で話していいし笑っていいし行事でも騒いでいい。目立たない人は、全部だめだ。
　　この判断だけは誰も間違わない。どれだけテストで間違いを連発するような馬鹿でも、この選択は誤らない（89-90頁）。

　『桐島、部活やめるってよ』は映画化もされ、数々の映画に関する賞を受賞した。このように、学校（学級）におけるグループ間の勢力関係をテーマと

した小説や映画が話題となることは、それらが青少年にとって何らかのリアリティを感じさせるものであることと決して無関係ではないであろう。つまりは、青少年がグループ間の勢力関係を意識して学校生活を送っている可能性があるとともに、グループ間の勢力関係の違いからいじめが発生している可能性もある、ということである。それゆえ、グループ間の勢力関係に着目した研究を行うことには、一定の意義があると言えよう。

しかし、先行研究には、次のような課題・問題点がある。第1に、森口(2007)に関して言えば、「スクールカースト」を左右する要因を「コミュニケーション能力」と断言することができるのか、という点で疑問が残る。そもそも「コミュニケーション能力」とは、極めて曖昧な言葉であり、子ども間の差異をもたらすと考えられるあらゆる能力を「コミュニケーション能力」と名づけることも可能である。

第2に、男女の違いが検討されていない、ということである。「スクールカースト」の構造は男女で異なる可能性があるが、先行研究では男女があたかも1枚岩であるかのようにとらえられている[1]。

第3に、クラス内のグループ間に力関係の違いがあることが自明視とされている、ということである。学級によってはグループ間の力関係が明確な形で存在しておらず、各グループが併存している可能性もあろう。また、子どもたちのなかには、グループ間の力関係の違いをさほど意識することなく学校生活を送っている者もいると思われる。しかし、先行研究では、この点についての検討が不十分である[2]。

第4に、「スクールカースト」の存在がいじめにつながることが前提とされており、双方の関連が十分に検討されていない、ということである[3]。

以上を踏まえた本章の検討課題は、次の3つである。第1に、「スクールカースト」の構造である。第2に、「スクールカースト」を生み出す要因である。「スクールカースト」を生み出す要因としては、教師の指導態度と学級集団特性に着目する。第3に、「スクールカースト」といじめとの関連である。これら3つの課題について、男女の違いを踏まえた分析を行う。

「スクールカースト」は、どの学級にも存在する普遍的なものであり、子

どもたちはそれから逃れることはできず、教師もまたそれを受け入れざるを得ないのか。あるいは、教師の指導態度や学級集団のあり様などによって、回避可能なものなのか。この点について検討することは、学級経営上極めて重要な課題であると言えよう。

第2節　方法

1　調査対象

調査対象は、X県内の中学校に在籍する生徒530名である。回収率は、53.9％（286名）であった。ただし、回収した質問紙には回答が不十分であるものがあったため、これらを除いた質問紙を分析対象とした。有効回答率は、52.6％（279名）である。分析対象者の男女比は、男性41.2％（115名）、女性58.8％（164名）となっている。学年については、1年生56.3％（157名）、2年生43.7％（122名）となっている。

2　調査の実施

学校長の承認を得て、調査を実施した。実施時期は、2014（平成26）年12月である。質問紙は、学級ごとに担任教師によって配布された。生徒は、質問紙を家庭に持ち帰り、自宅で記入した上で封筒に密封し、担任教師に提出することとした。なお、担任教師には、生徒から提出された封筒を開封しないよう求めた[4]。

3　調査内容[5]

(1) 学級担任教師の指導態度

吉田（1992）、塚本（1998）、三島・宇野（2004）、中井・庄司（2006）、濱上・米澤（2009）、大西・黒川・吉田（2009）を参考にして項目を作成した。これらの項目を用いて、普段の学級担任教師の態度や特徴についてどの程度あてはま

るのかを「とてもあてはまる」から「まったくあてはまらない」の5件法で尋ねた。

(2) 学級集団特性

高木（1986）、塚本（1998）、三島・宇野（2004）、濱上・米澤（2009）、大西・黒川・吉田（2009）を参考にして項目を作成した。これらの項目を用いて、普段の学級の様子についてどの程度あてはまるのかを「とてもあてはまる」から「まったくあてはまらない」の5件法で尋ねた。なお、学級におけるいじめ関連行動に関する項目は、学級集団特性に関する項目に含まれている。

(3) クラス内に存在するグループ

X県内にある高等教育機関（大学、専門学校）に在籍する学生を対象に、中学生時・高校生時に存在していたグループと各グループの特徴を自由記述形式で尋ねた[6]。この結果をもとに、中学生を対象とした本調査では、「優等生のグループ」「ガリ勉のグループ」「ヤンキー系のグループ」「ギャル系のグループ」「運動部系のグループ」「文化部系のグループ」「オタク系のグループ」「中間層のグループ」という8つのグループについて、クラス内に存在しているかどうかを尋ねた。

なお、グループを尋ねるにあたっては、先の予備調査の結果をもとに、各グループの特徴を明記するとともに、回答者が男性の場合は男性のグループを、回答者が女性の場合は女性のグループを想定して回答してもらうよう求めた。各グループの特徴は、図表7-1の通りである。

(4) 自身が所属しているグループ

回答者自身が所属しているグループを尋ねた。選択肢として設けたグループは、クラス内に存在するグループに関する設問と同様である。

(5) グループ間での影響力の違いの有無

クラスに存在するグループに、グループ間の影響力の違いがあるかどうか

図表7-1 各グループの特徴

グループ名	特徴
優等生のグループ	真面目で勉強もでき、学校における責任ある仕事を引き受けるなど、先生の印象も良いグループ。
ガリ勉のグループ	休み時間も勉強するなど、他の何よりも勉強や成績のことを最優先する子どもたちのグループ。
ヤンキー系のグループ	学校や先生に対して反抗的で、校則違反などの問題行動も多い子どもたちのグループ。
ギャル系のグループ	いわゆる「ギャル」を意識した服装や髪形をしており「ギャル語」を多用する子どもたちのグループ。
運動部系のグループ	体育会系の部活動(野球部、サッカー部、バスケ部、バレー部など)に所属しており、体育祭などの学校行事などに積極的な子どもたちのグループ。
文化部系のグループ	文化部系の部活動(茶道部、華道部、放送部など)に所属しており、どちらかといえばおとなしめの子どもたちのグループ。
オタク系のグループ	共通の趣味(マンガ、アニメ、ゲームなど)をもった子どもたちで構成されるグループ。
中間層のグループ	クラス内で中立的な立場にあり、他の子たちから「普通」と考えられている子どもたちのグループ。

を尋ねた[7]。

(6) 各グループの影響力

グループ間で影響力の違いがある、と回答した者に対して、各グループのクラス内での影響力を「影響力が強いグループ」「影響力が中程度のグループ」「影響力が弱いグループ」の3件法で尋ねた。この設問で取り上げたグループは、クラス内に存在するグループに関する設問と同様である。なお、回答者が男性の場合は男性のグループを、回答者が女性の場合は女性のグループを想定して回答してもらうよう求めた。

(7) グループ間での影響力を左右する要因

先の高等教育機関に在籍する学生を対象とした調査では、グループ間の影響力を左右する要因についても自由記述形式で尋ねている。その結果をもとに、グループ間での影響力を左右する要因に関する項目を作成した。なお、回答者が男性の場合は男性のグループを、回答者が女性の場合は女性のグループを想定して回答してもらうよう求めた。

(8) 現在のクラスでのいじめ目撃経験の有無

現在（調査当時）のクラスでいじめを目撃したことがあるかどうかを尋ねた。

(9) 所属グループ内での影響力の違い

所属グループ内での影響力に違いがあるかどうかを尋ねた。

第3節　結果（「スクールカースト」はなぜ生じるのか？）

1　「スクールカースト」の構造

　図表7-2は、クラス内に存在するグループを尋ねた結果である。男性については男性のグループを、女性については女性のグループを想定して回答してもらった（以下、同様）。男女ともに最も割合が高いのは、「運動部系のグループ」である（男性75.7％、女性79.0％）。次いで、男女ともに割合が高いのは、「中間層のグループ」である（男性68.5％、女性74.1％）。その一方で、男女ともに最も割合が低いのは、「ガリ勉のグループ」である（男性7.2％、女性5.6％）。

　また、「ヤンキー系のグループ」（$\chi^2(1)=4.934, p=0.026$）、「ギャル系のグループ」（$\chi^2(1)=5.919, p=0.015$）、「文化部系のグループ」（$\chi^2(1)=10.618, p<0.001$）において男女で統計的に有意な差が見られた。「ヤンキー系のグループ」については、男性が女性に比べ割合が高い。その一方で、「ギャル系のグループ」と「文化部系のグループ」については、女性が男性に比べて割合が高い[8]。

　さらに、「ガリ勉のグループ」と「ヤンキー系のグループ」以外のグループについては、いずれも女性のほうが男性と比べて割合が高いことから、女性では男性以上にグループが分化しているとともに、女性は男性に比べてグループ間の差異に敏感であると考えられる。

　図表7-3は、クラス内のグループ間の影響力の違いの有無を尋ねた結果である。影響力の違いがあると回答した者の割合は、男性で56.8％、女性で49.1％となっている。なお、男女で統計的に有意な差は見られなかった。

図表7-2 クラス内に存在するグループ　(%)

	男性	合計	女性	合計	
優等生のグループ	27.9	100.0 (111)	35.2	100.0 (162)	
ガリ勉のグループ	7.2	100.0 (111)	5.6	100.0 (162)	
ヤンキー系のグループ	31.5	100.0 (111)	19.8	100.0 (162)	*
ギャル系のグループ	10.8	100.0 (111)	22.2	100.0 (162)	*
運動部系のグループ	75.7	100.0 (111)	79.0	100.0 (162)	
文化部系のグループ	42.3	100.0 (111)	62.3	100.0 (162)	***
オタク系のグループ	53.2	100.0 (111)	62.3	100.0 (162)	
中間層のグループ	68.5	100.0 (111)	74.1	100.0 (162)	

備考：† $p<0.1$、* $p<0.05$、** $p<0.01$、*** $p<0.001$。（　）内の数値は人数。以下同様。

図表7-3 グループ間の影響力の違いの有無　(%)

	ある	ない	合計
男性	56.8	43.2	100.0 (111)
女性	49.1	50.9	100.0 (161)

　図表7-4は、各グループの影響力を尋ねた結果である。男性については、「ヤンキー系のグループ」と「運動部系のグループ」がほかのグループと比べて影響力が強いと認識されていることがわかる。女性については、「ヤンキー系のグループ」と「ギャル系のグループ」「運動部系のグループ」がほかのグループと比べて影響力が強いと認識されていることがうかがえる。

　また、「ギャル系のグループの影響力」（t(62)=-2.388, p=0.020）と「オタク系のグループの影響力」（t(92)=2.359, p=0.020）において男女で統計的に有意な差が見られた。「ギャル系のグループ」については、男性よりも女性で影響力が強いと認識されている。その一方で、「オタク系のグループ」については、女性よりも男性で影響力が強いと認識されている。

　図表7-5は、グループ間で影響力の違いがあると回答した者に対して、影響力を左右する要因を尋ね、得られたデータについて因子分析を行った結果である[9]。

図表7-4　各グループの影響力

		人数	平均値	標準偏差	
優等生のグループの影響力	男性	31	1.74	0.68	
	女性	48	1.83	0.63	
ガリ勉のグループの影響力	男性	22	1.36	0.58	
	女性	26	1.46	0.58	
ヤンキー系のグループの影響力	男性	36	2.56	0.77	
	女性	35	2.34	0.87	
ギャル系のグループの影響力	男性	23	1.96	0.88	＊
	女性	41	2.46	0.78	
運動部系のグループの影響力	男性	56	2.61	0.59	
	女性	72	2.63	0.62	
文化部系のグループの影響力	男性	40	1.48	0.64	
	女性	61	1.61	0.64	
オタク系のグループの影響力	男性	43	1.95	0.82	＊
	女性	51	1.61	0.60	
中間層のグループの影響力	男性	55	1.75	0.58	
	女性	72	1.83	0.53	

備考：「影響力が弱いグループ」には1、「影響力が中程度のグループ」には2、「影響力が強いグループ」には3の得点を配分。

　第1因子で負荷が高かったのは、「若者文化の流行に敏感であること（0.808）」「流行の髪型であること（0.772）」「おしゃれであること（0.699）」「異性からもてること（0.673）」「服装に気をつかっていること（0.545）」「大人びていること（0.512）」「容姿が整っていること（0.436）」の7項目である（カッコ内の数値は因子負荷量。以下同様）。そこで、この因子を"若者文化の流行に敏感であり、身なりに気を使っている"という意味で「若者文化へのコミットメント」と命名した。

　第2因子で負荷が高かったのは、「会話を盛り上げることができること（0.694）」「明るいこと（0.689）」「発言権があること（0.561）」「スポーツができること（0.528）」「活発であること（0.520）」「行動力があること（0.519）」の6項目である。そこで、この因子を"明るく話し上手であり、周囲から頼りにされている"という意味で「リーダーシップ力」と命名した。

第7章 「スクールカースト」はなぜ生じるのか？　201

図表7-5　グループ間の影響力を左右する要因の因子分析結果

	若者文化へのコミットメント	リーダーシップ力	教師からの信頼	中心性	周囲への気遣い
若者文化の流行に敏感であること	0.808	0.044	-0.041	0.155	0.043
流行の髪型であること	0.772	-0.004	0.160	-0.026	-0.188
おしゃれであること	0.699	0.193	-0.127	0.129	0.188
異性からもてること	0.673	0.020	0.329	0.277	-0.024
服装に気をつかっていること	0.545	0.024	0.252	-0.153	0.312
大人びていること	0.512	-0.078	0.364	0.303	0.010
容姿が整っていること	0.436	0.104	0.215	0.134	0.215
会話を盛り上げることができること	0.104	0.694	-0.085	0.116	0.116
明るいこと	0.106	0.689	-0.212	0.028	0.256
発言権があること	-0.037	0.561	0.000	0.107	-0.053
スポーツができること	0.206	0.528	0.300	-0.035	0.017
活発であること	-0.032	0.520	0.013	0.258	0.037
行動力があること	-0.001	0.519	0.254	0.310	0.069
先生から頼りにされていること	-0.025	-0.116	0.737	0.111	0.336
腕力があること	0.101	0.040	0.544	0.029	-0.054
先生から好かれていること	0.221	0.142	0.524	0.006	-0.002
勉強ができること	0.098	-0.193	0.491	0.080	0.360
クラスの中心であること	0.133	0.265	-0.023	0.876	-0.078
人気があること	0.249	0.158	0.131	0.656	0.165
クラスのなかで目立つこと	0.156	0.353	0.081	0.603	-0.227
優しいこと	0.129	0.125	0.051	0.099	0.637
場の雰囲気を察することができること	0.102	0.198	0.234	-0.049	0.562
聞き上手であること	0.181	0.277	0.321	-0.228	0.547
周囲から怖がられていること	0.198	0.153	0.278	0.066	-0.505
固有値	3.281	2.594	2.217	2.090	1.912
寄与率	13.7	10.8	9.2	8.7	8.0

備考：「まったくあてはまらない」～「とてもあてはまる」に1～5の得点を配分。太枠で囲っているのは、因子負荷量の絶対値が0.4以上のもの。以下同様。

第3因子で負荷が高かったのは、「先生から頼りにされていること（0.737）」「腕力があること（0.544）」「先生から好かれていること（0.524）」「勉強ができること（0.491）」の4項目である。そこで、この因子を"勉強ができ、教師から信頼されている"という意味で「教師からの信頼」と命名した。

　第4因子で負荷が高かったのは、「クラスの中心であること（0.876）」「人気があること（0.656）」「クラスのなかで目立つこと（0.603）」の3項目である。そこで、この因子を"周囲から人気があり、クラスの中心的存在である"という意味で「中心性」と命名した。

　第5因子で負荷が高かったのは、「優しいこと（0.637）」「場の雰囲気を察することができること（0.562）」「聞き上手であること（0.547）」「周囲から怖がられていること（-0.505）」の4項目である。そこで、この因子を"周りの人間に気を使っており、優しい人と評価されている"という意味で「周囲への気遣い」と命名した。

　それでは、上記のグループ間の影響力を左右する要因には男女の違いがあるのだろうか。この点について検討するために、因子分析の結果得られた5因子の因子得点を男女で比較した。その結果が、図表7-6である。男女で統計的に有意な差が見られたのは、「若者文化へのコミットメント」（t(114)=-3.248, p=0.002）と「教師からの信頼」（t(114)=2.450, p=0.016）である。「若者文化へのコミッ

図表7-6　グループ間の影響力を左右する要因の男女間比較

		人数	平均値	標準偏差	
若者文化へのコミットメント	男性	56	-0.266	0.841	**
	女性	60	0.273	0.938	
リーダーシップ力	男性	56	-0.067	0.948	
	女性	60	0.047	0.852	
教師からの信頼	男性	56	0.212	0.927	*
	女性	60	-0.188	0.830	
中心性	男性	56	0.085	0.916	
	女性	60	-0.088	0.959	
周囲への気遣い	男性	56	-0.105	0.949	
	女性	60	0.117	0.785	

トメント」については、女性のほうが男性よりも平均値が高い。この結果より、「若者文化へのコミットメント」については、男性よりも女性のなかでグループ間の影響力を左右する要因であると認識されていることがわかる。

その一方で、「教師からの信頼」については、男性のほうが女性よりも平均値が高い。この結果より、「教師からの信頼」については、女性よりも男性のなかでグループ間の影響力を左右する要因であると認識されていると言える。

2 「スクールカースト」を生み出す要因の検討

ここでは「スクールカースト」を生み出す要因について検討することとしたい。「スクールカースト」を生み出す要因として注目するのは、教師の指導態度と学級集団特性である。先行研究により、学級集団のあり様によっていじめの発生状況が大きく左右されることが確認されている (高木 1986, 滝 1996, 森田ほか編 1999, 河村・武蔵 2008, 黒川・大西 2009 など)。このことに鑑みれば、学級集団のあり様といじめの発生状況を媒介する要因として、「スクールカースト」が存在している可能性がある。

また、先行研究により、学級集団のあり様が教師の指導態度によって左右されることも確認されている (塚本 1998, 三島・宇野 2004 など)。

以上のことを踏まえると、教師の指導態度や学級集団のあり様によって「スクールカースト」が生じるかどうかが左右されることは、十分に考えられよう。

(1) 教師の指導態度の構造的把握

まずは、教師の指導態度の構造的把握を行うために因子分析を行った。その結果が、図表7-7である。

第1因子で負荷が高かったのは、「担任の先生はあなたの意見をよく聞いてくれると感じる (0.776)」「担任の先生はあなたがわかるまで熱心に指導してくれる (0.764)」「担任の先生は会話する機会を多くとってくれる (0.762)」「担任の先生はあなたの気持ちをよくわかってくれる (0.760)」「担任の先生はあなたが困ったとき助けてくれる (0.735)」「担任の先生はあなたが嬉しいとき

図表7-7　教師の指導態度の因子分析結果

	受容・信頼	不信	怖さ
担任の先生はあなたの意見をよく聞いてくれると感じる	0.776	-0.228	0.023
担任の先生はあなたがわかるまで熱心に指導してくれる	0.764	-0.095	0.160
担任の先生は会話する機会を多くとってくれる	0.762	-0.200	0.025
担任の先生はあなたの気持ちをよくわかってくれる	0.760	-0.085	-0.052
担任の先生はあなたが困ったとき助けてくれる	0.735	-0.069	0.213
担任の先生はあなたが嬉しいとき一緒に喜んでくれる	0.718	-0.041	0.108
担任の先生はわかりやすい授業になるよう工夫してくれる	0.703	-0.160	0.226
担任の先生は授業や学級活動において一生懸命指導してくれる	0.678	-0.254	0.243
担任の先生はあなたが納得のいく理由で叱ってくれる	0.647	-0.266	0.221
担任の先生は先生自身の苦手なことや失敗談をしてくれる	0.553	-0.180	0.113
担任の先生は生徒の良いところを見つけて、皆の前で褒めてくれる	0.547	-0.029	0.195
担任の先生はどの生徒にも同じように叱る	0.517	-0.193	0.278
担任の先生はいけないことはいけないと指導する	0.483	-0.229	0.215
担任の先生はいばっているように感じる	-0.243	0.694	-0.038
担任の先生は一度言ったことをころころ変えていると感じる	-0.302	0.618	-0.063
担任の先生はよくできる子ばかりを褒める	-0.242	0.612	-0.134
担任の先生はしつこく叱る	-0.038	0.585	0.133
担任の先生は先生自身の間違いを認めない	-0.111	0.554	-0.136
担任の先生は成績や試験のことばかり気にする	0.024	0.537	0.177
担任の先生は普段は怖くないが、怒ると非常に怖い	0.178	0.035	0.746
担任の先生は怒ったときの表情や声が怖い	0.297	0.051	0.688
固有値	6.221	2.577	1.541
寄与率	29.6	12.3	7.3

備考：「まったくあてはまらない」～「とてもあてはまる」に、それぞれ1～5の得点を配分。

一緒に喜んでくれる（0.718）」「担任の先生はわかりやすい授業になるよう工夫してくれる（0.703）」「担任の先生は授業や学級活動において一生懸命指導してくれる（0.678）」「担任の先生はあなたが納得のいく理由で叱ってくれる（0.647）」「担任の先生は先生自身の苦手なことや失敗談をしてくれる（0.553）」「担任の先生は生徒の良いところを見つけて、皆の前で褒めてくれる（0.547）」「担任の先生はどの生徒にも同じように叱る（0.517）」「担任の先生はいけない

ことはいけないと指導する (0.483)」の13項目である。そこで、この因子を"子どもたちが教師に受け入れられていると感じているとともに、教師を信頼している"という意味で「受容・信頼」と命名した。

　第2因子で負荷が高かったのは、「担任の先生はいばっているように感じる (0.694)」「担任の先生は一度言ったことをころころ変えていると感じる (0.618)」「担任の先生はよくできる子ばかりを褒める (0.612)」「担任の先生はしつこく叱る (0.585)」「担任の先生は先生自身の間違いを認めない (0.554)」「担任の先生は成績や試験のことばかり気にする (0.537)」の6項目である。そこで、この因子を"子どもたちが教師に不信感を抱いている"という意味で「不信」と命名した。

　第3因子で負荷が高かったのは、「担任の先生は普段は怖くないが、怒ると非常に怖い (0.746)」「担任の先生は怒ったときの表情や声が怖い (0.688)」という2項目である。そこで、この因子を"子どもたちが怒っている教師に対して怖さを感じている"という意味で「怖さ」と命名した。

　以上を踏まえ、「スクールカースト」を生み出す要因として着目する教師の指導態度としては、因子分析を行った結果得られた3つの因子（「受容・信頼」「不信」「怖さ」）の因子得点を使用することとしたい。

(2) 学級集団特性の構造的把握

　次に、学級集団特性の構造的把握を行うために因子分析を行った。その結果が、図表7-8である。

　第1因子で負荷が高かったのは、「その学級は丁寧な言葉使いをする子が多い (0.684)」「その学級は学校の決まりやみんなで決めたことを守る (0.670)」「その学級は先生の話や発表する人の話を静かに聞ける (0.565)」「その学級は授業中と休み時間のけじめがついている (0.565)」「その学級は、仲間外れをする人たちにやめるように注意する (0.512)」「その学級は苦手なことでもがんばっている友だちを教えあい、応援する (0.452)」の6項目である。そこで、この因子を"クラスにおいて規律がきちんと守られている"という意味で「規律順守」と命名した。

図表7-8　学級集団特性の因子分析結果

	規律遵守	居心地の良さ	活発性
その学級は丁寧な言葉使いをする子が多い	0.684	0.082	0.113
その学級は学校の決まりやみんなで決めたことを守る	0.670	0.133	0.095
その学級は先生の話や発表する人の話を静かに聞ける	0.565	0.075	0.086
その学級は授業中と休み時間のけじめがついている	0.565	0.040	-0.040
その学級は、仲間外れをする人たちにやめるように注意する	0.512	0.117	0.158
その学級は苦手なことでもがんばっている友だちを教えあい、応援する	0.452	0.215	0.277
あなたはその学級にいると、楽しい気持ちになる	0.127	0.904	0.285
あなたはその学級に長くいたくない	-0.096	-0.679	-0.146
学級のみんなが好きだし、自分も好かれていると思う	0.279	0.491	0.291
その学級はじょうだんや面白いことを言って笑わせる人がたくさんいる	0.021	0.221	0.649
その学級は運動やスポーツ好きで元気な人がたくさんいる	0.070	0.142	0.630
その学級は学校の行事やお楽しみ会などにやる気を出す	0.267	0.167	0.483
固有値	2.201	1.707	1.371
寄与率	18.3	14.2	11.4

備考:「まったくあてはまらない」～「とてもあてはまる」に、それぞれ1～5の得点を配分。

　第2因子で負荷が高かったのは、「あなたはその学級にいると、楽しい気持ちになる (0.904)」「あなたはその学級に長くいたくない (-0.679)」「学級のみんなが好きだし、自分も好かれていると思う (0.491)」の3項目である。そこで、この因子を"クラス内の人間関係が良く、クラスに居心地の良さを感じている"という意味で「居心地の良さ」と命名した。

　第3因子で負荷が高かったのは、「その学級はじょうだんや面白いことを言って笑わせる人がたくさんいる (0.649)」「その学級は運動やスポーツ好きで元気な人がたくさんいる (0.630)」「その学級は学校の行事やお楽しみ会などにやる気を出す (0.483)」の3項目である。そこで、この因子を"クラス内にひょうきんな子どもや元気な子どもが多いことで、クラス内に活気がある"という意味で「活発性」と命名した。

　以上を踏まえ、「スクールカースト」を生み出す要因として着目する学級集団特性としては、因子分析を行った結果得られた3つの因子(「規律順守」「居心地の良さ」「活発性」)の因子得点を使用することとしたい。

(3)「スクールカースト」の有無の規定要因に関する分析

ここでは、「スクールカースト」の有無の規定要因に関する分析を行うこととしたい。分析に使用する変数の詳細は、図表7-9の通りである。

独立変数には、教師の指導態度や学級集団特性のほかに、性別や学年という基本的な変数、さらには所属グループの影響力を採用している。

図表7-10は、「スクールカースト」の有無を従属変数としたロジスティック回帰分析の結果である[10]。モデル係数のオムニバス検定の結果については、男性のみの分析、女性のみの分析ともに有意確率が1%未満であり、Nagelkerke R^2 の値が0.2以上であることから、この分析モデルはある程度の説明力を有していると言えよう。

この結果を見ると、「スクールカースト」の有無に影響を及ぼす要因は、男女で異なることがわかる。まずは、男性のみの分析結果から見てみたい。「スクールカースト」の有無に有意な正の影響を及ぼしているのは、「活発性」($p=0.048$) である。この結果より、クラス内にひょうきんな子どもや元気な子どもが多いことで、クラス内に活気がある場合に、「スクールカースト」が生じやすい傾向にあることがわかる。

一方、「スクールカースト」の有無に有意な負の影響を及ぼしているのは、「学年」($p=0.008$) と「規律順守」($p=0.007$) である。この結果より、学年が高い場合、また、クラスにおいて規律がきちんと守られている場合に、「スクールカースト」が生じにくい傾向にあることがうかがえる。

次に、女性のみの分析結果について見てみたい。「スクールカースト」の有無に有意な正の影響を及ぼしているのは、「学年」($p=0.021$) と「受容・信頼」($p=0.038$)、「不信」($p=0.029$) である。この結果より、学年が高い場合、また、子どもたちが教師に受け入れられていると感じているとともに、教師を信頼している場合、さらには、子どもたちが教師に不信感を抱いている場合に、「スクールカースト」が生じやすい傾向にあることがわかる。

一方、「スクールカースト」の有無に有意な負の影響を及ぼしているのは、「居心地の良さ」($p=0.007$) である。この結果より、クラス内の人間関係が良く、クラスに居心地の良さを感じている場合に、「スクールカースト」が生

図表7-9 分析に使用する変数

【従属変数】	
「スクールカースト」の有無	クラス内のグループ間に影響力の違いがある場合には1、ない場合には0のダミー変数。
【独立変数】	
性別	男性の場合は1、女性の場合は0のダミー変数。
学年	1年生の場合は1、2年生の場合は2の得点を配分。
所属グループの影響力	各グループの影響力を男女で比較した結果(図表7-4)にもとづき、男性の場合は影響力が強いと評価されていた「ヤンキー系のグループ」と「運動部系のグループ」に所属している場合は1、それ以外のグループに所属している場合は0のダミー変数。一方、女性の場合は影響力が強いと評価されていた「ヤンキー系のグループ」と「運動部系のグループ」「ギャル系のグループ」に所属している場合は1、それ以外のグループに所属している場合は0のダミー変数。
教師の指導態度	教師の指導態度に関する項目について因子分析を行った結果得られた、3つの因子得点(図表7-7)。
学級集団特性	学級集団特性に関する項目について因子分析を行った結果得られた、3つの因子得点(図表7-8)。

図表7-10 「スクールカースト」の規定要因に関する分析

	男性のみ					女性のみ				
	B	標準誤差	p値	Exp (B)		B	標準誤差	p値	Exp (B)	
学年	-1.420	0.531	0.008	0.242	**	0.945	0.410	0.021	2.574	*
所属グループの影響力	-0.154	0.537	0.775	0.858		-0.507	0.441	0.251	0.602	
【教師の指導態度】										
受容・信頼	0.063	0.286	0.826	1.065		0.546	0.263	0.038	1.726	*
不信	-0.315	0.297	0.289	0.730		0.560	0.256	0.029	1.750	*
怖さ	-0.099	0.260	0.704	0.906		-0.071	0.236	0.764	0.932	
【学級集団特性】										
規律遵守	-0.941	0.346	0.007	0.390	**	-0.375	0.261	0.150	0.687	
居心地の良さ	-0.401	0.265	0.130	0.670		-0.632	0.232	0.007	0.532	**
活発性	0.594	0.300	0.048	1.811	*	0.114	0.278	0.682	1.121	
定数	2.647	0.920	0.004	14.109	**	-1.129	0.619	0.068	0.323	†
モデル係数のオムニバス検定	χ^2=20.232, df=8, p=0.009				**	χ^2=22.191, df=8, p=0.005				**
-2 対数尤度	106.785					164.951				
Nagelkerke R^2	0.260					0.202				

じにくい傾向にあることがうかがえる。

　また、「所属グループ」の影響力については、男女いずれにおいても「スクールカースト」の有無に有意な影響を及ぼしていない。この結果より、"子どもたちがどのようなグループに所属しているのか"ということと"「スクールカースト」の存在を意識するかどうか"ということとはあまり関わりがないと言える。

　続いて、教師の指導態度が学級集団特性に及ぼす影響についても検討しておきたい。教師の指導態度が学級集団特性を経由して、間接的に「スクールカースト」の発生状況に影響を及ぼす可能性も考えられるからである。従属変数として使用する学級集団特性に関する変数は、男性のみの分析において「スクールカースト」の発生状況を左右していた「規律順守」と「活発性」、さらには、女性のみの分析において「スクールカースト」の発生状況を左右していた「居心地の良さ」である。

　図表7-11は「規律順守」を従属変数とした重回帰分析の結果であり、図表7-12は「活発性」を従属変数とした重回帰分析の結果である。いずれも分析対象は男性のみである。

　まずは、「規律順守」を従属変数とした重回帰分析の結果から見てみたい（図表7-11）。「受容・信頼」（p=0.007）が有意な正の影響を及ぼしていることから、子どもたちが教師に受け入れられていると感じているとともに、教師を信頼している場合に、クラスにおいて規律がきちんと守られる傾向にあることがわかる。

　次に、「活発性」を従属変数とした重回帰分析の結果を見てみたい（図表7-12）。「受容・信頼」（p=0.007）が有意な正の影響を及ぼしていることから、子どもたちが教師に受け入れられていると感じているとともに、教師を信頼している場合に、クラス内にひょうきんな子どもや元気な子どもが多くなり、クラス内に活気が生まれる傾向にあることがうかがえる。

　図表7-13は、「居心地の良さ」を従属変数とした重回帰分析の結果である。分析対象は女性のみである。

　「受容・信頼」（p=0.025）が有意な正の影響を及ぼしていることから、子ど

図表 7-11 「規律順守」の規定要因に関する分析

男性のみ					
	B	標準誤差	β	p値	
(定数)	0.184	0.274		0.502	
学年	-0.141	0.178	-0.080	0.428	
受容・信頼	0.241	0.088	0.271	0.007	**
不信	-0.030	0.100	-0.030	0.763	
怖さ	0.015	0.097	0.016	0.876	
調整済み R^2			0.044		
F値		2.157		0.080	†

図表 7-12 「活発性」の規定要因に関する分析

男性のみ					
	B	標準誤差	β	p値	
(定数)	0.020	0.264		0.940	
学年	-0.057	0.172	-0.034	0.739	
受容・信頼	0.235	0.085	0.273	0.007	**
不信	0.074	0.097	0.076	0.448	
怖さ	0.034	0.093	0.037	0.714	
調整済み R^2			0.043		
F値		2.125		0.084	†

図表 7-13 「居心地の良さ」の規定要因に関する分析

女性のみ					
	B	標準誤差	β	p値	
(定数)	0.578	0.231		0.013	
学年	-0.351	0.155	-0.190	0.025	*
受容・信頼	0.186	0.082	0.187	0.025	*
不信	0.058	0.091	0.054	0.525	
怖さ	-0.084	0.093	-0.074	0.368	
調整済み R^2			0.051		
F値		2.908		0.024	*

もたちが教師に受け入れられていると感じているとともに、教師を信頼している場合に、クラス内の人間関係が良くなり、子どもたちはクラスに居心地の良さを感じる傾向にあることがわかる。その一方で、「学年」(p=0.025) が有意な負の影響を及ぼしていることから、学年が高い場合、子どもたちはクラスに居心地の良さを感じにくくなる傾向にあることがうかがえる。

これらの結果は、教師の指導態度が学級集団特性を経由して、間接的に「スクールカースト」の発生状況に影響を及ぼしていることを示唆している。

(4)「スクールカースト」の有無とクラス内のいじめとの関連

ここでは「スクールカースト」といじめとの関連について検討したい。独立変数については、「スクールカースト」の規定要因に関する分析（図表7-10）で用いたすべての変数を使用する（変数の詳細については、図表7-9を参照のこと）。従属変数については、「あなたは、今のクラスで、いじめを目撃したことがありますか」という問いに対し、「ある」と回答した場合には1、「ない」と回答した場合には0のダミー変数を用いることとする。

図表7-14は、「クラス内のいじめ」の有無を従属変数としたロジスティック回帰分析の結果である[11]。モデル係数のオムニバス検定の結果については、男性のみの分析では有意確率が5％未満である一方で、女性のみの分析では有意な結果とはなっていない。また、Nagelkerke R^2 の値については、男性のみの分析では0.268である一方で、女性のみの分析では0.113となっており、値に開きがある。これらの結果は、「クラス内のいじめ」の規定要因に関する分析において、男性のみの分析についてはモデルの適合度が比較的高い一方で、女性のみの分析についてはモデルの適合度がそれほど高くはないことを示している。

まずは、男性のみの分析結果から見てみたい。「『スクールカースト』の有無（ダミー）」(p=0.012) が有意な正の影響を及ぼしていることから、「スクールカースト」の存在を認識している場合に、子どもたちはクラス内のいじめを認識しやすくなる傾向にあることがわかる。また、「居心地の良さ」(p=0.058) については、有意傾向ではあるものの負の影響を及ぼしていることから、ク

図表7-14　クラス内のいじめの規定要因に関する分析1

	男性のみ					女性のみ			
	B	標準誤差	p値	Exp(B)		B	標準誤差	p値	Exp(B)
学年	-0.685	0.554	0.216	0.504		-0.648	0.469	0.167	0.523
所属グループの影響力	-0.065	0.552	0.906	0.937		-0.218	0.478	0.649	0.804
【教師の指導態度】									
受容・信頼	-0.027	0.281	0.924	0.974		0.271	0.277	0.328	1.311
不信	0.473	0.300	0.115	1.604		0.208	0.268	0.438	1.231
怖さ	0.075	0.264	0.776	1.078		-0.096	0.261	0.712	0.908
【学級集団特性】									
規律遵守	-0.434	0.350	0.214	0.648		-0.707	0.296	0.017	0.493 *
居心地の良さ	-0.503	0.265	0.058	0.605	†	-0.051	0.234	0.826	0.950
活発性	-0.069	0.317	0.827	0.933		-0.326	0.284	0.250	0.722
「スクールカースト」の有無（ダミー）	1.548	0.615	0.012	4.702	*	0.109	0.437	0.804	1.115
定数	-0.844	1.042	0.418	0.430		-0.051	0.681	0.940	0.950
モデル係数のオムニバス検定	χ^2=19.736, df=9, p=0.020				*	χ^2=10.781, df=9, p=0.291			
-2対数尤度	97.84					145.835			
Nagelkerke R^2	0.268					0.113			

ラス内の人間関係が良く、クラスに居心地の良さを感じている場合に、子どもたちはクラス内のいじめを認識しない傾向にあることがうかがえる。

　次に、女性のみの分析結果について見てみたい。「規律順守」（p=0.017）が有意な負の影響を及ぼしていることから、クラスにおいて規律がきちんと守られている場合に、子どもたちはクラス内のいじめを認識しない傾向にあることがわかる。

　注目すべきは、「スクールカースト」の有無が男性のみの分析では有意な正の影響を及ぼしているに対し、女性のみの分析では有意な影響を及ぼしていない、ということである。この結果は、男性については「スクールカースト」の存在がクラス内のいじめの発生状況を左右する（「スクールカースト」が存在する場合に、クラス内にいじめが発生しやすくなる）可能性があるのに対し、女性については「スクールカースト」の存在はクラス内のいじめとあまり関係がないことを示唆している。

　それでは、なぜ男女でこのような違いが生まれるのであろうか。この点に

ついて検討するために、グループ間ではなくグループ内の影響力の違いに着目した分析を行うこととしたい。女性におけるいじめについては、グループ間の影響力の違い以上に、所属グループ内の影響力の違いによって生じている可能性もあるからである。「所属グループ内の影響力の違い」については、「ある」と回答した場合には1、「ない」と回答した場合には0のダミー変数を用いることとする。ほかの変数については、先の分析(図表7-14)と同様である。

図表7-15は、独立変数に「『スクールカースト』の有無」の代わりに「グループ内での影響力の違いの有無」を使用し、「クラス内のいじめ」の有無を従属変数としたロジスティック回帰分析の結果である[12]。

モデル係数のオムニバス検定の結果については、男女ともに統計的に有意な結果とはなっていない。ただし、図表7-14の結果と比べると、男性のみの分析については適合度が低下しているのに対し、女性のみの分析については適合度が向上していることがうかがえる。

また、注目されるのは、女性のみの分析において、「グループ内での影響

図表7-15 クラス内のいじめの規定要因に関する分析2

	男性のみ					女性のみ			
	B	標準誤差	p値	Exp(B)		B	標準誤差	p値	Exp(B)
学年	-0.775	0.520	0.136	0.461		-0.634	0.469	0.176	0.530
所属グループの影響力	0.031	0.528	0.952	1.032		-0.245	0.498	0.622	0.783
【教師の指導態度】									
受容・信頼	-0.015	0.278	0.956	0.985		0.249	0.285	0.383	1.282
不信	0.354	0.294	0.229	1.425		0.187	0.268	0.486	1.206
怖さ	0.111	0.251	0.657	1.118		-0.177	0.269	0.510	0.837
【学級集団特性】									
規律遵守	-0.660	0.341	0.052	0.517	†	-0.672	0.303	0.027	0.511	*
居心地の良さ	-0.531	0.256	0.038	0.588	*	-0.042	0.237	0.858	0.959
活発性	0.103	0.289	0.722	1.108		-0.330	0.293	0.260	0.719
グループ内での影響力の違いの有無(ダミー)	0.021	0.487	0.966	1.021		0.950	0.443	0.032	2.585	*
定数	0.263	0.894	0.768	1.301		-0.323	0.699	0.644	0.724
モデル係数のオムニバス検定	χ^2=10.767, df=9, p=0.292					χ^2=13.792, df=9, p=0.130			
-2対数尤度	106.809					137.642			
Nagelkerke R^2	0.153					0.148			

力の違いの有無（ダミー）」（p=0.032）が有意な正の影響を及ぼしていることである。この結果は、グループ内での影響力に違いがある場合に、子どもたちはクラス内のいじめを認識しやすくなる傾向にあることを示している。

このことと図表7-14の結果を合わせて考えてみると、女性については、「スクールカースト」以上に所属グループ内での影響力の違いによっていじめが生じやすい可能性を指摘できよう。

第4節　まとめと考察

本章の目的は、中学生を対象とした質問紙調査をもとに、「スクールカースト」の構造と「スクールカースト」の発生メカニズムを男女の違いに着目して検討することにあった。具体的な検討課題は、次の3つであった。第1に、「スクールカースト」の構造である。第2に、「スクールカースト」を生み出す要因である。「スクールカースト」を生み出す要因としては、教師の指導態度と学級集団特性に着目した。第3に、「スクールカースト」といじめとの関連である。これら3つの課題について、男女の違いを踏まえた分析を行った。以下では、本章で明らかとなった主要な結果を整理した上で、若干の考察を試みたい。

1　「スクールカースト」の構造について

まずは、クラス内に存在するグループについてであるが、男女ともに「運動部系のグループ」と「中間層のグループ」を多くあげていた一方で、男女による違いも見られた。女性は男性と比べ、クラス内に存在するグループを多くあげる傾向にあったことから、女性では男性以上にグループが分化しているとともに、女性はグループ間の差異に敏感であることがうかがえた（図表7-2）。宮台（1994）は、若者における複数の小さなグループへの分断状況を「島宇宙化」という言葉で表現したが、このような傾向は男性よりも女性で顕著であると言えよう。

また、グループ間の影響力の違いを認識している者は男女ともに半数程度であり（図表7-3）、男性については「ヤンキー系のグループ」と「運動部系のグループ」の影響力が強いと認識されていた一方で、女性については「ヤンキー系のグループ」と「ギャル系のグループ」「運動部系のグループ」の影響力が強いと認識されていた（図表7-4）。

　さらに、グループ間の影響力を左右する要因には、「若者文化へのコミットメント」（若者文化の流行に敏感であり、身なりに気を使っている）、「リーダーシップ力」（明るく話し上手であり、周囲から頼りにされている）、「教師からの信頼」（勉強ができ、教師から信頼されている）、「中心性」（周囲から人気があり、クラスの中心的存在である）、「周囲への気遣い」（周りの人間に気を使っており、優しい人と評価されている）という5つの側面があることが明らかとなった（図表7-5）。

　グループ間の影響力を左右する要因を男女で比較した結果、女性は男性と比べ「若者文化へのコミットメント」を、男性は女性と比べ「教師からの信頼」をあげる傾向にあった（図表7-6）。「若者文化へのコミットメント」で負荷が高かった項目には、「流行への敏感さ」「おしゃれ」「異性からもてる」「容姿が整っている」など「女性らしさ」をうかがわせるタームが含まれていた。上間（2002）は、偏差値「底辺校」である私立の女子高校を対象としたフィールドワークをもとに、①女子高生のグループが「トップ」「コギャル」「オタク」という3つに分化しており、これらのグループが階層的関係にあること、②階層的に最上位と位置づけられていた「トップ」と呼ばれる女の子たちの特徴には、異性とつきあいがあること、流行の取り入れがメディアよりも時間的に早いと認識されていること、などがあることを明らかにしている。これら「トップ」の女の子たちの特徴は、本章における「若者文化へのコミットメント」と重なるところが多い。

　その一方で、「教師からの信頼」で負荷が高かった項目には、「腕力があること」が含まれていた。この結果は、単に教師から信頼されているだけではなく、「男性らしさ」の象徴とも言える「腕力」を兼ね備えていることが、男性のなかで影響力を左右する要因として認識されていることを物語っている。

2 「スクールカースト」を生み出す要因について

"教師の指導態度や学級集団のあり様によって「スクールカースト」が生じるかどうかが左右されるのではないか"、という仮説のもと、「スクールカースト」の有無の規定要因に関する分析を男女別に行った。その結果、「スクールカースト」の有無に影響を及ぼす要因は、男女で異なることが明らかとなった（図表7-10）。まずは、男性のみの分析結果についてである。クラス内にひょうきんな子どもや元気な子どもが多いことで、クラス内に活気がある（「活発性」）場合に、「スクールカースト」が生じやすい傾向にあった。その一方で、学年が高い場合、また、クラスにおいて規律がきちんと守られている（「規律順守」）場合に、「スクールカースト」が生まれにくい傾向にあった。

次に、女性のみの分析結果についてである。学年が高い場合、また、子どもたちが教師に受け入れられていると感じているとともに、教師を信頼している（「受容・信頼」）場合、さらには、子どもたちが教師に不信感を抱いている（「不信」）場合に、「スクールカースト」が生じやすい傾向にあった。その一方で、クラス内の人間関係が良く、クラスに居心地の良さを感じている（「居心地の良さ」）場合に、「スクールカースト」が生まれにくい傾向にあった。

また、教師の指導態度が学級集団特性を経由して「スクールカースト」の有無に及ぼす間接的な影響についても検討を行った。その結果、男性については、①子どもたちが教師に受け入れられていると感じているとともに、教師を信頼している（「受容・信頼」）場合に、クラスにおいて規律がきちんと守られる（「規律順守」）傾向にあること（図表7-11）、②子どもたちが教師に受け入れられていると感じているとともに、教師を信頼している（「受容・信頼」）場合に、クラス内にひょうきんな子どもや元気な子どもが多くなり、クラス内に活気が生まれる（「活発性」）傾向にあること、が明らかとなった（図表7-12）。

一方、女性については、子どもたちが教師に受け入れられていると感じているとともに、教師を信頼している（「受容・信頼」）場合に、クラス内の人間関係が良くなり、子どもたちはクラスに居心地の良さを感じる（「居心地の良

さ」) 傾向にあることが明らかとなった (図表7-13)。

　これらの結果において注目されるのは、次の2点である。第1に、男女ともに学級集団の特性によって「スクールカースト」が生まれやすくなるかどうかが左右される、ということである。男性については、クラスにおいて規律がきちんと守られていること (「規律順守」) が、女性については、クラス内の人間関係が良く、クラスに居心地の良さを感じていること (「居心地の良さ」) が、「スクールカースト」を生じにくくさせていた。学級の「居心地の良さ」については、クラス内の人間関係がうまくいっている場合、グループ間で緊張や対立が生じにくく、グループ間の力関係が顕在化しにくいことを示していると推察される。

　一方、学級集団内に規律が確立されている場合、「スクールカースト」が生じにくいことをどのように解釈することができるだろうか。この点について示唆的であるのが、菅野 (2008) の指摘である。菅野は、人間関係を「ルール関係」と「フィーリング共有関係」に分けて考えることの重要性について述べている。「ルール関係」とは、「他者と共存していくときに、お互いに最低守らなければならないルールを基本に成立する関係」(80-81頁) のことであり、「フィーリング共有関係」とは、「とにかくフィーリングを一緒にして、同じようなノリで同じように頑張ろう」(81頁) とする関係のことである。菅野は、「フィーリング共有関係」を学級経営の核としている限りいじめはなくならないとし、「ルール関係」を基盤として「やってはならないこと」の最低限の範囲を定め、それらをクラス内で共有化することの重要性を指摘している。この指摘に鑑みれば、集団内に規律が確立されているクラスでは、「ルール関係」を基盤とした対人関係が成立しているために、ある特定のグループが力を濫用することなく、それぞれのグループが互いに併存することを可能としていると考えることができよう。

　第2に、男女ともに教師の指導態度が学級集団特性を経由して「スクールカースト」の有無に間接的な影響を及ぼしている、ということである。とりわけ注目すべきは、「受容・信頼 (子どもたちが教師に受け入れられていると感じているとともに、教師を信頼している)」という教師の指導態度である。この指導態

度は、男性については、「規律順守（クラスにおいて規律がきちんと守られている）」を経由して、「スクールカースト」を生じにくくさせる傾向にあった。その一方で、女性については、「居心地の良さ（クラス内の人間関係が良く、クラスに居心地の良さを感じている）」を経由して、「スクールカースト」を生じにくくさせる傾向にあった。つまりは、「受容・信頼」という指導態度は、男女の双方で「スクールカースト」を生じさせにくくする間接的な影響を及ぼしていた、ということである。

「受容・信頼」因子で負荷が高かった項目には、受容的・共感的態度を意味する項目などのほかに、「納得のいく理由で叱ってくれる」「どの生徒にも同じように叱る」「いけないことはいけないと指導する」といった、「叱る」という項目も含まれていた（図表7-7）。このことは、教師による「叱る」という行為が、それ単独ではなく、教師の受容的・共感的態度と結びついたときに、規律が確立されたクラスや子どもたちが居心地の良さを感じるクラスへと結実していく可能性を示唆していると言えよう。その一方で、怒ったときの教師の怖さ（「怖さ」）は、学級集団における規律の確立や学級集団の居心地の良さに有意な影響を及ぼしていなかった。この結果は、子どもたちに怖れを抱かせる「叱り」の限界をある意味物語っていると言えよう。

3　「スクールカースト」といじめとの関連について

クラス内のいじめの有無の規定要因に関する分析を男女別に行った（図表7-14）。その目的は、「スクールカースト」の有無がクラス内のいじめの発生状況に及ぼす影響について検討することにあった。その結果、男女で異なる結果が確認された。男性については、「スクールカースト」の存在を認識している場合に、子どもたちはクラス内のいじめを認識しやすい傾向にあった。その一方で、女性については、そのような傾向は認められなかった。この結果は、男性については「スクールカースト」の存在によっていじめが発生しやすい可能性がある一方で、女性については「スクールカースト」の存在がいじめには結びつかない可能性を示唆している。

それでは、なぜこのような男女間の違いが生まれるのか。この点について

検討するために、グループ間ではなくグループ内の影響力の違いに着目した分析を行った（図表7-15）。女性におけるいじめは、グループ間の影響力の違い以上に、所属グループ内の影響力の違いによって生じている可能性があるからである。その結果、男女で異なる結果が確認された。女性については、所属グループ内の影響力の違いを認識している場合に、子どもたちはクラス内のいじめを認識しやすい傾向にあった。その一方で、男性については、そのような傾向は認められなかった。この結果は、女性については所属グループ内の影響力の違いによっていじめが発生しやすい可能性がある一方で、男性については所属グループ内の影響力の違いがいじめには結びつかない可能性を物語っている。

男女でこのような違いが見られる理由の1つは、男女における仲間集団の違いにあると考えられる。石田（2003）は、中学生を対象とした3時点（5月、7月、12月）の質問紙調査をもとに、子どもたちが学校内で活動をともにする友人の数の時間的変化を検討している。その結果、男子はいずれの時期でも半数近い級友と交友していた一方で、女子は時間の経過に伴い、交友する級友の数が減少する傾向にあること（12月期には4分の1程度の級友とのみ交友）を明らかにしている。この結果は、女子は男子に比べ、小規模かつ閉鎖的なグループを形成する傾向にあることを示唆している。このことに鑑みれば、男性については、グループ間の交流があるため、グループ間の力関係の違いがいじめへと結びつきやすいと考えられる。その一方で、女性については、グループ間の交流が乏しいため、閉鎖的なグループ内での力関係の違いがいじめへと結びつきやすいと推察される。

4　本章の意義と今後の課題

本章の意義としては、次の3点をあげることができる。第1に、「スクールカースト」の構造が男女で異なる可能性を示した、ということである。先行研究では、「スクールカースト」の構造があたかも男女で同一のものであるかのようにとらえられていた。

第2に、学級集団の特性や教師の指導態度によって「スクールカースト」

が生まれやすくなるかどうかが左右される可能性を示した、ということである。先行研究では、「スクールカースト」の存在がなかば自明視されており、「スクールカースト」の存在をあまり意識していない子どもたちへの着目が不十分であった。

第3に、男性については、「スクールカースト」の存在によっていじめが発生しやすくなる一方で、女性については、所属グループ内の力関係の違いによっていじめが発生しやすくなる可能性を示した、ということである。先行研究では、「スクールカースト」の存在がいじめにつながることが前提とされていたが、そのことは男性には幾分当てはまるものの、女性には必ずしも当てはまらないと言えよう。

最後に、今後の課題を2点ほどあげ、本章を締めくくることとしたい。第1に、男女の違いの背景にある要因の検討である。本章により、「スクールカースト」の構造や「スクールカースト」を生み出す要因、「スクールカースト」といじめとの関連については、男女で異なる可能性のあることが明らかとなった。しかし、男女でなぜこのような違いが生まれるのか、ということについては十分に検討することができなかった。この点について、ジェンダーの視点から詳しく検討する必要があろう。

第2に、「スクールカースト」を子どもたちに意識させる(させない)要因のさらなる検討である。森田(1999)は、被害者と加害者の「力関係のアンバランス」をいじめという現象の本質的要素としている。「スクールカースト」論の意義は、このような「力関係のアンバランス」をクラス内におけるグループ間の力学という点からとらえたことにあると言えよう。ただし、「スクールカースト」の存在を過度に強調することは、子ども間に新たな社会的現実を構築することにもつながりかねない。子どもたちは自身の置かれた状況を「スクールカースト」という言葉で語るようになり、結果として「スクールカースト」を顕在化させるという危険性すらあるだろう。このような事態に陥らないためにも、「スクールカースト」の存在を自明視するのではなく、「スクールカースト」を子どもたちに意識させる(させない)要因について、より詳細に検討していく必要があろう。

注

(1) 石田（2017）は男女の違いを踏まえた分析を行っているが、調査対象が大学生ということもあり、経験が質的に再構成されている可能性がある。
(2) 作田（2016）は、中学生を対象とした質問紙調査をもとに、「スクールカースト」の認識に個人差があることに着目した分析を行っている。ただし、その分析の趣旨は本章とは異なり、「スクールカースト」を認識する生徒としない生徒とで対人関係や対人意識のあり様を比較し、それぞれの特徴を明らかにすることにある。
(3) 水野・加藤・太田（2017）は、小学生を対象とした質問紙調査をもとに、グループ間の地位といじめ被害との関連について検討している。ただし、その分析において性別は統制変数として用いられるにとどまっており、男女別の分析は行われていない。そのため、"男女の違いが検討されていない"という課題は残されたままである。また、先行研究により、グループ間の序列は、小学生以上に中学生や高校生でより一層強く意識されるようになることが明らかになっている（鈴木 2012, 石田 2017）。このことに鑑みれば、小学生だけではなく中学生や高校生を対象とした調査を行い、「スクールカースト」といじめとの関連について検討する必要があろう。
(4) このような手続きをとったのは、できる限り信頼性の高いデータを得るためである。学級で集団一斉方式により調査を実施した場合、子どもたちはほかの子どもたちや教師の目を意識して回答しづらいと考えた。
(5) 調査用紙の表紙には、"いじめとは具体的にどういったことなのか"を示す文章を載せている。この文章は、森田監修（2001）がいじめの国際比較調査を行う際に作成したものであり、いじめ研究で国際的に知られているオルヴェウス（Olweus, D.）の操作的定義をもとにしている。具体的には、以下のような文章である（森田ほか編 1999, 13-14 頁）。

>　これから、「いじめられる」ことや「いじめる」ことなどについての質問をします。
>　このアンケート調査で「いじめる」とは、ほかの人（児童または生徒）に対して、
>　※　いやな悪口を言ったり、からかったりする
>　※　無視をしたり仲間はずれにする
>　※　たたいたり、けったり、おどしたりする
>　※　その人がみんなからきらわれるようなうわさをしたり、紙などにひどいことを書いてわたしたり、その人の持ち物にひどいことを書いたりする
>　※　その他これらに似たことをする
>　などのことです。
>　いじの悪いやりかたで、何度も繰り返しからかうのも、いじめです。

> しかし、からかわれた人もいっしょに心のそこから楽しむようなからかいは、いじめではありません。また、同じぐらいの力の子どもどうしが、口げんかをしたり、とっくみあいのけんかをしたりするのは、いじめではありません。

(6) 調査の実施時期は、2010年4月である。分析対象者数は219名であり、男女比については、男性28.8%（63名）、女子71.2%（156名）となっている。

(7) 調査対象者に「スクールカースト」に関する意識を尋ねるにあたり、「スクールカースト」という言葉を使用することを避け、「グループ間の影響力」という言葉を使用することとした。「スクールカースト」という言葉を使用した場合、これまでそのような言葉を知らなかった子どもたちにも「スクールカースト」を意識させてしまうことになり、子ども間の人間関係に影響を及ぼすことが懸念されたからである。

(8) 男性における「ギャル系のグループ」とは、いわゆる「ギャル男」（「ギャル」の男性版）と呼ばれる男性のグループであると推察される。

(9) 方法としては、因子数を3～6とし、主因子法により因子を抽出し、因子の解釈のしやすさから5因子解を採用した。また、因子負荷量の絶対値が複数の因子において0.4以上だった項目を削除した後に、再び主因子法、バリマックス回転による因子分析を行った。因子分析の手続きについては、以下同様。

(10) 各独立変数のVIFの値を算出したところ、その値の範囲は、男性のみの分析では1.064から1.321の間であり、女性のみの分析では1.063から1.536の間であった。いずれの独立変数についてもVIFの値が2に満たないことから、多重共線性の可能性は低いと言える。

(11) 各独立変数のVIFの値を算出したところ、その値の範囲は、男性のみの分析では1.069から1.350の間であり、女性のみの分析では1.062から1.576の間であった。いずれの独立変数についてもVIFの値が2に満たないことから、多重共線性の可能性は低いと言える。

(12) 各独立変数のVIFの値を算出したところ、その値の範囲は、男性のみの分析では1.054から1.338の間であり、女性のみの分析では1.027から1.511の間であった。いずれの独立変数についてもVIFの値が2に満たないことから、多重共線性の可能性は低いと言える。

··· 第 8 章 ···

部活動におけるいじめはなぜ起きるのか?
── 大学生を対象とした回顧調査をもとに ──

第 1 節　問題の所在

　本章の目的は、大学生を対象とした回顧調査をもとに、部活動におけるいじめに影響を及ぼす要因について検討することにある。

　日本における部活動に相当する活動は、海外にも存在している。しかし、日本における部活動と海外における部活動とは、かなり様相が異なるようである。中澤（2014）は、一連の比較体育・スポーツ研究をもとに、世界 34 カ国の中等教育段階のスポーツの場を、「学校中心型」「学校・地域両方型」「地域中心型」の 3 つに分類している。それによると、運動部活動と地域クラブの双方が存在する「学校・地域両方型」が、ヨーロッパの大部分や北米を中心に最も多くなっている（20 カ国）。その一方で、運動部活動を主とする「学校中心型」の国は、日本を含むアジア 5 カ国と最も少なくなっている。さらに、日本以外の 4 カ国において「学校中心型」となっているのは、地域クラブが未発達なためである。以上を踏まえると、日本における部活動は国際的に見ても特殊な状況に置かれていると言えるだろう。

　それでは、日本の部活動は学校教育においてどのような位置づけにあるのだろうか。中学校学習指導要領（平成 29 年 3 月告示）の総則では、部活動について次のように述べられている。「教育課程外の学校教育活動と教育課程の関連が図られるように留意するものとする。特に、生徒の自主的、自発的な参加により行われる部活動については、スポーツや文化、科学等に親しませ、学習意欲の向上や責任感、連帯感の涵養等、学校教育が目指す資質・能力の育成に資するものであり、学校教育の一環として、教育課程との関連が図られるよう留意すること（以下省略）」。このことから、部活動は正規のカリ

キュラムに組み込まれた活動ではないものの、その教育的意義が強調されていることがうかがえる。そのため、部活動に関する日本の先行研究を見ると、部活動の教育的効果に着目した研究が少なくない[1]。比較的多く見られるのは、次の2つの研究である。

　第1に、部活動と学校適応との関連に着目した研究である。例えば、白松(1997)は、高校生を対象とした質問紙調査をもとに、部活動への参加と学校適応との関係について検討している。その結果、①部活動参加者は非参加者と比べ、学校に適応する傾向にあること、②部活動への参加が学校への適応を促し、結果として学業成績を高める傾向にあること、などを明らかにしている。

　また、竹村・前原・小林(2007)は、高校生を対象とした質問紙調査をもとに、スポーツ系部活への参加の有無と学業の目標指向性および適応との関係について検討している。その結果、スポーツ系部活参加群は非部活動群と比べ、①課題指向性(新しい知識や技術を努力して獲得したいという傾向)や協同性(友人と協力しながら課題達成をしたいという傾向)が高い傾向にあること、②自己不明瞭感(現在および将来の自分自身が把握できないこと)が低い傾向にあること、③授業を楽しいと感じる傾向にあること、などを明らかにしている。

　さらに、岡田(2009)は、中学生を対象とした質問紙調査をもとに、部活動への参加が学校への心理社会的適応に及ぼす影響について検討している。その結果、①部活動に積極的に参加している生徒は学校生活の様々な領域で良好な状態にあるとともに、心理的適応も高い傾向にあること、②その一方で、部活動に積極的でない生徒には、部活動に積極的に参加している生徒に見られるような傾向はうかがえないこと、などを明らかにしている。この結果は、単に部活動に参加さえすればよいのではなく、部活動に積極的に参加することが生徒の学校への心理社会的適応を高める可能性を示唆している。

　加えて、林川(2015)は、中学生を対象とした質問紙調査をもとに、学級と部活動という2つの所属集団に着目して、中学生の学校適応のメカニズムについて検討している。その結果、①高い積極性をもって取り組んでいる部員が高い比率を占める部に所属する生徒は、生徒自身の積極性を統制しても高

い学校適応を示していること、②運動部所属の学校適応への正の効果は、生徒が部内で良好な先輩後輩関係を築けている場合に限定されること、③学級集団の特性による緊張を、異年齢集団である部活動における人間関係が緩和している可能性があること、などが明らかとなっている。この結果は、①個人レベルでの部活動への積極性だけではなく集団レベルでの部活動への積極性（部活動全体の積極性）や、部内の良好な先輩後輩関係が、生徒が学校に適応する上で重要であること、②学級の疎外性がもたらす不適応を部活動における異年齢関係が緩和させる可能性があること、を示している。

　第2に、部活動によって培われる資質・能力に着目した研究である。例えば、上野・中込 (1998) は、高校生を対象とした質問紙調査をもとに、運動部活動への参加がライフスキル獲得に及ぼす影響について検討している。その結果、運動部活動参加者は部活動にまったく参加していない生徒と比べて、対人スキルおよび個人スキルを獲得している程度が高いこと、などを明らかにしている。

　また、長谷川 (2005) は、大学生を対象とした高校部活動に関する回顧調査をもとに、部活動がパーソナリティ形成に及ぼす影響について検討している。その結果、①部員数が多い場合に、統率力と責任感が高まる傾向にあること、②部員同士の関係が良好である場合に、協調性が高まる傾向にあること、③参加大会レベルの高い部に所属している場合に、明朗性と自立心が高まる傾向にあること、などを明らかにしている。

　さらに、上野 (2006) は、高等専門学校の生徒を対象に、運動部活動への参加を通じて目標設定スキルの獲得を目指すプログラム（以下、SPG）を実施し、その効果を検討している。分析の結果、SPGへの参加により、運動部活動場面や学校生活場面における目標設定スキルが獲得されることを明らかにしている。

　一方、部活動については、その否定的側面についても言及されている。ここでは、近年問題視されている体罰と教員の多忙化という2つを取り上げたい。まずは、部活動における体罰についてである。文部科学省 (2013) が各都道府県・指定都市教育委員会などに依頼して実施した調査（「体罰の実態把握に

ついて(第2次報告)」)によれば、体罰の場面として最も多いのは、「部活動」(中学校で38.3％、高等学校で41.7％)となっている。

　また、長谷川(2014)は、大学生を対象とした中学校部活動における回顧調査をもとに、中学校部活動における指導者からの暴力被害を規定する要因について検討している。その結果、①男女ともに指導者の指導態度が暴力被害の要因となっていること、②男子については、対外的に高い成績を残している強豪運動部に所属していたことや、部活動内で役割を有していた者、中学校生活において逸脱志向が高い者において、指導者からの暴力被害の確率が高まること、③女子については、部員自身が規律を重視し勝利追求を志向する運動部活動に所属していた場合、指導者からの暴力被害の確率が高まること、などが明らかとなっている。

　さらに、藤井(2013)は、体罰をした教員を擁護する保護者たちの問題を指摘している。2012年、大阪市の公立高校のバスケットボール部のキャプテンであった男子生徒が、当時の顧問教諭による体罰を苦に自殺する事件が起きた。この事件で注目されるのは、保護者らが教育委員会に対して、顧問教諭への寛大な処分を求める嘆願書を提出したことである。このことは、体罰がなぜなくならないのかという問題を考えるにあたり、教員の資質に目を向けるだけでは不十分であり、体罰を許容する側にも目を向ける必要があることを示唆している。

　次に、教員の多忙化についてである。「OECD国際教員指導環境調査」(TALIS)[2]によると、日本の教員の仕事時間(直近の「通常の一週間」において仕事に従事した時間の平均)の合計は53.9時間であり、参加国平均の38.3時間を大きく上回っている。また、仕事時間の内訳を見てみると、日本の教員が諸外国の教員と比べて時間を多く取られているのは、「課外活動の指導(例：放課後のスポーツ活動や文化活動)に使った時間」であることがわかる(参加国平均は2.1時間である一方で、日本は7.7時間)。先述したように、部活動は、その教育的意義を認められてはいるものの、正規のカリキュラムに組み込まれた活動ではない。それにもかかわらず、日本の教員は部活動の指導に大きな時間をとられており、そのことが教員の多忙化を促す一因となっているのである[3]。

このように、部活動については肯定的側面だけではなく否定的側面も指摘されてはいるものの、取り残された課題がある。それは、部活動におけるいじめである。先行研究を見ても、部活動におけるいじめを直接検討した研究は、管見する限りほとんど見当たらない[4]。ただし、部活動は決していじめと無縁ではない。スポーツ庁（2018）によれば、部活動における悩みとして「他の生徒との関係」をあげる中学生の割合は、ほかの項目と比して比較的高い値となっている（運動部所属生徒で10.5％、文化部所属で15.6％）。また、2018年、東京都八王子市で市立中学校の女子生徒が、8月に自殺を図り、9月に死亡した。この件について、学校側は市教育委員会に対し、「部活動でいじめがあった」と報告していた（朝日新聞デジタル 2018年11月6日）。さらに、2021年、福岡県宗像市の私立の高等学校の剣道部に所属していた男子生徒が、いじめ被害を訴える遺書を残して自殺した。学校がいじめ防止対策推進法にもとづき設置した第三者委員会の報告書によれば、当該生徒は所属していた剣道部の部室や寮などで、剣道部の上級生からわいせつ行為を含むいじめを受けていた（毎日新聞デジタル 2024年5月7日）。

　これらのことからもうかがえるように、部活動は子どもたちの学校への適応や資質・能力育成の場として機能するだけではなく、部活動を取り巻く状況如何によっては、対人関係上のトラブル、ひいては、いじめの場となる危険性を有していると言えるだろう。

　以上を踏まえると、部活動におけるいじめに影響を及ぼす要因を検討することは、今後の部活動のあり方を考える上で急務の課題であると言える。この点からも本章の意義は認められよう。

第2節　方法

1　分析の枠組み

　本章では、部活動におけるいじめに影響を及ぼす要因として、主には次の

点に着目する。第1に、部活動指導者の特性と部活動内の雰囲気である。先述したように、部活動におけるいじめに着目した研究は極めて少ない。その一方で、教室におけるいじめに着目した研究は学問分野の壁を越えて幅広く行われている。なかでも、とりわけ多いのは、学級集団特性に着目した研究である[5]。これらの研究により、学級集団のあり様によっていじめの発生状況が大きく左右されることが明らかとなっている（高木 1986, 滝 1996, 森田ほか編 1999, 大西ほか 2009, 久保田 2013 など）。また、先行研究により、教師の指導態度によって学級集団のあり様が左右されることも確認されている（佐藤 1993, 三島・宇野 2004, 岸野・無藤 2009 など）。

以上の先行研究の結果に鑑みれば、部活動内の雰囲気によっていじめの発生状況が左右されるとともに、部活動指導者の特性が部活動内の雰囲気を介して間接的にいじめの発生状況に影響を及ぼす可能性は十分に考えられよう。また、部活動指導者の特性が直接的にいじめの発生状況を左右する可能性も否定できない。

第2に、部活動における先輩後輩関係である。部活動が学級集団と大きく異なる点は、学年やクラスの枠を越えて組織される異年齢集団である、ということである。当然のことながら、異年齢集団で活動を行うことの意義はあるが、その一方で、部活動については、部員間でヒエラルキー的な支配・従属関係が生じる可能性も指摘されている。このような部員間の上下関係は、いじめへと発展する危険性もあると考えられる。なぜなら、森田 (1999) は、いじめの操作的定義を構成する要素として、①被害の発生、②被害の継続性ないしは反復性、③力関係のアンバランス、という3つをあげており[6]、このうち「力関係のアンバランス」をいじめという現象の本質を規定する重要な要素である、としているからである。

以上を踏まえた本章の分析モデルを簡素化したものが、図表8-1である。

図表8-1　分析モデル

```
指導者特性 ──→ 部活動の雰囲気 ──→ ヒエラルキー的な上下関係
      │            │                │
      │            ↓                │
      └────→ 部活動における ←────────┘
              いじめ
```

2　調査対象

　調査の実施時期は、2017（平成29）年12月である。調査用紙は授業時間中に配布し、授業終了後に回収した。調査対象は、国立X大学に在籍する学生381名である。男女比は、男性56.7%（216名）、女性43.3%（165名）である。

　調査対象者に対しては、中学生時の部活動経験について尋ねた。部活動に参加していた経験のある者は、男性で89.4%（193名）、女性で95.8%（158名）の計351名である。

3　調査内容

(1) 部活動への所属の有無

　中学校時代に何らかの部活動に所属していたかどうかを尋ねた。以下の質問項目については、「部活動に所属していた」と回答した者のみに回答するよう求めた。

(2) 部活動の種類

　最も長い期間所属していた部活動について、選択肢のなかからあてはまるもの1つを選択するよう求めた。

(3) 部活動の規模（人数）

所属していた部活動の規模（人数）について、選択肢のなかからあてはまるもの1つを選択するよう求めた。

(4) 部活動の活動日数

所属していた部活動の1週間当たりの活動日数について、選択肢のなかからあてはまるもの1つを選択するよう求めた。

(5) 部活動の対外成績

所属していた部活動の最も良かった対外成績（個人競技の場合は自身の成績）について、選択肢のなかからあてはまるもの1つを選択するよう求めた。

(6) 主な指導者の指導態度

所属していた部活動の主な指導者の指導態度については、長谷川（2005）を参照した。項目は13項目からなる。これらの項目のなかには、部員に対する暴言および暴力に関する項目も含まれている。それぞれの項目について、「とてもあてはまる」から「まったくあてはまらない」の5段階で回答を求めた。

(7) 部活動の雰囲気

所属していた部活動の雰囲気については、長谷川（2005）を参照した。項目は14項目からなる。それぞれの項目について、「とてもあてはまる」から「まったくあてはまらない」の5段階で回答を求めた。

(8) 部活動における先輩後輩関係

部活動における先輩後輩関係については、小野・庄司（2015）を参照した。項目は6項目からなる。それぞれの項目について、「とてもあてはまる」から「まったくあてはまらない」の5段階で回答を求めた。

(9) 部活動におけるいじめ

所属していた部活動において先輩から後輩へのいじめ（叩いたり蹴ったりする、悪口を言う、物を壊す・隠すなどの嫌がらせをする、無視したり仲間はずれにしたりする）および同級生同士のいじめ（いじめの内容については、先輩から後輩へのいじめと同様）があったかどうかについて、「よくあった」から「まったくなかった」の5段階で回答を求めた。

第3節　結果（部活動におけるいじめはなぜ起きるのか？）

1　部活動への所属の有無

図表8-2は、中学校時代に部活動に所属していたかどうかを尋ねた結果である。男女で統計的に有意な差が見られた（$\chi^2(1)=5.904, p=0.015$）。女性は男性と比べ、部活動に所属していた者の割合が高い。

図表8-2　部活動への所属の有無　　　　　（%）

	所属していた	所属していなかった	合計	
男性	88.9	11.1	100.0 (216)	*
女性	95.8	4.2	100.0 (165)	

備考：カッコ内の数値は人数。† $p<0.1$, *$p<0.05$, **$p<0.01$, ***$p<0.001$。以下同様。

2　部活動の種類・規模・活動日数・対外成績

図表8-3は、最も長い期間所属していた部活動の種類を尋ねた結果である[7]。所属していた者の割合が10％を超えている部活動に着目してみると、男性では「サッカー部」「バスケットボール部」「野球部」の3つとなっている。一方、女性では「バスケットボール部」「バレーボール部」「吹奏楽部」の3つとなっている。

図表 8-3　部活動の種類 1　(%)

	男性	女性		男性	女性
サッカー部	15.0	0.0	剣道部	3.1	3.2
ソフトテニス部	8.3	7.6	柔道部	1.6	1.3
ソフトボール部	0.0	4.4	水泳部	0.5	1.3
卓球部	6.7	6.3	体操部	0.0	0.6
テニス部	0.5	1.9	陸上競技部	9.3	8.9
バスケットボール部	10.9	12.7	合唱部	0.0	1.3
バドミントン部	4.7	4.4	科学部	2.6	0.0
バレーボール部	5.2	12.0	茶道部	0.0	4.4
ハンドボール部	2.1	0.6	吹奏楽部	3.1	20.9
野球部	22.3	0.0	美術部	1.0	3.8
空手道部	0.5	0.0	放送部	0.0	0.6
弓道部	0.0	0.6	その他	2.6	3.2

備考：男性の合計人数は193名、女性の合計人数は158名。10％を超えるものについては、網掛けをしている。

　男女ともに運動部系の団体競技に所属していた者の割合が高いが、女性では「吹奏楽部」に所属していた者の割合がかなり高くなっている（女性全体の20.9％）。

　図表 8-4 は、図表 8-3 で示した部活動を「運動部系」と「文化部系」の 2 つに分類し、その割合を男女で比較した結果である[8]。男女で統計的に有意な差が見られた（$\chi^2(1)=36.056, p<0.001$）。男性は女性と比べ「運動部系」に所属している者の割合が高い一方で、女性は男性と比べ「文化部系」に所属している者の割合が高い。

　図表 8-5 は、部活動の規模（人数）を男女で比較した結果である。男女ともに、部員数が10人に満たないケースは少なく、「10～19人」および「20～29人」のケースが多く見られる。なお、男女で統計的に有意な差は見られなかった。

　図表 8-6 は、1週間当たりの部活動の活動日数を男女で比較した結果である。男女ともに、「5～6日程度」が最も多く、全体の75％程度を占めている。なお、統計的検定の結果、有意傾向にあり、男性は女性と比べ、やや活

図表8-4　部活動の種類2　(%)

	運動部系	文化部系	合計
男性	92.7	7.3	100.0 (193)
女性	67.7	32.3	100.0 (158)

図表8-5　部活動の規模(人数)　(%)

	男性	女性
9人以下	4.7	3.8
10～19人	29.5	37.3
20～29人	29.5	27.2
30～39人	19.7	15.2
40人以上	16.6	16.5
合計	100.0 (193)	100.0 (158)

図表8-6　部活動の1週間当たりの活動日数　(%)

	男性	女性	
ほとんど活動していなかった	0.0	0.6	†
1～2日程度	0.5	4.4	
3～4日程度	6.7	4.4	
5～6日程度	74.6	74.1	
7日	18.1	16.5	
合計	100.0 (193)	100.0 (158)	

動日数が多い傾向にある（$\chi^2(4)=8.011, p=0.091$）。

　図表8-7は、部活動の対外成績（最も良かった成績、個人競技の場合は自身の成績）を尋ねた結果である。男女で統計的に有意な差が見られた（$\chi^2(4)=12.066, p=0.017$）。男性は女性と比べ「市などの地区大会出場」の割合が高い一方で、女性は男性と比べ「大会不参加」の割合が高い。これは、先に示したように、女性は男性と比べ「文化部系」の部活動に所属している者の割合が高い（図表8-4）ことと無関係ではないと考えられる。「文化部系」の部活動のなかには、競技志向性の低いものが含まれるからである。

図表 8-7　部活動の対外成績　　　　　　　　(%)

	男性	女性
大会不参加	2.6	9.5
市などの地区大会出場	45.6	32.9
県大会出場	36.3	38.0
(北信越、関東などの)ブロック大会出場	8.8	12.7
全国大会出場	6.7	7.0
合計	100.0 (193)	100.0 (158)

3　部活動指導者の特性

　部活動指導者の特性については、「指導態度」と「部員に対する暴言・暴力」の2つの側面から検討する。

　第1に、指導態度についてである。まず、指導態度を構成する項目を男女で比較した（t検定）が、いずれの項目についても統計的に有意な差は見られなかった。

　次に、指導態度の構造的把握を行うために、因子分析を行った[9]。その結果が、図表8-8である。第1因子で負荷が高かったのは、「部の指導者は、部員一人ひとりの意思や意見を大切にしていた (0.859)」「部の指導者は、部員が相談すると部員の気持ちになって考えてくれた (0.815)」「部の指導者は、部員から信頼されていた (0.741)」「部の指導者は、部員の主体性に任せて活動を行わせようとしていた (0.494)」の4項目である（カッコ内の数値は因子負荷量。以下同様）。そこで、この因子を"部員との人間関係を重視するとともに、部員の主体性を尊重している"という意味で、「人間関係・主体性重視」と命名した。

　第2因子で負荷が高かったのは、「部の指導者は、技術指導に厳しかった (0.833)」「部の指導者は、部の規則を守ることに厳しかった (0.749)」「部の指導者は、礼儀指導に力を入れていた (0.630)」「部の指導者の指示には、どんなことでも従わなければならなかった (0.613)」「部の指導者は、休まず活動に参加していた (0.430)」の5項目である。そこで、この因子を"部員に対し

て厳しく、かつ権威的に指導している"という意味で、「厳格・権威的指導」と命名した。

次に、部員に対する暴言・暴力についてである。まず、部員に対する暴言・暴力に関する2項目について男女で比較を行ったところ、いずれの項目についても統計的に有意な差が見られた（図表8-9）。「部の指導者は、部員に対して暴言を吐いていた」(t(347)=2.097, p=0.037)、「部の指導者は、部員に対して暴力を振るっていた」(t(347)=4.261, p<0.001)の双方の項目において、男性は女性と比べ、平均値が高い。

図表8-8 指導態度の因子分析結果

	人間関係・主体性重視	厳格・権威的指導
部の指導者は、部員一人ひとりの意思や意見を大切にしていた。	0.859	0.057
部の指導者は、部員が相談すると部員の気持ちになって考えてくれた。	0.815	0.173
部の指導者は、部員から信頼されていた。	0.741	0.232
部の指導者は、部員の主体性に任せて活動を行わせようとしていた。	0.494	-0.072
部の指導者は、技術指導に厳しかった。	0.043	0.833
部の指導者は、部の規則を守ることに厳しかった。	0.106	0.749
部の指導者は、礼儀指導に力を入れていた。	0.243	0.630
部の指導者の指示には、どんなことでも従わなければならなかった。	-0.248	0.613
部の指導者は、休まず活動に参加していた。	0.286	0.430
固有値	2.410	2.304
寄与率	26.8	25.6

備考：「まったくあてはまらない」～「とてもあてはまる」に1～5の得点を配分。太線で囲っているのは、因子負荷量の絶対値が0.4以上のもの。以下同様。

図表8-9 部員に対する暴言・暴力

		人数	平均値	標準偏差	
部の指導者は、部員に対して暴言を吐いていた。	男性	191	2.39	1.276	*
	女性	158	2.11	1.198	
部の指導者は、部員に対して暴力を振るっていた。	男性	191	1.80	1.203	***
	女性	158	1.33	0.735	

備考：「まったくあてはまらない」～「とてもあてはまる」に1～5の得点を配分。

これらの結果より、男性は女性と比べ、指導者による暴言や暴力を受けやすい傾向にあることがうかがえる。

次に、これら2項目について主成分分析を行ったところ、一元性が確認された(図表8-10)。そこで、この成分を「指導者による暴言・暴力」と命名した。

図表8-10　指導者による暴言・暴力の主成分分析結果

	指導者による暴言・暴力
部の指導者は、部員に対して暴力を振るっていた。	0.896
部の指導者は、部員に対して暴言を吐いていた。	0.896
固有値	1.607
寄与率	80.3

備考:「まったくあてはまらない」～「とてもあてはまる」に1～5の得点を配分。

4　部活動の雰囲気

まず、部活動の雰囲気に関する項目について男女で比較を行った。その結果、次の3項目において統計的に有意な差が見られた(図表8-11)。「部員同士、誰とでも協力しあって活動することができていた」($t(346)=2.390, p=0.017$)、「部の目標は、大会やコンクールなどで勝ち進むことであった」($t(349)=3.074, p=0.002$)、「部員はお互い素直に自分の意見を言うことができていた」($t(349)=2.436, p=0.015$)の3項目いずれにおいても、男性は女性と比べ、平均値が高くなっている。

図表8-11　部活動の雰囲気

		人数	平均値	標準偏差	
部員同士、誰とでも協力しあって活動することができていた。	男性	190	3.85	0.916	*
	女性	158	3.60	1.003	
部の目標は、大会やコンクールなどで勝ち進むことであった。	男性	193	3.78	0.997	**
	女性	158	3.41	1.302	
部員はお互い素直に自分の意見を言うことができていた。	男性	193	3.63	0.987	*
	女性	158	3.35	1.106	

備考:「まったくあてはまらない」～「とてもあてはまる」に1～5の得点を配分。

これらの結果より、男性主体の部活動は女性主体の部活動と比べ、民主的な運営がされているとともに勝利を追求する傾向にあると言える。

　次に、部活動の雰囲気の構造的把握を行うために、因子分析を行った。その結果が、図表 8-12 である。第 1 因子で負荷が高かったのは、「部にはお互いを尊重し合う雰囲気があった（0.836）」「何か困ったことがあると、部員同士で話し合って解決した（0.779）」「困っている部員がいたら、お互い助け合うことができていた（0.758）」「部員にはお互い素直に自分の意見を言うことができていた（0.728）」「部員同士、誰とでも協力しあって活動することができていた（0.706）」「部には安心して失敗することができる雰囲気があった（0.532）」「部の目標は、部員が楽しく活動することであった（0.528）」「他の部員を注意するとき、言葉で伝え合うことができていた（0.475）」の 8 項目である。そこで、この因子を"部員がお互いを認め合い、話し合いや協力をすることによって集団全体を高め合おうとしている"という意味で「認め合い・高め合い」と命名した。

図表 8-12　部活動内の雰囲気の因子分析結果

	認め合い・高め合い	規律・勝利追求志向
部にはお互いを尊重し合う雰囲気があった。	0.836	0.096
何か困ったことがあると、部員同士で話し合って解決した。	0.779	0.072
困っている部員がいたら、お互い助け合うことができていた。	0.758	0.277
部員はお互い素直に自分の意見を言うことができていた。	0.728	0.107
部員同士、誰とでも協力しあって活動することができていた。	0.706	0.316
部には安心して失敗することができる雰囲気があった。	0.532	-0.379
部の目標は、部員が楽しく活動することであった。	0.528	-0.330
他の部員を注意するとき、言葉で伝え合うことができていた。	0.475	0.271
部員は部の規則を守ることに厳しかった。	0.172	0.749
大会やコンクールなどで良い成績を残せないと、険悪な雰囲気になった。	-0.130	0.604
部の目標は、大会やコンクールなどで勝ち進むことであった。	0.154	0.580
部員は休まずに活動に参加していた。	0.292	0.570
固有値	3.853	2.116
寄与率	32.1	17.6

備考：「まったくあてはまらない」〜「とてもあてはまる」に 1 〜 5 の得点を配分。

第 2 因子で負荷が高かったのは、「部員は部の規則を守ることに厳しかった (0.749)」「大会やコンクールなどで良い成績を残せないと、険悪な雰囲気になった (0.604)」「部の目標は、大会やコンクールなどで勝ち進むことであった (0.580)」「部員は休まずに活動に参加していた (0.570)」の 4 項目である。そこで、この因子を"規律を守ることに厳しく、大会やコンクールなどで勝利することを重視している"という意味で「規律・勝利追求志向」と命名した。

5　部活動における先輩後輩関係

まずは、部活動における先輩後輩関係に関する項目について男女で比較を行った。その結果、次の 4 項目において統計的に有意な差が見られた（図表8-13）。「後輩は先輩よりも早く練習に来なければならなかった」（$t(349)=-3.428$, $p<0.001$）、「何事にも先輩が優先であった」（$t(349)=-5.098$, $p<0.001$）、「先輩の言うことは何事も絶対であった」（$t(348)=-5.612$, $p<0.001$）、「後輩は制服、ジャージ、カバンなどの身なりが制限されていた」（$t(349)=-5.380$, $p<0.001$）という 4 項目いずれにおいても、女性は男性に比べ、平均値が高くなっている。

これらの結果より、女性主体の部活動は男性主体の部活動と比べ、先輩後輩間にヒエラルキー的な上下関係が存在する傾向にあることがうかがえる。

次に、先輩後輩関係に関する 6 項目について主成分分析を行ったところ、

図表8-13　部活動における先輩後輩関係

		人数	平均値	標準偏差	
後輩は先輩よりも早く練習に来なければならなかった。	男性	193	2.53	1.381	***
	女性	158	3.05	1.436	
何事にも先輩が優先であった。	男性	193	2.82	1.331	***
	女性	158	3.56	1.352	
先輩の言うことは何事も絶対であった。	男性	192	2.48	1.274	***
	女性	158	3.27	1.323	
後輩は制服、ジャージ、カバンなどの身なりが制限されていた。	男性	193	1.95	1.200	***
	女性	158	2.74	1.540	

備考：「まったくあてはまらない」〜「とてもあてはまる」に 1 〜 5 の得点を配分。

一元性が確認された（図表8-14）。そこで、この成分を「ヒエラルキー的な上下関係」と命名した。

図表8-14　部活動における先輩後輩関係の主成分分析結果

	ヒエラルキー的な上下関係
何事にも先輩が優先であった。	0.906
先輩の言うことは何事も絶対であった。	0.873
後輩は先輩よりも早く練習に来なければならなかった。	0.831
後輩は練習の準備と後片付けを行っていた。	0.726
後輩は制服、ジャージ、カバンなどの身なりが制限されていた。	0.724
後輩は遠征やその他の移動の際に、先輩の荷物を持たなければならなかった。	0.619
固有値	3.708
寄与率	61.8

備考：「まったくあてはまらない」～「とてもあてはまる」に1～5の得点を配分。

6　部活動におけるいじめ

図表8-15は、所属している部活動におけるいじめについて尋ねた結果である（単純集計結果）。「あった」と回答した者の割合が最も高いのは、「同級生は他の同級生を無視したり、仲間はずれにしたりしていた」（19.7%）であり、それに次いで多いのが「同級生は他の同級生に対して直接悪口を言っていた」（18.3%）、「先輩は後輩に対して直接悪口を言っていた」（17.2%）となっている。

次に、部活動におけるいじめに関する項目について男女で比較を行った。その結果、次の5項目において統計的に有意な差が見られた（図表8-16）。「先輩は後輩を叩いたり蹴ったりしていた」（$t(347)=6.395, p<0.001$）、「先輩は後輩の物を壊す、隠すなどの嫌がらせをしていた」（$t(347)=2.984, p=0.003$）、「同級生は他の同級生を叩いたり蹴ったりしていた」（$t(347)=7.018, p<0.001$）、「同級生は他の同級生の物を壊す、隠すなどの嫌がらせをしていた」（$t(347)=2.689,$

図表8-15　部活動におけるいじめ1

	あった	合計
先輩は後輩を叩いたり蹴ったりしていた。	7.8	100.0 (349)
先輩は後輩に対して直接悪口を言っていた。	17.2	100.0 (349)
先輩は後輩の物を壊す、隠すなどの嫌がらせをしていた。	4.3	100.0 (349)
先輩は後輩を無視したり、仲間はずれにしたりしていた。	9.4	100.0 (349)
同級生は他の同級生を叩いたり蹴ったりしていた。	5.7	100.0 (349)
同級生は他の同級生に対して直接悪口を言っていた。	18.3	100.0 (349)
同級生は他の同級生の物を壊す、隠すなどの嫌がらせをしていた。	6.8	100.0 (349)
同級生は他の同級生を無視したり、仲間はずれにしたりしていた。	19.7	100.0 (349)

備考：「よくあった」「ときどきあった」と回答した者を合計したパーセンテージ。

図表8-16　部活動におけるいじめ2

		人数	平均値	標準偏差	
先輩は後輩を叩いたり蹴ったりしていた。	男性	192	1.77	1.108	***
	女性	157	1.16	0.474	
先輩は後輩の物を壊す、隠すなどの嫌がらせをしていた。	男性	192	1.55	0.908	**
	女性	157	1.28	0.724	
同級生は他の同級生を叩いたり蹴ったりしていた。	男性	192	1.79	1.072	***
	女性	157	1.15	0.464	
同級生は他の同級生の物を壊す、隠すなどの嫌がらせをしていた。	男性	192	1.67	0.999	**
	女性	157	1.39	0.861	
同級生は他の同級生を無視したり、仲間はずれにしたりしていた。	男性	192	1.81	1.153	*
	女性	157	2.14	1.370	

備考：「まったくあてはまらない」～「とてもあてはまる」に1～5の得点を配分。

p=0.008) の4項目については、男性は女性と比べ、平均値が高い。その一方で、「同級生は他の同級生を無視したり、仲間はずれにしたりしていた」(t(347)=-2.464, p=0.014) については、女性は男性と比べ、平均値が高くなっている。

これらの結果より、男性主体の部活動は女性主体の部活動と比べ、いじめが多く発生している可能性がうかがえる。また、女性主体の部活動は男性主体の部活動と比べ、同級生同士の無視・仲間はずれといった関係性攻撃が多く行われる可能性のあることがわかる。

さらに、部活動におけるいじめに関する項目について主成分分析を行ったところ、一元性が確認された（図表8-17）。そこで、この成分を「部活動におけるいじめ」と命名した。

図表8-17　部活動におけるいじめの主成分分析結果

	部活動におけるいじめ
同級生は他の同級生の物を壊す、隠すなどの嫌がらせをしていた。	0.796
同級生は他の同級生に対して直接悪口を言っていた。	0.779
先輩は後輩の物を壊す、隠すなどの嫌がらせをしていた。	0.772
先輩は後輩に対して直接悪口を言っていた。	0.748
同級生は他の同級生を無視したり、仲間はずれにしたりしていた。	0.723
同級生は他の同級生を叩いたり蹴ったりしていた。	0.723
先輩は後輩を叩いたり蹴ったりしていた。	0.710
先輩は後輩を無視したり、仲間はずれにしたりしていた。	0.684
固有値	4.416
寄与率	55.2

備考：「まったくあてはまらない」～「とてもあてはまる」に1～5の得点を配分。

7　部活動におけるいじめに影響を及ぼす要因の検討

ここでは、部活動におけるいじめに影響を及ぼす要因について検討するために、重回帰分析を行う。分析を行うにあたっては、男女で影響要因が異なる可能性を考慮し、男女別の分析を行う。

分析に使用する変数の詳細は、以下の通りである（図表8-18）。

図表8-19は、「部活動におけるいじめ」を従属変数、そのほかの変数を独立変数とした重回帰分析の結果である[10]。男女ともに、「ヒエラルキー的な上下関係」が有意な正の影響を及ぼしている（男女ともに、$p<0.001$）。また、男女ともに、「認め合い・高め合い」が有意な負の影響を及ぼしている（男性：$p=0.002$、女性：$p<0.001$））。

これらの結果より、部活動の主たる構成員の性別に関わりなく、①部活動内の先輩後輩の間に確固たる上下関係が存在している場合に、部活動におけ

図表8-18 分析に使用する変数

運動部系・文化部系	運動部系の部活動の場合には1、文化部系の部活動の場合には0のダミー変数(図表8-4)。
部活動の規模(人数)	「9人以下」〜「40人以上」に1〜5の得点を配分(図表8-5)。
活動日数	「ほとんど活動していなかった」〜「7日」に1〜5の得点を配分(図表8-6)。
対外成績	「大会不参加」〜「全国大会出場」に1〜5の得点を配分(図表8-7)。
人間関係・主体性重視 厳格・権威的指導	主な指導者の指導態度に関する項目について因子分析を行った結果得られた2つの因子得点(図表8-8)。
指導者による暴言・暴力	主な指導者による部員に対する暴言・暴力に関する項目について主成分分析を行った結果得られた主成分得点(図表8-10)。
認め合い・高め合い 規律・勝利追求志向	部活動内の雰囲気に関する項目について因子分析を行った結果得られた2つの因子得点(図表8-12)。
ヒエラルキー的な上下関係	部活動における先輩後輩関係に関する項目について主成分分析を行った結果得られた主成分得点(図表8-14)。
部活動におけるいじめ	部活動におけるいじめに関する項目について主成分分析を行った結果得られた主成分得点(図表8-17)。

図表8-19 部活動におけるいじめに影響を及ぼす要因の検討(重回帰分析)

	男性					女性				
	B	標準誤差	β	p値		B	標準誤差	β	p値	
(定数)	0.115	0.734		0.875		-0.809	0.425		0.059	†
運動部系・文化部系	0.172	0.294	0.042	0.560		0.105	0.141	0.061	0.455	
部活動の規模(人数)	0.039	0.068	0.041	0.569		0.117	0.056	0.167	0.038	*
活動日数	-0.118	0.158	-0.054	0.457		0.001	0.102	0.001	0.993	
対外成績	0.112	0.085	0.094	0.191		0.050	0.068	0.063	0.462	
人間関係・主体性重視	0.099	0.101	0.083	0.328		-0.014	0.079	-0.016	0.862	
厳格・権威的指導	-0.064	0.124	-0.053	0.605		0.004	0.085	0.005	0.963	
指導者による暴言・暴力	0.202	0.092	0.199	0.029	*	0.112	0.089	0.113	0.211	
認め合い・高めあい	-0.283	0.092	-0.234	0.002	**	-0.293	0.071	-0.358	p<0.001	***
規律・勝利追求志向	-0.053	0.129	-0.041	0.683		-0.163	0.096	-0.186	0.093	†
ヒエラルキー的な上下関係	0.413	0.103	0.336	p<0.001	***	0.255	0.068	0.323	p<0.001	***
調整済みR^2	0.180					0.259				
F値	4.965			p<0.001	***	6.447			p<0.001	***

るいじめが起こりやすいこと、②部活動内に"部員がお互いを認め合い、話し合いや協力をすることによって集団全体を高め合おうとする"雰囲気が醸成されている場合に、部活動におけるいじめが起こりにくいこと、がうかがえる。

　一方、男性については「指導者による暴言・暴力」（p=0.029）が、女性については「部活動の規模（人数）」（p=0.038）が、有意な正の影響を及ぼしている。この結果より、男性主体の部活動では、主な指導者が部員に対して暴言を吐いたり暴力を振るったりしている場合、女性主体の部活動では、部活動の規模（人数）が多い場合に、部活動におけるいじめが起こりやすいと言える。

　また、女性については、「規律・勝利追求志向」（p=0.093）が有意傾向ではあるものの、負の影響を及ぼしている。この結果より、女性主体の部活動では、"規律を守ることに厳しく、大会やコンクールなどで勝利することを重視している"場合に、部活動におけるいじめが起こりにくいことがうかがえる。

　以上の結果より、「認め合い・高め合い」（部活動内の雰囲気）と「ヒエラルキー的な上下関係」（先輩後輩関係）の2つが、男女に関わりなく、部活動におけるいじめの発生状況を大きく左右する要因であることがわかる。

　そこで、次に、「認め合い・高め合い」（部活動内の雰囲気）と「ヒエラルキー的な上下関係」（先輩後輩関係）のそれぞれに影響を及ぼす要因について検討することとしたい（分析モデルについては、図表8-1を参照のこと）。

　まずは、「認め合い・高め合い」（部活動内の雰囲気）を従属変数とした重回帰分析の結果についてである（図表8-20）。男女ともに、「人間関係・主体性重視」が有意な正の影響を及ぼしている（男女ともに、p<0.001）。これらの結果より、部活動の主たる構成員の性別に関わりなく、主な指導者が"部員との人間関係を重視するとともに、部員の主体性を尊重している"場合に、部活動内に"部員がお互いを認め合い、話し合いや協力をすることによって集団全体を高め合おうとする"雰囲気が醸成されやすいことがうかがえる。

　また、女性については、「厳格・権威的な指導」（p=0.002）も有意な正の影響を及ぼしている。この結果より、女性主体の部活動においては、主な指導

図表8-20 「認め合い・高め合い」(部活動内の雰囲気)に影響を及ぼす要因の検討(重回帰分析)

	男性				女性				
	B	標準誤差	β	p値	B	標準誤差	β	p値	
(定数)	-0.538	0.591		0.365	0.888	0.461		0.056	†
運動部系・文化部系	-0.134	0.239	-0.039	0.576	-0.154	0.161	-0.073	0.341	
部活動の規模(人数)	-0.078	0.055	-0.099	0.159	0.033	0.065	0.038	0.613	
活動日数	0.196	0.129	0.110	0.129	-0.224	0.114	-0.151	0.052	†
対外成績	0.064	0.069	0.066	0.353	-0.027	0.075	-0.028	0.721	
人間関係・主体性重視	0.414	0.077	0.421	p<0.001	0.540	0.077	0.516	p<0.001	***
厳格・権威的指導	0.063	0.083	0.063	0.445	0.258	0.084	0.244	0.002	**
指導者による暴言・暴力	0.049	0.075	0.059	0.514	-0.032	0.103	-0.027	0.753	
調整済みR^2	0.170				0.327				
F値	6.363			p<0.001	11.912			p<0.001	***

者が"部員に対して厳しく、かつ権威的に指導している"場合についても、部活動内に"部員がお互いを認め合い、話し合いや協力をすることによって集団全体を高め合おうとする"雰囲気が醸成されやすいことがわかる。

　さらに、女性については、有意傾向ではあるものの、「活動日数」(p=0.052)が負の影響を及ぼしている。この結果より、女性主体の部活動においては、部活動の活動日数が多い場合に、部活動内に"部員がお互いを認め合い、話し合いや協力をすることによって集団全体を高め合おうとする"雰囲気が醸成されにくくなることがうかがえる。

　次に、「ヒエラルキー的な上下関係」(先輩後輩関係)を従属変数とした重回帰分析の結果についてである(図表8-21)。男女ともに、「規律・勝利追求志向」が有意な正の影響を及ぼしている(男女ともに、p<0.001)。これらの結果より、部活動の主たる構成員の性別に関わりなく、部活動内に"規律を守ることに厳しく、大会やコンクールなどで勝利することを重視する"雰囲気がある場合に、部活動内の先輩後輩間でヒエラルキー的な人間関係が形成されやすいことがうかがえる。

　また、男性については、「厳格・権威的な指導」(p=0.036)も有意な正の影響を及ぼしている。この結果より、男性主体の部活動においては、主な指導者が"部員に対して厳しく、かつ権威的に指導している"場合についても、

図表8-21　「ヒエラルキー的な上下関係」(先輩後輩関係)に影響を及ぼす要因の検討(重回帰分析)

	男性					女性				
	B	標準誤差	β	p値		B	標準誤差	β	p値	
(定数)	-0.021	0.542		0.970		-0.228	0.511		0.656	
運動部系・文化部系	0.340	0.216	0.101	0.117		0.311	0.167	0.142	0.065	†
部活動の規模(人数)	-0.040	0.050	-0.051	0.430		-0.053	0.067	-0.060	0.431	
活動日数	-0.031	0.116	-0.017	0.791		0.131	0.123	0.085	0.286	
対外成績	-0.113	0.062	-0.117	0.071	†	-0.021	0.081	-0.021	0.795	
人間関係・主体性重視	-0.014	0.074	-0.015	0.846		-0.075	0.095	-0.069	0.431	
厳格・権威的指導	0.190	0.090	0.192	0.036	*	-0.087	0.101	-0.080	0.391	
指導者による暴言・暴力	0.109	0.067	0.131	0.106		-0.018	0.107	-0.015	0.865	
認め合い・高め合い	-0.082	0.067	-0.082	0.228		-0.072	0.085	-0.069	0.401	
規律・勝利追求志向	0.398	0.089	0.378	p<0.001	***	0.631	0.103	0.569	p<0.001	***
調整済みR^2	0.330					0.329				
F値	10.966			p<0.001		9.564			p<0.001	

部活動内の先輩後輩間でヒエラルキー的な人間関係が生まれやすいことがわかる。

さらに、男性については、有意傾向ではあるものの、「対外成績」(p=0.071)が負の影響を及ぼしている。この結果より、男性主体の部活動においては、対外成績が優れている場合、部活動内の先輩後輩間でヒエラルキー的な人間関係が生まれにくいことがうかがえる。

加えて、女性については、有意傾向ではあるものの、「運動部系・文化部系」(p=0.065)が正の影響を及ぼしている。この結果より、女性主体の部活動においては、運動部系の部活動は文化部系の部活動に比べ、部活動内の先輩後輩間でヒエラルキー的な人間関係が生まれやすいと言える。

以上の分析結果(図表8-19～図表8-21)を踏まえ、部活動におけるいじめに影響を及ぼす直接的・間接的な要因を図式化したものが、図表8-22(男性のみの分析結果)および図表8-23(女性のみの分析結果)である。これらの図により、部活動におけるいじめに直接的な影響を及ぼす要因だけではなく、間接的な影響を及ぼす要因を視覚的に確認することができる。直接的な影響を及ぼす要因についてはすでに言及しているので、以下では間接的な影響を及ぼす要因に着目して論じることとしたい。

第1に、主な指導者の指導態度についてである。指導態度については男女ともに部活動におけるいじめに直接的な影響を及ぼしてはいなかった（図表8-19）ものの、間接的な影響を及ぼしていることがわかる。男女ともに、「人間関係・主体性重視」（指導態度）は、「認め合い・高め合い」（部活動内の雰囲気）を経由して、部活動におけるいじめに負の間接的な影響を及ぼしている。また、女性については、「厳格・権威的指導」（指導態度）も「認め合い・高め合い」（部活動内の雰囲気）を経由して、部活動におけるいじめに負の間接的な影響を及ぼしていることがうかがえる。

　これらの結果により、部活動の主たる構成員の性別に関わりなく、主な指導者が"部員との人間関係を重視するとともに、部員の主体性を尊重している"場合に、部活動内に"部員がお互いを認め合い、話し合いや協力をすることによって集団全体を高め合おうとする"雰囲気が醸成され、結果として部活動におけるいじめが生じにくくなることがわかる。また、女性主体の部活動においては、主な指導者が"部員に対して厳しく、かつ権威的に指導している"場合についても、「人間関係・主体性重視」（指導態度）と同様に、部活動におけるいじめを生じにくくする間接的な影響を確認することができる。

　その一方で、男性については、「厳格・権威的指導」（指導態度）は「ヒエラルキー的な上下関係」（先輩後輩関係）を経由して、部活動におけるいじめに正の間接的な影響を及ぼしている。この結果は、女性主体の部活動とは異なり、男性主体の部活動では、主な指導者が"部員に対して厳しく、かつ権威的に指導している"場合に、部活動内の先輩後輩間でヒエラルキー的な人間関係が形成され、結果として部活動におけるいじめが生じやすくなることを示唆している。

　第2に、部活動内の雰囲気についてである。男女ともに、「規律・勝利追求志向」（部活動内の雰囲気）が「ヒエラルキー的な人間関係」（先輩後輩関係）を経由して、部活動におけるいじめに正の間接的な影響を及ぼしている。

　これらの結果により、部活動の主たる構成員の性別に関わりなく、部活動内に"規律を守ることに厳しく、大会やコンクールなどで勝利することを重視する"雰囲気がある場合に、部活動内の先輩後輩間でヒエラルキー的な人

間関係が形成され、結果として部活動におけるいじめが生じやすくなることがうかがえる。

図表8-22　部活動のいじめに影響を及ぼす要因(男性)

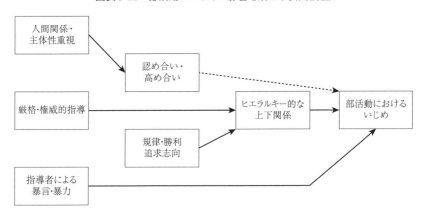

備考：有意なパスのみを示している。なお、実線の矢印は正の影響を、点線の矢印は負の影響をそれぞれ示している。以下同様。

図表8-23　部活動のいじめに影響を及ぼす要因(女性)

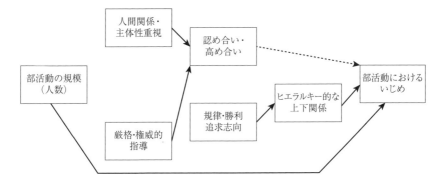

第4節　まとめと考察

本章の目的は、大学生を対象とした回顧調査をもとに、中学生時の部活動におけるいじめに影響を及ぼす要因を検討することにあった。本章によって明らかとなった主要な結果は、以下のように要約されよう。

1　部活動におけるいじめの実態

部活動におけるいじめについては、先輩から後輩へのいじめと同級生同士のいじめという2つの側面から把握を試みた。その結果、主には次の3点が明らかとなった。

第1に、部活動におけるいじめが「あった」と回答した者の割合は、各項目で4～20％の間を推移していた（図表8-15）。先行研究では部活動におけるいじめについてほとんど検討されてこなかったものの、この結果より、部活動におけるいじめは一定数存在することがわかる。

第2に、男女の違いについてである（図表8-16）。男性主体の部活動は女性主体の部活動と比べ、いじめが多く発生している可能性がうかがえた。また、女性主体の部活動は男性主体の部活動と比べ、同級生同士の無視・仲間はずれといった関係性攻撃が多く見られる傾向にあった。この結果は、部活動におけるいじめについて検討するにあたり、男女の違いを考慮する必要があることを示唆している。

第3に、部活動におけるいじめに関する項目について主成分分析を行ったところ、一元性が確認された（図表8-17）。この結果は、先輩から後輩へのいじめと同級生同士のいじめとは、決して無関係ではないことを物語っている。

2　部活動におけるいじめに影響を及ぼす要因

部活動におけるいじめに影響を及ぼす要因を男女別に検討したところ、男女で幾分の違いが見られたものの、男女で共通している部分がかなりの程度見られた（図表8-19～図表8-23）。そこで、以下では、男女で共通する要因に

ついて中心的に論じることとしたい。

　第1に、「ヒエラルキー的な上下関係」（先輩後輩関係）についてである。部活動の主たる構成員の性別に関わりなく、部活動内の先輩後輩の間に確固たる上下関係が存在している場合に、部活動におけるいじめは起こりやすい傾向にあった。その理由としては、次のようなことが考えられる。1つは、ヒエラルキー的な上下関係が部員（とりわけ下級生）にとってストレッサーとなっている、ということである。手塚・上地・児玉（2003）は、中学生を対象とした質問紙調査をもとに、運動部活動に関するストレッサーとして「部員との関係」[11]があり、それが「不機嫌・怒り」というストレス反応を引き起こす可能性を明らかにしている。この結果に鑑みれば、先輩後輩間でヒエラルキー的な人間関係が存在している場合、そのことが部員にとってストレッサーとなり、いじめという攻撃行動を引き起こしている可能性を指摘できよう。

　もう1つは、ヒエラルキー的な上下関係が存在している場合、上級生は下級生に対して力を濫用しやすい環境にある、ということである。「分析の枠組み」で述べた通り、いじめの操作的定義の構成要素のうち、最も重要視されているのは、被害者と加害者との間の「力関係のアンバランス」である。ヒエラルキー的な上下関係のもとでは、このような「力関係のアンバランス」が顕在化しており、結果としていじめが生じやすいものと推察される。

　第2に、「規律・勝利追求志向」（部活動内の雰囲気）についてである。部活動の主たる構成員の性別に関わりなく、部活動内に"規律を守ることに厳しく、大会やコンクールなどで勝利することを重視する"雰囲気（「規律・勝利追求志向」）がある場合に、部活動内の先輩後輩間でヒエラルキー的な人間関係が形成され、結果として部活動におけるいじめが起こりやすい傾向にあった。小野・庄司（2015）は、中高生を対象とした質問紙調査をもとに、「部の方針・性格」が先輩後輩間のヒエラルキー的な人間関係に影響を及ぼす可能性を明らかにしている。「部の方針・性格」を構成する項目には、「部には厳しい決まりや運営方針がある」「部として挨拶や礼儀を徹底している」といった、部活動内の規律に関する項目が含まれている[12]。この結果に鑑みれ

ば、「規律・勝利追求志向」という部活動内の雰囲気は、部全体の方針によって生み出されている可能性も否定できない。その場合、ヒエラルキー的な上下関係をできる限りフラットな関係に近づけるためには、主たる指導者の立ち会いのもと、部員同士が望ましい部活動のあり方について互いに協議することによって部全体の方針をあらためていくことが求められよう。このことは、とりわけ女性主体の部活動において必要であると言えるかもしれない。女性主体の部活動は男性主体の部活動と比べ、先輩後輩間のヒエラルキー的な上下関係が顕著に見られたからである（図表8-13）[13]。

　第3に、「認め合い・高め合い」（部活動内の雰囲気）についてである。部活動の主たる構成員の性別に関わりなく、"部員がお互いを認め合い、話し合いや協力をすることによって集団全体を高め合おうとする"雰囲気が醸成されている場合に、部活動におけるいじめは抑制される傾向にあった。このような「認め合い・高め合い」という部活動内の雰囲気は、学習指導要領における特別活動の目標とも類似している。特別活動の目標を見ると、育成が目指される資質・能力の1つとして、「集団や自己の生活、人間関係の課題を見いだし、解決するために話し合い、合意形成を図ったり、意思決定したりすることができるようにする」が掲げられている（『中学校学習指導要領 第5章 特別活動』第1目標 (2)）。このことを踏まえると、部活動を通じて、特別活動に期待される資質能力を子どもたちに育むことが、いじめが起きにくい部活動を作る上で重要であると言えよう。

　第4に、「人間関係・主体性重視」（指導態度）についてである。部活動の主たる構成員の性別に関わりなく、主な指導者が"部員との人間関係を重視するとともに、部員の主体性を尊重している"場合に、部活動内に"部員がお互いを認め合い、話し合いや協力をすることによって集団全体を高め合おうとする"雰囲気が醸成され、結果として部活動におけるいじめは抑制される傾向にあった。主たる指導者の指導態度は、部活動におけるいじめに直接的な影響を及ぼしてはいなかったものの、部活動内の雰囲気を介して、間接的な影響を及ぼしていたのである。この結果は、「認め合い・高め合い」という部活動内の雰囲気を醸成するにあたり、部員任せにしているのでは不十分

であり、主たる指導者が部員とどのように関わっていくのか、ということが極めて重要であることを示唆している[14]。

　最後に、部活動におけるいじめに直接的・間接的な影響を及ぼす要因には、男女で異なる側面も見られた、ということにも触れておきたい。まずは、直接的な要因についてである。男性主体の部活動では、主な指導者が部員に対して暴言を吐いたり暴力を振るったりしている場合に、部活動におけるいじめは起こりやすい傾向にあった[15]。その一方で、女性主体の部活動では、部活動の規模（人数）が多い場合に、部活動におけるいじめは起こりやすい傾向にあった。

　次に、間接的な要因についてである。男女ともに、「厳格・権威的指導」（指導態度）が部活動におけるいじめに間接的な影響を及ぼしていた。しかし、その影響の仕方は男女で異なっていた。男性主体の部活動では、主な指導者が"部員に対して厳しく、かつ権威的に指導している"場合に、部活動内の先輩後輩間でヒエラルキー的な人間関係が形成され、結果として部活動におけるいじめは起こりやすい傾向にあった。その一方で、女性主体の部活動では、主な指導者が"部員に対して厳しく、かつ権威的に指導している"場合に、部活動内に"部員がお互いを認め合い、話し合いや協力をすることによって集団全体を高め合おうとする"雰囲気が醸成され、結果として部活動におけるいじめは抑制される傾向にあった。つまりは、「厳格・権威的指導」という指導態度は、男性主体の部活動についてはいじめを引き起こす間接的な要因となることを示唆している一方で、女性主体の部活動についてはいじめを抑制する間接的な要因となることを示唆しているのである。

　しかし、なぜ男女で部活動におけるいじめに影響を及ぼす要因に違いが見られるのか、ということまでは、本章で明らかにすることはできなかった。今後の課題としたい。

注
(1) 中澤（2011）は、社会学・心理学領域における運動部活動研究を「参加・適応研究」「機能・効果研究」「顧問教員研究」の3つに分類している。これら3つのうち、部活動の教育的効果に着目した研究は、「参加・適応研究」と「機能・効果研究」の2つに該当する。
(2) 第2回調査の実施時期は、2013年である。コアとなる調査の対象は、前期中等教育段階の教員。参加国・地域数は34カ国である。
(3) この点について、内田・斉藤編（2018）は、「公立の義務教育諸学校等の教育職員の給与等に関する特別措置法」という法律の観点から批判的に検討している。
(4) 数少ない研究に、長谷川（2013）などがある。
(5) その最たる理由は、森田・清永（1986）によって「いじめ集団の四層構造論」が提唱されたからである。「いじめ集団の四層構造論」では、いじめを被害者と加害者の二者間の問題としてとらえるのではなく、学級集団全体のあり様が問われる問題である、と考える。
(6) ただし、「被害の継続性ないしは反復性」については、"1回のいじめでも、被害者の心身に深刻な影響を及ぼすケースがある"、"ひとりの生徒が複数の生徒を1回ずついじめて回った場合、それがいじめとしてカウントされない"といった理由から、必須の構成要素とすることを疑問視している。
(7) そのほかの内訳については、「ボート部（2人）」「新体操部（2人）」「ホッケー部（1人）」「ラグビー部（1人）」「なぎなた部（1人）」「文芸部（1人）」「英語部（1人）」「技術部（1人）」となっている。
(8) 「その他」と回答した者についても、自由記述の内容を踏まえ、「運動部系」か「文化部系」のいずれかに分類している。
(9) 方法としては、因子数を2〜4とし、主因子法により因子を抽出し、因子の解釈のしやすさから2因子解を採用した。また、因子負荷量の絶対値が複数の因子において0.4以上であった項目を削除した後に、再び主因子法、バリマックス回転による因子分析を行った。因子分析の手続きについては、以下同様。
(10) 各独立変数のVIFの値を算出したところ、その値の範囲は、男性のみの分析では1.132から2.325の間であり、女性のみの分析では1.345から2.545の間であった。男性のみの分析および女性のみの分析、ともに「規律・勝利追求志向（男性：2.192、女性：2.034）」と「ヒエラルキー的な上下関係（男性：2.325、女性：2.542）」という2つの変数でVIFの値が2を超えていた（カッコ内の数値はVIFの値）。ただし、VIFの値はいずれも3未満であることから、多重共線性の可能性はそれほど高くないと言える。
(11) 「部員との関係」に関する項目は、「先輩にえこひいきされた」「先輩に怒られた」「他の部員との仲が悪くなった」の3つである。
(12) 「部の方針・性格」を構成する項目には、これら2項目のほかに、「部の『伝統』と言えるものがある」「部全体ではっきりとした目標を持って日々活動に取り組んでいる」「目標達成のために部全体でよくミーティングを行っている」「部全体で部員は同じ目標を共有している」という項目が含まれている。

(13) 同様の結果は、小野・庄司 (2015) でも確認されている。
(14)「認め合い・高め合い」(部活動内の雰囲気) を従属変数とした重回帰分析の結果 (図表 8-20) を見ると、「人間関係・主体性重視」(指導態度) の標準偏回帰係数 (β) の値は男女ともにほかの変数と比べて最も高くなっている。
(15) 男性主体の部活動の結果については、男性は女性と比べ、指導者による暴力や暴言を受けやすい傾向にあった (図表 8-9) ことを考慮する必要があるかもしれない。

終章

第 1 節　結果の要約

　本研究の目的は、いじめの渦中にある小中学生および大学を対象とした質問紙調査をもとに、いじめをめぐる子どもたちの意識と行動について検討することを通じて、「いじめ集団の四層構造論」（森田・清永［1986］1994）を批判的に検討することにあった。そのため、本研究の狙いは、「いじめ集団の四層構造論」の有効性を追認することでは決してなかった。「いじめ集団の四層構造論」が提唱されて以降、かなりの年月が経過していることを踏まえ、「いじめ集団の四層構造論」の課題を整理・検討することを通じて得られた知見をもとに、「いじめ集団の四層構造論」において見逃されていた点を明らかにするとともに、「いじめ集団の四層構造論」の限界を示すことにあった。そのことにより、今後のいじめ研究の方向性を見定めることが可能になると考えたからである。

　また、本研究では、上記の目的を達成するにあたり、ラベリング理論（Becker, H. S. 訳書1978）の知見も採用した。具体的には、ラベリング理論における逸脱の定義にもとづき、いじめ被害者を集団内規則からの逸脱者とみなした。その主たる理由は、次の通りである。第 1 に、いじめを集団内におけるルールとの関係でとらえている先行研究（竹川 1993, 赤坂 1995, 村瀬 1996, 森田 2010, 加野 2011 など）と整合性をとりつつも、いじめの原因の一端を被害者に帰する必要がなくなるからである。ラベリング理論によれば、逸脱とは人間の行為の性質ではなく、ある行為に対する他者の反作用の結果である。そのため、「逸脱者」とされた者が文字通り集団内規則に違反したと仮定する必要はない。

第2に、いじめ加害者（否定的ラベルを付与する側）といじめ被害者（否定的ラベルを付与される側）との相互作用を踏まえた分析が可能になるからである。それにより、「いじめ集団の四層構造論」で想定されてきた、いじめに対して無力で無抵抗な受動的いじめ被害者像を乗り越えることが可能になる。

　第3に、いじめ加害者の私的利害に着目した分析が可能になるからである。ラベリング理論では、法的規則の執行が選別的になされる可能性を指摘しており、執行者の私的利害が執行を必然的にするとしている。このことを踏まえ、いじめ加害者を集団内規則の執行者と仮定するならば、彼らが規則を執行し、いじめ被害者を意図的に作り出すことにより、どのような利益を享受するのか、ということを検討する必要がある。いじめ加害者の私的利害については、「いじめ集団の四層構造論」とは幾分重なりつつも異なる形で展開してきた近年の研究でも注目されている（内藤 2001・2007・2009, 森口 2007, 土井 2008 など）。ただし、これらの研究には、その妥当性を示す実証的証拠に乏しいという課題がある。そのため、いじめ加害者の私的利害に着目した実証的分析を行うことの学問上の意義は、大きいと言える。

　本節では、本研究で明らかとなったことを、あらためて章ごとに整理しておきたい。

1 「序章　研究の課題と方法」の概要

　序章では、本研究の課題と方法について述べた。第1節では本研究の目的について述べたが、この点については先述した通りなので、第2節以降の内容を整理することとしたい。第2節では、文部科学省（以下、文科省）によるいじめ統計の時系列的推移について社会学的考察を行った。具体的には、文科省のいじめ統計が子どもたちのいじめの実態以外の要因の影響を非常に強く受けるという認識のもと、文科省のいじめ統計を左右する要因について検討した。このような着想の手がかりとなったのが、Seidman, D. and Couzens, M.（1974）の研究である。この研究では、ラベリング理論における「セレクティブ・サンクション」の具体的様相を検討するために、犯罪統計が実際に行われた犯罪数以外の要因（コロンビア特別区の警察署長に Wilson が就任

したことにより、「犯罪の格下げ」が急激に増加したこと）にも大きく影響されることを明らかにしている。この研究に倣い、文科省のいじめ統計もいじめの実態以外の要因の影響を受けると考え、文科省のいじめ統計を左右する要因について検討することとした。文科省のいじめ統計を左右する要因としては、①調査方法の変更、②文部省の指導、③いじめの社会問題化、④いじめ防止対策推進法の成立、という4つを取り上げた。また、いじめ件数急増の根源的な要因がいじめの社会問題化であることを指摘した。いじめの社会問題化以外の3つの要因は、いずれもいじめの社会問題化によって引き起こされた文科省（文部省）の反応だからである。

第3節では、いじめ研究の整理検討を行った。その際、日本のいじめと海外のいじめとでは、現象面や対策などの面で大きく異なる（Farrington, D. P. 1993, 森田監修 2001, Smith, P. K. 訳書 2016 など）ことを踏まえ、日本のいじめ研究に照準を合わせた。また、日本のいじめ研究の大半は、社会構築主義的研究と実態主義的研究に大別されることを踏まえ、それぞれの研究について概観した。

第4節では、「いじめ集団の四層構造論」の課題について検討し、本研究の分析課題を明確化することとした。そのうえで、本研究の構成を示した。

2 「第1章　学級集団特性といじめ　　　　――教師によるいじめ予防策に着目して――」の概要

本章の目的は、小学生および学級担任教師を対象とした質問紙調査をもとに、学級集団特性といじめとの関係について検討することにあった。その際、学級担任教師のいじめ予防策の実施状況に着目した。

分析の結果、①いじめの少ない学級では多い学級に比べ、子ども間の協力性の度合いが高いこと、②いじめ予防策の実施率の高い学級では低い学級に比べ、子ども間の親和性や協力性の度合いが高いこと、などが明らかとなった。

これらの結果は、教師のいじめ予防策への取り組みが学級集団特性を経由して間接的にいじめの抑制につながっていることを示唆している。また、子

ども間の協力性という因子を構成する項目は、いずれも特別活動（学級活動や学校行事）に関連する項目であった。このことに鑑みれば、特別活動の機会を通じて子ども間の協力性を育むことが、いじめの起きにくい学級集団づくりにおいて極めて重要であると言える。

　本章により、学級集団特性といじめの発生状況との密接な関連が、あらためて確認された。この結果は、「いじめ集団の四層構造論」の妥当性を示唆している。加えて注目すべきは、教室におけるいじめを防止する上で教師が果たし得る役割が示された、ということである。この点については「いじめ集団の四層構造論」において十分に検討されていないため、本章の意義は「いじめ集団の四層構造論」の妥当性の再確認に留まらない、と言えよう。

3　「第2章　いじめ体験が被害者の心身に及ぼす影響
　　　── 子どもたちがいじめ被害経験を乗り越えるためには何が必要なのか？ ──」の概要

　本章の目的は、小学生を対象とした質問紙調査をもとに、いじめ体験が被害者の心身に及ぼす影響について検討することにあった。

　分析の結果、①被害者は、自尊心低下や活動意欲の低下、情緒不安などを訴えていること、②被害者にはいじめ体験を前向きにとらえようとする傾向も見られること、③被害者が過去のいじめ体験を克服する上で、現在の学級集団への適応、とりわけ対人関係面での適応が大きな鍵となること、などが明らかとなった。

　この結果については、次のような解釈が可能である。いじめの多くは仲の良い子どもたちの間で生じる（森田ほか編 1999）ということもあり、いじめられることは子どもたちにとって大きな苦痛となる。しかし、その後、新しい学級に所属し、その学級のメンバーに受け入れられることによって、子どもたちは心理的安定を得るとともに自信を取り戻し、過去のいじめられた体験に前向きに向き合える（「嫌な体験ではあるが、そこから何か学ぶことができたのではないか」と思える）ようになっているのではないだろうか。

　ただし、学級集団への適応をいじめ被害経験のある子どもたち個々人の力に委ねるだけでは、事態の好転は見込めないであろう。その場合、過去のい

じめ被害経験に苦しむ子どもたちに、学級集団に適応するという新たな負担を背負わせることになり、子どもたちをこれまで以上に追い込むことにもなりかねないからである。

重要なのは、いじめ被害経験のある子どもたちを受け持つ学級担任教師の役割である。その役割とは、次の2つである。1つは、学級集団づくりに力を入れることにより、いじめ被害経験のある子どもたちが過ごしやすい環境を学級に醸成することである。もう1つは、教師が過去にいじめられた経験のある子どもを学級に受け入れることになった場合、彼らと継続的にコンタクトをとっていくなかで彼らの様子を見守っていくとともに、事態が深刻であると判断された場合には、協働的な指導体制を確立するなどして、適切な対応を講じることである。学級担任教師がこれらの役割を果たすことにより、いじめ被害経験のある子どもたちの学級集団への適応は促進されるとともに、子どもたちが過去のいじめ被害経験を乗り越えるための「自己物語（self-narrative）」を紡ぐことも可能になると推察される。

4 「第3章　いじめ被害者による抵抗の試み
　　　　── いじめへの対処行動の有効性に関する分析 ──」の概要

本章の目的は、小学生を対象とした質問紙調査をもとに、被害者のいじめへの対処行動を、他者によって付与された否定的ラベルへの抵抗の試みととらえ、このような試みがどのような点で有効性を持つのか、という点について検討することにあった。いじめ被害者による否定的ラベルへの反応類型については、宝月（1990）を参照した。宝月によれば、逸脱ラベルを付与されることによって生じるアイデンティティ乖離という問題に対する適応類型は、大別して「受容」と「拒絶」という2つがある。「受容」とは、「他者が彼に想定する逸脱者としてのアイデンティティを受け入れ、それに自らを適応させていくこと」（121頁）である。「受容」はさらに、「自認」と「黙従」という2つに区分される。「自認」とは、「レイベリングを契機にして、自己に踏ん切りをつけるために積極的に、逸脱者としてのアイデンティティを自らも確立しようとする場合」（121頁）であり、「黙従」とは、「レイベリングに抵抗し難

い無力感を感じ、あきらめの境地から消極的にそれに従う場合」(121頁)である。

また、「拒絶」とは、文字通り、逸脱者としてのアイデンティティを拒絶するという適応様式である。「拒絶」もまた、「消去」と「交換」という2つに区分される。「消去」とは、逸脱者としてのアイデンティティを払拭しようとする試みであり、積極的なものと消極的なものとに分けられる。積極的なものとは、共同体にとどまり、他者が彼に想定するアイデンティティを「修正」しようとする適応様式である。消極的なものとは、共同体を離れ、別の社会で新たな生活を営もうとする「逃避」という適応様式である。

さらに、「交換」とは、「他者が彼に想定するアイデンティティを別のアイデンティティに取り換えようとする行動」(121頁)である。「交換」もまた、積極的なものと消極的なものとに分けられる。積極的な「交換」の例は、「他者は彼を逸脱者と想定するが、自分のアイデンティティンに本当にふさわしいものは、単なる逸脱者ではなくて、むしろ既存の社会制度に異議を申し立て、価値の転換をめざす私心のない非同調者である」との主張に見られる。消極的な「交換」とは、逸脱者としてのアイデンティティから逃れられないと考え、「よりましなアイデンティティ」との交換をはかる試みである。

「いじめ集団の四層構造論」では、これらの適応様式のうち、いじめ被害者を「受容」、とりわけ「黙従」という反応様式をとる存在とみなしていると言えよう。

分析の結果、①いじめ被害者の大半は、付与された否定的ラベルを「修正」しようと試みること、②いじめ被害者の対処行動はいじめ終結の契機にはなり得ても、いじめの早期解決に直接には結びつかないこと、などが明らかとなった。

これらの結果は、「いじめ集団の四層構造論」が想定したいじめ被害者像とは異なり、いじめ被害者がいじめに対して様々な形で抵抗を試みる能動的な存在であることを示唆している。その一方で、いじめ被害者によるいじめへの抵抗の試みについては、それだけでいじめの解決をもたらすことは決して容易ではなく、限界があることも物語っている。海外では、いじめ被害者

のなかには自己主張のスキルが弱い者が一定数いるとの認識のもと、子どもたちに自己主張の訓練を施すことによっていじめを防止しようとする取り組みが見られるとともに、その効果も報告されている（Smith, P. K. 訳書 2016, Smith, P. K. and Sharp, S. eds. 訳書 1996 など）。ただし、本章の結果は、自己主張スキルに代表されるようなソーシャルスキルの向上だけでは被害者の身の安全を守ることは難しいことを示している。この点については、海外におけるいじめと日本におけるいじめとの現象面の違いや文化の違い（「自己主張できることが評価される文化なのかどうか」など）も考慮する必要があろう。

5 「第4章 いじめを正当化する子どもたち ——いじめ行為の正当化に影響を及ぼす要因の検討——」の概要

本章の目的は、小学生を対象とした質問紙調査をもとに、加害者によるいじめ行為の正当化に影響を及ぼす要因について検討することにあった。いじめ行為を正当化するための理由については、犯罪社会学者である Sykes, G. M. and Matza, D. の「中和の技術（Techniques of Neutralization）」を参考にした。

Becker, H. S. のラベリング理論と Matza, D. のドリフト理論とが併存可能なのか、という点については、それを疑問視する声が大きいであろう。ラベリング理論は社会的相互作用に力点を置く逸脱理論である一方で、ドリフト理論は社会構造に力点を置く逸脱理論であるために、双方の理論で逸脱の定義や発生メカニズムに関する説明は大きく異なるからである。

しかしその一方で、ラベリング理論では、法的規則の執行が選別的になされる可能性を指摘しており、執行者の私的利害が執行を必然的にするとしている。この指摘に鑑みれば、いじめ加害者は何らかの私的利害にもとづいていじめ被害者を意図的に作り出そうとしているが、そのためには周囲の理解を得る（例えば、「あいつはいじめられても仕方のない人間なんだ」と周囲に納得させるなど）必要があるため、いじめ行為を何らかの形で正当化する必要があるのではないかと考えられる。このように考えると、ラベリング理論とドリフト理論とを併存させる必要はなく、ラベリング理論に依拠しつつ、加害者によるいじめ行為の正当化のあり様を知る手がかりとして「中和の技術」を用い

ることは可能であると考える。

　分析の結果、①加害者にはいじめの原因を被害者に帰す傾向や、被害者に与えた被害を低く見積もる傾向などが認められること、②「加害者・観衆の人数」などがいじめ行為の正当化に影響を及ぼすこと、などが明らかとなった。「加害者・観衆の人数」は集団のいじめへの許容度をあらわしていると考えられるため、集団のいじめへの許容度が増した場合に、いじめ行為の正当化は容易になると推察される。

　これらの結果は、学級集団のあり様が加害者によるいじめ行為の正当化を促進ないしは抑制する可能性を示唆しているとともに、"学級集団のあり様といじめの発生状況とがなぜ密接に関連しているのか"という問いに対する1つの回答を提示していると言えるだろう。

6　「第5章　なぜいじめはエスカレートするのか？
　　　　──いじめ加害者の利益に着目して──」の概要

　本章の目的は、中学生を対象とした質問紙調査をもとに、いじめ加害者がいじめによって得られる利益に着目し、いじめをエスカレートさせる要因について検討することにあった。本研究では、ラベリング理論の知見にもとづき、いじめ加害者は何らかの私的利害により集団内規則を選別的に行使し、いじめ被害者を意図的に作り上げるという立場をとっていたからである。そのため、"いじめ加害者の私的利害とはそもそもどのようなものなのか"、また、"いじめ加害者の私的利害は、いじめのエスカレート化にどのような影響を及ぼしているのか"という2つの問いを明らかにすることが、本章の中心的な分析課題であった。

　日本におけるいじめに関する調査研究の多くは、「いじめ集団の四層構造論」を理論的枠組みとしている。その一方で、近年では主に理論的研究において、「いじめ集団の四層構造論」とは幾分重なりつつも異なる形でいじめの発生メカニズムを説明しようとする試みがなされている（内藤 2001・2007・2009, 森口 2007, 土井 2008 など）。これらの研究は、いずれもいじめ加害者の私的利害（「いじめを行うことによって全能感を得る（内藤 2001・2007・2009）」「いじめを

行うことによって集団内で高いポジションを得る（森口 2007）」「互いのまなざしをいじめ被害者へと集中させ、自分たちの関係から目をそらせることにより、『優しい関係』に孕まれる対立点の表面化を避ける（土井 2008）」に着目しているという点において共通している。ただし、これらの研究は、仮説としてのもっともらしさがあるものの、その妥当性を示す実証的証拠に乏しいという課題がある。

　そこで本章では、内藤・森口・土井の議論を踏まえて、いじめ加害者の私的利害に関する項目を作成することとした。加えて、大学生を対象とした予備的調査を実施し、いじめ加害経験があると回答した者に対して、"いじめをした理由" や "いじめを続けていくなかでの気持ちの変化" について自由記述の形で回答してもらい、その結果をもとに項目を作成した。

　分析の結果、①いじめを続けていくなかでの加害者の心情の変化には、「いじめへの後悔」（いじめをすることに罪悪感やなさけなさ、不安を抱くようになる）と「利益の発生」（いじめが楽しくなったり、被害者を服従させることで気分がよくなったり、加害者同士で連帯感を感じるようになる）という2つの側面があること、②加害者が女性の場合よりも男性の場合においていじめがエスカレートしやすいこと、③「異質」な者を排除することを目的としたいじめや、被害者を制裁することを目的としたいじめ、被害者の属性とはおよそ無関係な身勝手な理由によって行われる遊びや快楽を目的としたいじめは、エスカレートしやすいこと、④加害者がいじめをすることによって得られる利益を実感するようになった場合に、いじめはエスカレートしやすいこと、⑤加害者が自身の所属するクラスに対して否定的なイメージを抱いている場合に、様々な理由にもとづくいじめが行われるとともに、いじめをすることによって得られる利益を実感するようになること、などが明らかとなった。

　これらの結果は、主には次の2つの意味において重要な知見である。1つは、いじめのエスカレート化の問題を考えるにあたり、いじめの口実や加害者の私的利害に着目することの重要性を示唆している、ということである。もう1つは、学級集団のあり様が、加害者側に様々ないじめの口実を与えるきっかけとなるとともに、いじめをすることの利益を実感させるきっかけとなる可能性を示唆している、ということである。これら2つのことは、いじ

めについて考えるにあたり、「いじめ集団の四層構造論」に見られるように学級集団の影響を過度に強調するだけでは不十分であることを物語っている。

7 「第6章 いじめを傍観する子どもたち
── 逸脱傾向にある子どもたちはなぜいじめを傍観するのか？──」の概要

　本章の目的は、中学生を対象とした質問紙調査をもとに、子どもたちがいじめを傍観する理由を検討することにあった。この点について検討するにあたっては、子どもたちの普段の学校生活、より具体的には"教師に反感を抱いていること"や"非行傾向にあること"に着目した。このことにより、子どもたちがいじめに対して望ましい行動をとるためにはどのような働きかけが必要なのか、という生徒指導上の課題の一端を明らかにすることができると考えたからである。

　分析の結果、①いじめを目撃した際の行動として最も多いのは、「様子を見ていた」「見て見ぬふりをした」「なにもしなかった」といった傍観的行動であったこと、②いじめ傍観理由としては、「被害者を多少なりとも助けてあげたいと思いつつも、自分が新たな標的となるのが怖いから」と考えている者が多い一方で、「被害者にも非があるから」と考えている者も多いこと、③教師への反感を抱いている子どもたちは、「被害者にも非があるから」という理由や「いじめを見るのが楽しい・面白いから」という理由からいじめを傍観する傾向にあること、④非行傾向にある子どもたちは、「いじめを見るのが楽しい・面白いから」という理由からいじめを傍観する傾向にあること、などが明らかとなった。

　これらの結果より、一口に傍観者といっても彼らは決して一枚岩ではなく、いじめを傍観している理由は多様であるため、いじめ傍観者が「いじめ集団の四層構造論」で期待されているような行動をとることは、それほど容易なことではないと言える。また、注目すべきは、教師に反感を抱いている場合や非行傾向にある場合、子どもたちは悪質な理由からいじめを傍観する傾向にある、ということである。このことは、教師が子どもたちに「いじめを傍観することは、いじめに加担することだ」といくら強く訴えたとして

も、子どもたちが教師を信頼していない場合や非行傾向にある場合、そのような訴えは子どもたちの心に決して響かないことを示唆している。そのため、教師が子どもたちにいじめに対する望ましい行動を期待するのであれば、普段から各々の子どもたちとの関係の構築に努めるとともに、いわゆる「ヤンチャな子どもたち」(知念 2018)を問題児として簡単に切り捨てるのではなく、彼らと関わり続けていくことが求められよう。

8 「第7章 『スクールカースト』はなぜ生じるのか？ ——男子仲間集団と女子仲間集団の違いに着目して——」の概要

　本章の目的は、中学生を対象とした質問紙調査をもとに、「スクールカースト」の構造と「スクールカースト」の発生メカニズムを男女の違いに着目して検討することにあった。

　国内における近年のいじめ研究では、「スクールカースト」に着目した研究が行われるようになっている。ただし、先行研究には、①男女の違いが検討されていない、②クラス内のグループ間に力関係の違いがあることが自明視されている、③「スクールカースト」の存在がいじめにつながることが前提とされており、双方の関連が十分に検討されていない、などの課題があった。そこで、本章では分析課題として、①「スクールカースト」の構造、②「スクールカースト」を生み出す要因、③「スクールカースト」といじめとの関連、という3つを掲げ、男女の違いを踏まえた分析を行った。

　分析の結果、①女性では男性以上にグループが分化しているとともに、女性はグループ間の差異に敏感であること、②グループ間の影響力の違いを認識している者は、男女ともに半数程度であること、③グループ間の影響力を左右する要因は、男女で異なること、④男女ともに、学級集団の特性によって「スクールカースト」が生まれやすくなるかどうかが左右されること、⑤男女ともに、教師の指導態度が学級集団特性を経由して「スクールカースト」の有無に間接的な影響を及ぼしていること、⑥男性については、「スクールカースト」の存在によっていじめが発生しやすくなる一方で、女性については所属グループ内の力関係の違いによっていじめが発生しやすいこと、な

どが明らかとなった。

　本章の意義としては、次の3点をあげることができる。第1に、「スクールカースト」の構造が男女で異なる可能性を示した、ということである。先行研究では、「スクールカースト」の構造があたかも男女で同じものであるかのようにとらえられていた。

　第2に、学級集団の特性や教師の指導態度によって「スクールカースト」が生まれやすくなるかどうかが左右される可能性を示した、ということである。先行研究では「スクールカースト」の存在がなかば自明視されており、「スクールカースト」の存在をあまり意識せずに学校生活を送っている子どもたちへの着目が不十分であった。

　第3に、先行研究では「スクールカースト」の存在がいじめにつながることが前提とされていたが、そのことは男子仲間集団においてはある程度当てはまるものの、女子仲間集団については必ずしも当てはまらない可能性を示した、ということである。

　森田（1999）は、被害者と加害者の「力関係のアンバランス」をいじめという現象の本質的要素としている。「スクールカースト論」の意義は、このような「力関係のアンバランス」をクラス内におけるグループ間の力学という点からとらえたところにあると言える。ただし、「スクールカースト」の存在を過度に強調することは、子ども間に新たな社会的現実を構築することにもつながりかねない。子どもたちは自身の置かれた状況を「スクールカースト」という言葉で語るようになり、結果として「スクールカースト」を顕在化させるという危険性すらあるだろう。その場合、とりわけ「スクールカースト」の下位に位置づけられた（自身で位置づけた）子どもたちは、屈辱的な思いを余儀なくさせられることとなり、彼らにとっての学校生活はとても息苦しいものとなるであろう。このような事態を防ぐためにも、「スクールカースト」の存在を自明視するのではなく、批判的に検討していくことが今後も求められよう。

9 「第8章　部活動におけるいじめはなぜ起きるのか？
　　――大学生を対象とした回顧調査をもとに――」の概要

　本章の目的は、大学生を対象とした回顧調査をもとに、部活動におけるいじめに影響を及ぼす要因について検討することにあった。

　分析の結果、①部活動の主たる構成員の性別に関わりなく、部活動内の先輩後輩の間に確固たる上下関係が存在している場合に、部活動におけるいじめが起こりやすい傾向にあること、②部活動の主たる構成員の性別に関わりなく、部活動内に"規律を守ることに厳しく、大会やコンクールなどで勝利することを重視する"雰囲気がある場合に、部活動内の先輩後輩間でヒエラルキー的な人間関係が形成され、結果として部活動におけるいじめが起こりやすい傾向にあること、③部活動の主たる構成員の性別に関わりなく、"部員がお互いを認め合い、話し合いや協力をすることによって集団全体を高め合おうとする"雰囲気が醸成されている場合に、部活動におけるいじめは抑制される傾向にあること、④部活動の主たる構成員の性別に関わりなく、主な指導者が"部員との人間関係を重視するとともに、部員の主体性を重視している"場合に、部活動内に"部員がお互いを認め合い、話し合いや協力をすることによって集団全体を高め合おうとする"雰囲気が醸成され、結果として部活動におけるいじめは抑制される傾向にあること、などが明らかとなった。

　これらの結果は、部活動におけるいじめを防ぐ上で、指導者が果たし得る役割を示唆している。近年、教師の多忙化対策の一環として、部活動指導員が制度化されるとともに、部活動の地域への移行が検討されている。このこと自体は、歓迎すべき動きと言って差し支えないであろう。それがうまく軌道に乗った場合、教師の負担が軽減されることにより、教師が本来的業務に専念することが可能になるとともに、教職志望者が増加し、優秀な人材が教師になることによって学校全体の教育力の向上が期待されるからである。しかし一方で、指導者による暴力やいじめが横行するような事態に決して陥ってはならない。そのためにも、完全に指導者任せにするのではなく、活動の状況をチェックする体制を整備する必要があろう。また、国や自治体などが

指導者に対する研修などを通じて、勝利至上主義に陥ることなく教育的観点から指導することの大切さや、子どもたちの主体性を重視した民主的な運営を心がけることの重要性などを強く訴えていく必要があろう。

第2節 「いじめ集団の四層構造論」の限界と今後のいじめ研究の方向性

本節では、本研究で得られた知見をもとに、「いじめ集団の四層構造論」において見逃されていた点を明らかにするとともに、「いじめ集団の四層構造論」の限界を示すこととする。そのうえで、今後のいじめ研究の方向性を見定めることにしたい。

本研究によって得られた主要な知見は、次のように要約されよう。第1に、特別活動（学級活動や学校行事）の機会を通じて子ども間の協力性を育むことが、いじめが起きにくい学級集団づくりにおいて重要である、ということである（第1章）。

第2に、被害者が過去のいじめ体験によって受けた心の傷を回復する上で、現在所属している学級集団への適応、とりわけ対人関係面での適応が大きな鍵となる、ということである（第2章）。

第3に、「いじめ集団の四層構造論」ではいじめに対して無力で無抵抗な受動的いじめ被害者像が想定されていたが、いじめ被害者の多くは自身に付与された否定的ラベルを「修正」しようと試みる能動的存在である、ということである（第3章）。

第4に、学級集団のあり様が加害者によるいじめ行為の正当化を促進ないしは抑制する可能性がある、ということである（第4章）。

第5に、いじめのエスカレート化（形態面での変化と規模の拡大）の問題を考えるにあたり、いじめをした理由や加害者の私的利害（いじめが楽しくなったり、被害者を服従させることで気分がよくなったり、加害者同士で連帯感を感じるようになる）に着目することが重要である、ということである（第5章）。

第6に、学級集団のあり様が加害者側に様々ないじめの口実を与えるきっ

かけになるとともに、いじめをすることの利益を実感させるきっかけとなる可能性がある、ということである (第5章)。

第7に、「いじめ集団の四層構造論」では傍観者がいじめ抑止のキーパーソンと考えられているが、実際のいじめ場面において傍観者がそのような存在となるケースは少ない、ということである (第6章)。

第8に、所属しているクラスに否定的なイメージを抱いていることが、傍観者の被害者への援助抑制理由に無視できない影響を及ぼしている、ということである (第6章)。

第9に、教師に反感を抱いている場合や非行傾向にある場合に、「被害者側に非があるから」という理由や「いじめを見るのが楽しいから・面白いから」という理由からいじめを傍観する傾向にある、ということである。これらの理由は、いじめ傍観理由のなかでも特に問題視すべき理由と言える (第6章)。

第10に、学級集団の特性や教師の指導態度によって「スクールカースト」が生まれやすくなるかどうかが左右される可能性がある、ということである (第7章)。

第11に、男子仲間集団においては「スクールカースト」が存在することによっていじめが発生する可能性がある一方で、女子仲間集団においては「スクールカースト」の存在以上に所属グループ内の力関係の違いによっていじめが発生する可能性がある、ということである (第7章)。

第12に、指導者の指導態度や部活動内の雰囲気、さらには部活動内の先輩後輩間にヒエラルキー的な上下関係があることによって、部活動内にいじめが発生しやすいかどうかが左右される可能性がある、ということである (第8章)。

次に、本研究によって得られた知見をもとに、「いじめ集団の四層構造論」において見逃されていた点を明らかにするとともに、「いじめ集団の四層構造論」の限界について述べることとしたい。まずは、「いじめ集団の四層構造論」において見逃されていた点についてである。第1に、先行研究により「いじめ集団の四層構造論」において教師の存在感が希薄であることが

課題として指摘されている（菅野 1986, 前島 2004, 山岸 2019, 澤田ほか 2023 など）が、教室におけるいじめを防止する上で教師が果たし得る役割が示された、ということである（知見の第1の点）。

　第2に、「いじめ集団の四層構造論」は個々の学級集団によって異なる学級集団の特性に着目することの重要性を唱えたが、学級集団の特性は学級におけるいじめの発生状況を左右するだけではなく、被害者が過去のいじめ体験によって受けた心の傷を回復する上でも重要であることが示された、ということである（知見の第2の点）。

　第3に、学級集団の特性は、いじめの発生を左右するだけではなく、すでに発生しているいじめへの抑止力とも密接に関連している、ということである（知見の第8の点）。

　第4に、「いじめ集団の四層構造論」では、いじめの場を学級に限定しているが、部活動におけるいじめも一定数存在するとともに、学級におけるいじめと同様、集団のあり様がいじめの発生を左右する、ということである（知見の第12の点）

　これら4点については、学級集団特性（部活動については、部活動内の雰囲気）に着目することによって明らかとなったことではあるものの、いずれも「いじめ集団の四層構造論」において見逃されていた点である。

　次に、「いじめ集団の四層構造論」の限界についてである。本研究では、「いじめ集団の四層構造論」の課題を5つ設定した（序章の第4節）が、これらを換言すれば、学級集団特性の影響を過度に強調するあまり、いじめをめぐる個々の子どもたちへの着目が不十分であった、ということになろう。このことを踏まえ、本研究では、被害者や加害者、傍観者（観衆を含む）のそれぞれに着目した分析を行った。また、近年、「スクールカースト」に着目した研究が行われるようになってきていることを踏まえ、「スクールカースト」の構造や「スクールカースト」の発生メカニズムについて、男女の違いを踏まえた分析を行った。その結果、①いじめ被害者の多くは、自身に付与された否定的ラベルの「修正」を試みる能動的な存在であること（知見の第3の点）、②いじめのエスカレート化の問題を考えるにあたり、加害者の私的利害（い

じめが楽しくなったり、被害者を服従させることで気分がよくなったり、加害者同士で連帯感を感じるようになる）に着目することが重要であること（知見の第5の点）、③傍観者がいじめ抑止のキーパーソンとなるケースは少ないこと（知見の第7の点）、④子どもたちが逸脱傾向にある場合、悪質な理由からいじめを傍観する傾向にあること（知見の第9の点）、⑤男子仲間集団においては「スクールカースト」が存在することによっていじめが発生する可能性がある一方で、女子仲間集団においては「スクールカースト」の存在以上に所属グループ内の力関係の違いによっていじめが発生する可能性があること（知見の第11の点）、などが明らかとなった。これらの知見は、「いじめ集団の四層構造論」の枠組みに囚われているだけでは得られなかったものである。

　また、いじめをめぐる個々の子どもたちに着目した分析を行ったことにより、①学級集団のあり様が、加害者によるいじめ行為の正当化を促進ないしは抑制する可能性があること（知見の第4の点）、②学級集団のあり様が、加害者側に様々ないじめの口実を与えるきっかけになるとともに、いじめをすることの利益を実感させるきっかけとなる可能性があること（知見の第6の点）、③男子仲間集団においては、学級集団のあり様によって「スクールカースト」が生まれやすくなるかどうかが左右される（知見の第10の点）とともに、「スクールカースト」が存在することによっていじめが発生する可能性があること（知見の第11の点）、などが明らかとなった。これらの知見は、学級集団特性といじめの発生状況を媒介する要因の一端を示すものであると言える。「いじめ集団の四層構造論」では、この点についての検討が不十分であった。そのため、学級集団特性がいじめの発生状況を左右するメカニズムの解明についても、「いじめ集団の四層構造論」の枠組みに囚われているだけでは限界があると言わざるを得ないであろう。

　以上を踏まえると、「いじめ集団の四層構造論」を更新したり、乗り越えたりするためには、いじめをめぐる子どもたち個々人（被害者、加害者、観衆・傍観者）と学級集団特性とを統合したモデルにもとづき、調査研究を行っていく必要があると言えるだろう。それでは、具体的にどのような分析モデルが想定されるであろうか。この点について考えるにあたり、中井（1997）は大

いに参考になろう。中井は、いじめの過程を「孤立化」「無力化」「透明化」の三段階に分けて、それぞれについて論じている。「孤立化」とは、被害者にいじめから立ち直る機会を与えず、持続的にいじめの対象とするために、被害者を孤立させる段階のことである。この段階における加害者の作戦としては、①誰かが標的となったことを周知し、周囲の者に被害者から距離をとることを促す、②被害者がいかにいじめられるに値する人間なのか、ということを周囲にPRする、などがあげられる。「無力化」とは、被害者に反撃は一切無効であることを知らしめ、被害者からいじめに抵抗する気力を奪う段階のことである。この段階において、加害者は被害者に、①被害者が反撃した場合には、加害者による過剰な暴力を受けること、②その際に、誰も被害者の味方になってくれないこと、を繰り返し経験させることにより、被害者を屈服させる。「透明化」とは、いじめが周囲のものに見えなくなっていく段階のことである。つまりは、いじめが行われていても、そのことが周囲の者にとって当たり前かつ自然な光景となり、周囲の者の関心が失われていく段階である。この段階になると、被害者の世界は極めて狭いものとなり、被害者にとって加害者との対人関係がほとんど唯一の対人関係となるため、被害者は加害者に感情的にも隷属するようになる。

　このような分析モデルを採用して調査研究を行うのであれば、研究上の課題としては、「孤立化」「無力化」「透明化」という3つの段階への移行を促す要因を、学級集団特性と子どもたちの意識や行動との関連を踏まえた上で検討していくこと、などが考えられよう。

第3節　今後の課題

　最後に、本研究の課題を4つほど示し、本研究を締めくくることとしたい。第1の課題は、本研究の調査対象が必ずしも母集団を代表としたものにはなっていない、ということである。いじめに関する調査を行うにあたり、学校現場の協力を得ることは極めて難しい。このことは、本研究においても

例外ではなかった。本研究の調査対象者は、調査に協力してくれた学校の児童・生徒・学生に限定されている。そのため、本研究は事例研究的な意味合いが強く、本研究で得られた結果にどこまで妥当性があるのか、という点については課題が残る。

　その一方で、近年では、TIMSS や PISA などの大規模データを用いた研究が一部で行われるようになっている（古田 2017, 中原 2021, 須藤 2022, 相澤・池田 2022 など）。例えば、古田（2017）は、TIMSS の 2011 年調査の日本における中学 2 年生のデータを用いた分析を行い、①男性は女性よりもいじめ被害を表明する傾向にあること、②学力が高い者はいじめ被害にあいにくい一方で、出身階層が高い者はいじめ被害を受けやすいこと、③子どもたちの出身階層が多様な学級ほど、いじめ被害が相対的に多い学級になりやすいこと、などを明らかにしている。また、中原（2021）は、TIMSS の 2003・2007 年調査における日本の小学 4 年生のデータを用いた分析を行い、移民的背景のある児童は「日本人」児童よりもいじめ被害を経験しやすいこと、などを明らかにしている。同様に、須藤（2022）は、TIMSS の 2015・2019 年調査の日本の小学 4 年生のデータを用いた分析を行い、外国にルーツのある児童がいじめを受けやすい傾向にあること、などを明らかにしている。さらに、相澤・池田（2022）は、PISA の 2018 年データを用いて、男女別学あるいは男女共学のなかでいじめ反対意識に違いが見られるのかどうかを、日本・韓国・イギリス、オーストラリアの 4 カ国で比較している。その結果、男子のほうがいじめを容認する傾向にあることは 4 カ国で共通している一方で、日本の男子校男子および共学校男子では、ほかの 3 カ国と比較していじめ反対意識が低い傾向にあること、などを明らかにしている。

　ただし、TIMSS や PISA は国際的な学力調査であることから、いじめに関する項目が一部に限られており、自ずと分析できることにも限界があることに留意する必要があろう。

　第 2 の課題は、本研究で用いたデータがいずれも横断的調査にもとづくデータである、ということである。中澤（2012）が指摘しているように、パネル調査には莫大なコストや手間が必要とされる一方で、①回答の信頼性が得

られる、②因果効果をより正確に推定できる、などの大きな利点がある。そのため、今後はパネル・データを用いた分析を行うことにより、"どのようなメカニズムによりいじめが生じるのか"という点について、より精確な分析を行っていく必要があろう。

　第3の課題は、子どもたちの発達段階を踏まえた分析がなされていない、ということである。先行研究により、子どもたちの発達段階によって、いじめに対する認識が異なることが確認されている（笠井 1998、三藤ほか 1999など）。また、橋本（1999）は大学生と高校生を対象としたインタビュー調査をもとに、小学校時から中学校時にかけて、いじめをめぐる集団の構造が変容することなどを明らかにしている。これらの先行研究に鑑みれば、子どもの発達段階によって、いじめの具体的様相やいじめをめぐる子どもたちの意識や行動も異なってくる可能性がある。今後は、子どもたちの発達段階を踏まえた分析を行うことにより、学年や学校段階によって子どもたちのいじめへの関わり方に違いが見られるのか、などの点について詳しく検討する必要があろう。

　第4の課題は、男子仲間集団におけるいじめと女子仲間集団におけるいじめの違いがなぜ生じるのか、という点について十分に検討することができていない、ということである。序章の個所（第4節）で述べたように、「いじめ集団の四層構造論」には、男子仲間集団におけるいじめと女子仲間集団におけるいじめとは区別されることなく、なかば同一視されているという課題がある。そこで、本研究では、第7章と第8章において、男女の違いを踏まえた分析を行った。その結果、①男子仲間集団と女子仲間集団では、「スクールカースト」の構造が異なる可能性があること（第7章）、②男子仲間集団と女子仲間集団では、「スクールカースト」を生じさせる要因や、「スクールカースト」といじめとの関連が異なる可能性があること（第7章）、③部活動におけるいじめに影響を及ぼす要因については、男女で共通する点がありつつも、男女で異なる点もあること（第8章）、などが明らかとなった。ただし、男女でなぜこのような違いが生まれるのか、という点については、十分に明らかにすることができなかった。今後は、量的研究だけではなく質的研

究も行うなかで、男女の違いがどのようなメカニズムによって生じるのか、という点について検討していくことが求められよう。

　第5の課題は、学級以外の場における子ども間のいじめについての検討が不十分である、ということである。日本のいじめ研究の大半は、学級集団におけるいじめに着目してきた。このことは日本のいじめの主たる発生場所を考えた場合に誤りであるとは決して言えないものの、学級以外の場所におけるいじめに対する無関心を引き起こしたとも言える。このことを踏まえ、本研究では、部活動におけるいじめに着目した分析を行った（第8章）。ただし、①大学生を対象とした回顧調査をもとにしている、②分析モデルについても、学級におけるいじめに着目した先行研究の知見から導き出したものとなっている、という点で自ずと限界がある。今後は、部活動におけるいじめの固有性を踏まえた分析モデルのもと、中学生や高校生を対象とした質問紙調査を行うなかで、学級におけるいじめとは異なる、部活動におけるいじめの特徴を明らかにしていく作業が必要となろう。

　加えて、学校以外の場における子ども間のいじめについても検討していく必要があろう。例えば、児童養護施設におけるいじめに着目した研究がある。山口（2013b）は、児童養護施設におけるフィールドワークをもとに、児童養護施設における児童間暴力発生の文脈を、施設における児童集団の仲間文化という観点から検討している。さらに、三品（2019）は、児童養護施設におけるフィールドワークをもとに、施設における児童間の身体的暴力を、男性性の一種である「男子性」との関連から検討している。このような児童養護施設における子ども間の暴力と、学級集団におけるいじめとの共通点や相違点は何なのか。また、児童養護施設における子ども間の暴力を「いじめ集団の四層構造論」により分析・解釈することは可能なのか。その限界はどこにあるのか。これらの点についても、今後検討していくことが求められよう。

引用・主要参考文献

相澤真一・池田大輝　2022,「別学と共学の違いから見る男女のいじめに対する意識の計量分析 —— PISA2018 データを用いた日韓英豪四ヶ国比較」『教育学研究』第89巻第4号, 670-682頁。

赤坂憲雄　1995,『排除の現象学』筑摩書房。

青木洋子・宮本正一　2002,「いじめ場面における第三者の行動」『岐阜大学教育学・心理学研究紀要』第15巻, 45-58頁。

有村久春　2001,「生徒指導に関する諸問題（三）—— 『いじめ』問題を再考する」『学苑』728巻, 55-84頁。

朝井リョウ　2012,『桐島、部活やめるってよ』集英社。

坂西友秀　1995,「いじめが被害者に及ぼす長期的な影響および被害者の自己認知と他の被害者認知の差」『社会心理学研究』第11巻第2号, 105-115頁。

Becker, H. S. 1963, *Outsiders: Studies in the Sociology of Deviance*, Free Press (=1978 村上直之訳『アウトサイダーズ —— ラベリング理論とはなにか』新泉社).

Becker, H. S. 1967, "Whose Side Are We On?" *Social Problems*, vol. 14, No. 3 (Winter), pp. 239-247.

Black, D. J. and Reiss, A. J. Jr. 1970, "Police Control of Juveniles," *American Sociological Review*, vol. 35, No. 1 (February), pp. 63-77.

千島雄太・村上達也　2016,「友人関係における"キャラ"の受け止め方と心理的適応 —— 中学生と大学生の比較」『教育心理学研究』第64巻第1号, 1-12頁。

土井隆義　2008,『友だち地獄 ——「空気を読む」世代のサバイバル』筑摩書房。

Farrington, D. P. 1993, "Understanding and preventing bullying,". In M. Tonny, & N. Morris (Eds.), *Crime and justice*, 17. Chicago: University of Chicago Press, pp. 381-458.

藤井誠二　2013,『体罰はなぜなくならないのか』幻冬舎。

藤田英典　1997,『教育改革 —— 共生時代の学校づくり』岩波書店。

深谷和子　1996,『「いじめ世界」の子どもたち —— 教室の深淵』金子書房。

深谷和子　2006,「子どもの『いじめ』問題 —— 児童臨床の立場から事例をもとに」『子ども社会研究』第12号, 106-123頁。

福武書店教育研究所編　1980,『モノグラフ・高校生'80　vol. 2　高校生の生徒文化』福武書店。

古市裕一・岡村公恵・起塚孝子・九戸瀬敦子　1986,「小・中学校における『いじめ』問題の実態といじめっ子・いじめられっ子の心理的特徴」『岡山大学教育学部研究録』71号, 175-194頁.

古川鉄治・坂本正彦　2020,「特別活動における学校行事の課題とその対応策」『保育・教育の実践と研究：白百合女子大学初等教育学科紀要』第5号, 27-33頁.

古田和久　2017,「学級集団の特徴といじめの構造──いじめ対策にむけた特別活動指導の観点」『新潟大学教育学部研究紀要』第9巻第2号, 207-216頁.

濱上武史・米澤好史　2009,「『やる気』の構造に関する研究──教師認知、学級雰囲気認知、学習観との関係」『和歌山大学教育学部紀要（教育科学）』第59集, 35-43頁.

濱口佳和・川端郁恵　1995,「いじめ場面での被害者の対応が加害者の心理と行動に及ぼす影響について」『発達臨床心理学研究』第7巻, 69-76頁.

濱口佳和・三浦香苗・清水幹夫・中澤潤・笠井孝久　1998,「いじめに対する子どもの対処行動に関する研究」『千葉大学教育実践研究』第5号, 23-34頁.

浜名外喜夫・松本昌弘　1993,「学級における教師行動の変化が児童の学級適応に与える影響」『実験社会心理学研究』第33巻第2号, 101-110頁.

長谷川祐介　2005,「高校部活動の多様性がもつ影響力の違い──パーソナリティへの影響を中心に」『日本特別活動学会紀要』第13号, 43-52頁.

長谷川祐介　2013,「高校部活動における問題行動の規定要因に関する分析の試み──指導者の暴力、部員同士の暴力・いじめに着目して」『大分大学教育福祉科学部研究紀要』第35巻第2号, 153-163頁.

長谷川祐介・太田佳光・白松賢・久保田真功　2013,「小学校における解決的アプローチにもとづく学級活動の効果──測定尺度開発と学級・学校適応に与える効果の検討」『日本特別活動学会紀要』第21号, 31-40頁.

長谷川祐介　2014,「中学部活動における指導者からの暴力被害を規定する要因」『生徒指導学研究』第13号, 59-69頁.

橋本摂子　1999,「いじめ集団の類型化とその変容過程──傍観者に着目して」『教育社会学研究』第64集, 123-142頁.

秦政春　1985,「小学生の学校・家庭生活と教育病理現象」『福岡教育大学紀要』第35号, 第4分冊, 79-117頁.

秦政春　1997,「子どもたちのいじめに関する実態──『教育ストレス』に関する調査研究（Ⅶ）」『福岡教育大学紀要』第46号, 第4分冊, 41-94頁.

林川友貴　2015,「中学生の学校適応メカニズムの実証的検討──学級と部活動に着目して」『教育社会学研究』第97集, 5-24頁.

廣岡千恵・吉井健治　2009,「いじめの傍観者に関する研究──傍観者が仲裁者に変わるためには」『生徒指導学研究』第8号, 47-56頁.

本間友巳　2003,「中学生におけるいじめ停止に関連する要因といじめ加害者への対応」『教育心理学研究』第51巻第4号, 390-400頁。
堀裕嗣　2015,『スクールカーストの正体──キレイゴト抜きのいじめ対応』小学館。
保坂展人　1995,『続・いじめの光景──こころの暴力と戦う！』集英社。
宝月誠　1984,「ポスト・レイベリング論の時代か？──逸脱のドラマの社会生活への影響」『教育社会学研究』第39集, 5-17頁。
宝月誠　1990,『逸脱論の研究──レイベリング論から社会的相互作用論へ』恒星社厚生閣。
井上健治・戸田有一・中松雅利　1986,「いじめにおける役割」『東京大学教育学部紀要』第26巻, 89-106頁。
井上敏明　1986,『学校ストレスの深層──いじめ問題の背景を探る』世界思想社。
石田靖彦　2003,「学級内の交友関係の形成と適応過程に関する縦断的研究」『愛知教育大学研究報告（教育科学編）』第52輯, 147-152頁。
石田靖彦　2017,「各学校段階におけるスクールカーストの認識とその要因──大学生を対象にした回想法による検討」『愛知教育大学教育臨床総合センター紀要』第7号, 17-23頁。
石井眞治・神山貴弥・髙橋超・井上弥・小山清・三宅重徳　1996,「中・高校生のいじめに対する対処行動に関する一研究」『いじめ防止教育実践研究』第1巻, 31-39頁。
石飛和彦　2012,「『いじめ問題』にみる教育と責任の構図」『教育社会学研究』第90集, 83-98頁。
石塚忠男　1994,「学校における特別活動の現状と今後の取り組みについて」『日本特別活動学会紀要』第3号, 100-104頁。
伊藤茂樹　1996,「『心の問題』としてのいじめ問題」『教育社会学研究』第59集, 21-37頁
伊藤茂樹　2014,『子どもの自殺』の社会学──「いじめ自殺」はどう語られてきたのか』青土社。
角山剛・都築幸恵　1996,「いじめ──被害者の性格形成に及ぼす長期的影響」『日本心理学会第60回大会発表論文集』387頁。
神村栄一・向井隆代　1998,「学校のいじめに関する最近の研究動向──国内の実証的研究から」『カウンセリング研究』第31巻第2号, 190-201頁。
金綱知征　2015,「日英比較研究からみた日本のいじめの諸特徴──被害者への否定的感情と友人集団の構造に注目して」『エモーション・スタディーズ』第1巻第1号, 17-22頁。
管野仁　2008,『友だち幻想──人と人の〈つながり〉を考える』筑摩書房。
加野芳正　2001,「不登校問題の社会学に向けて」『教育社会学研究』第68集, 5-23頁。
加野芳正　2011,『なぜ, 人は平気で「いじめ」をするのか？──透明な暴力と向き合うために』日本図書センター。

笠井孝久　1998,「小学生・中学生の『いじめ』認識」『教育心理学研究』第46巻第1号, 77-85頁。

嘉嶋領子・田嶌誠一　1998,「児童・生徒期の対人関係トラブルに関する基礎的研究 ── 'いじめ'問題への教師の対応とその効果について」『九州大学教育学部紀要　教育心理学部門』第43巻第2号, 201-210頁。

香取早苗　1999,「過去のいじめ体験による心的影響と心の傷の回復方法に関する研究」『カウンセリング研究』第32巻第1号, 1-13頁。

河村茂雄　2007,『データが語る①　学校の課題 ── 学力向上・学級の荒れ・いじめを徹底検証』図書文化社。

河村茂雄・武蔵由佳　2008,「学級集団の状態といじめの発生についての考察」『教育カウンセリング研究』第2巻第1号, 1-7頁。

木原孝博　1982,『学級社会学 ── 一人ひとりを大切にする学級経営の創造』教育開発研究所。

岸野麻衣・無藤隆　2009,「学級規範の導入と定着に向けた教師の働きかけ ── 小学校3年生の教室における学級目標の標語の使用過程の分析」『教育心理学研究』第57巻第4号, 407-418頁。

北沢毅　1990,「逸脱論の視角 ── 原因論から過程論へ」『教育社会学研究』第47集, 37-53頁。

北澤毅　1997,「ドキュメント分析と構築主義研究 ── 『いじめ』問題に関するドキュメントデータを素材として」北澤毅・古賀正義編著『〈社会〉を読み解く技法 ── 質的調査法への招待』福村出版, 94-115頁。

北澤毅　2008,「『いじめ自殺』の構造 ── テレビドラマ『わたしたちの教科書』の分析を通して」『立教大学教育学科研究年報』第51巻, 35-51頁。

北澤毅　2015,『「いじめ自殺」の社会学 ──「いじめ問題」を脱構築する』世界思想社。

北澤毅・間山広朗編　2021,『囚われのいじめ問題 ── 未完の大津市中学生自殺事件』岩波書店。

貴島侑哉・中村俊哉・笹山郁生　2017,「スクールカースト特性尺度の作成と学級内地位との関連の検討」『福岡教育大学紀要』第66号, 第4分冊, 27-37頁。

木堂椎　2007,『りはめより100倍恐ろしい』角川書店。

国立教育政策研究所編　2014,『教員環境の国際比較 ── OECD国際教員指導環境調査 (TALIS) 2013年調査結果報告書』明石書店。

越川葉子　2017,「『いじめ問題』にみる生徒間トラブルと学校の対応 ── 教師が語るローカル・リアリティに着目して」『教育社会学研究』第101集, 5-25頁。

久保田真功　2003a,「学級におけるいじめ生起の影響要因の検討 ── 学級集団特性と教師によるいじめ予防策に着目して」『日本特別活動学会紀要』第11号, 95-104頁。

久保田真功　2003b,「いじめを正当化する子どもたち――いじめ行為の正当化に影響を及ぼす要因の検討」『子ども社会研究』9号, 29-41頁。

久保田真功　2003c,「いじめ体験が小学生の心身に及ぼす影響――学級集団認知に着目して」『生徒指導学研究』第2号, 78-88頁。

久保田真功　2004,「いじめへの対処行動の有効性に関する分析――いじめ被害者による否定的ラベル『修正』の試み」『教育社会学研究』第74集, 249-268頁。

久保田真功　2008,「いじめ傍観者の被害者への援助抑制理由とその規定要因に関する分析――大学生を対象とした回顧調査をもとに」『子ども社会研究』14号, 17-28頁。

久保田真功　2010,「逸脱傾向にある子どもたちはなぜいじめを黙って見ているのか？――中学生を対象とした質問紙調査をもとに」『生徒指導学研究』第9号, 57-66頁。

久保田真功　2012a,「国内におけるいじめ研究の動向と課題――いじめに関する3つの問いに着目して」『子ども社会研究』18号, 53-66頁。

久保田真功　2012b,「男子仲間集団におけるいじめと女子仲間集団におけるいじめの違いは何か？――これからのいじめ指導に向けて」尚志会『二十一世紀の教育の創造　教育は、今』No. 17, 45-51頁。

久保田真功　2013,「なぜいじめはエスカレートするのか？――いじめ加害者の利益に着目して」『教育社会学研究』第92集, 107-127頁。

久保田真功　2018,「クラス内ステイタスの構造とその発生メカニズムの検討――中学生を対象とした質問紙調査をもとに」『教職教育研究』第23号, 43-54頁。

久保田真功　2020,「部活動におけるいじめはなぜ起きるのか？――大学生を対象とした回顧調査をもとに」『教職教育研究』第25号, 49-63頁。

蔵永瞳・片山香・樋口匡貴・深田博己　2008,「いじめ場面における傍観者の役割取得と共感が自身のいじめ関連行動に及ぼす影響」『広島大学心理学研究』第8号, 41-51頁。

黒川雅幸・大西彩子　2009,「準拠集団規範がいじめ加害傾向に及ぼす影響――準拠枠としての仲間集団と学級集団」『福岡教育大学紀要』第58号第4分冊, 49-59頁。

葛上秀文　2001,「いじめの実態に関する実証的研究」『鳴門教育大学研究紀要　教育科学編』第16巻, 35-43頁。

Lerner, M. J., and Miller, D. T. 1978, "Just World Research and the Attribution Process: Looking Back and Ahead," *Psychological Bulletin*, vol. 85(5), pp. 1030-1051.

前島康男　2004,「いじめ問題と教師」『日本教師教育学会年報』13巻, 21-26頁。

鈎治男　1996,「学級集団におけるいじめ克服意識に関する探索的研究――学級活動の促進のための手がかりとして」『日本特別活動学会紀要』第5号, 52-64頁。

正高信男　1998,『いじめを許す心理』岩波書店。

Matza, D. 1964, *Delinquency and Drift*, John Wiley, New York.

間山広朗　2002,「概念分析としての言説分析 ──『いじめ自殺』の〈根絶＝解消〉へ向けて」『教育社会学研究』第70集, 145-163頁.

間山広朗　2011,「いじめの定義問題再考 ──『被害者の立場に立つ』とは」北澤毅編『〈教育〉を社会学する』学文社.

Merton, R. K. 1949, *Social Theory and Social Structure: Toward the codification of theory and research*, Free Press (=1961, 森東吾・森好夫・金沢実・中島竜太郎訳『社会理論と社会構造』みすず書房).

皆川州正　1996,「大学生からみた過去のいじめ経験(1) ── いじめの心理社会的構造」『日本心理学会第60回大会発表論文集』218頁.

三島美砂・宇野宏幸　2004,「学級雰囲気に及ぼす教師の影響力」『教育心理学研究』第52巻第4号, 414-425頁.

三品拓人　2019,「児童養護施設における子ども間の身体的な暴力の社会学的検討 ── 施設内における『男子性』の凝縮に着目して」『フォーラム現代社会学』第18号, 74-87頁.

三藤祥子・笠井孝久・濱口佳和・中澤潤　1999,「いじめ行為の評価と分類」『千葉大学教育実践研究』第6号, 191-200頁.

宮台真司　1994,『制服少女たちの選択』講談社.

水野君平・加藤弘通・太田正義　2017,「小学生のスクールカースト、グループの所属、教師との接触といじめ被害の関連」『心理科学』第38巻第1号, 63-73頁.

水野君平・太田正義　2017,「中学生のスクールカーストと学校適応の関連」『教育心理学研究』第65巻第4号, 501-511頁.

水野君平・日高茂暢　2019,「『スクールカースト』におけるグループ間の地位と学校適応感の関連の学級間差 ── 2種類の学級風土とグループ間の地位におけるヒエラルキーの調整効果に着目した検討」『教育心理学研究』第67巻第1号, 1-11頁.

水野君平・唐音啓　2019,「仲間関係研究における『スクールカースト』の位置づけと展望」『心理学評論』第62巻第4号, 311-327頁.

文部省　1984,『児童の友人関係をめぐる指導上の諸問題(小学校生徒指導資料3)』.

森口朗　2007,『いじめの構造』新潮社.

森本幸子　2004,「過去のいじめ体験における対処法と心的影響に関する研究」『心理臨床学研究』第22巻第4号, 441-446頁.

森下正康　1999,「『学校ストレス』と『いじめ』の影響に対するソーシャル・サポートの効果」『和歌山大学教育学部紀要(教育科学)』第49集, 27-51頁.

森田洋司・清永賢二　[1986]1994,『新訂版　いじめ ── 教室の病い』金子書房.

森田洋司総監修　1998,『世界のいじめ ── 各国の現状と取り組み』金子書房.

森田洋司　1999,「『現代型』問題行動としての『いじめ』とその制御」宝月誠編『講座社会

学　10　逸脱』東京大学出版会, 85-120頁。

森田洋司・滝充・秦政春・星野周弘・若井彌一編　1999,『日本のいじめ ―― 予防・対応に生かすデータ集』金子書房。

森田洋司監修　2001,『いじめの国際比較研究 ―― 日本・イギリス・オランダ・ノルウェーの調査分析』金子書房。

森田洋司　2010,『いじめとは何か ―― 教室の問題、社会の問題』中央公論新社。

望月正哉・澤海崇文・瀧澤純・吉澤英里　2017,「『からかい』や『いじめ』と比較した『いじり』の特徴」『対人社会心理学研究』第17号, 7-13頁。

元森絵里子　2015,「『子ども』の意志・教育の責任 ―― 民事判例に見る『いじめ自殺』をめぐる意味論の現在」『明治学院大学社会学・社会福祉学研究』145巻, 83-135頁。

村瀬学　1996,「いじめ」栗原彬編著『講座　差別の社会学　第1巻　差別の社会理論』弘文堂, 276-294頁。

内藤朝雄　2001,『いじめの社会理論 ―― その生態学的秩序の生成と解体』柏書房。

内藤朝雄　2007,『〈いじめ学〉の時代』柏書房。

内藤朝雄　2009,『いじめの構造 ―― なぜ人が怪物になるのか』講談社。

中原慧　2021,「移民的背景といじめ ―― TIMSSを用いた実証的分析」『京都社会学年報』第29号, 25-47頁。

中井大介・庄司一子　2006,「中学生の教師に対する信頼感とその規定要因」『教育心理学研究』第54巻第4号, 453-463頁。

中井久夫　1997,『アリアドネからの糸』みすず書房。

中井久夫　2016,『いじめのある世界に生きる君たちへ ―― いじめられっ子だった精神科医の贈る言葉』中央公論新社。

中澤篤史　2011,「学校運動部活動研究の動向・課題・展望 ―― スポーツと教育の日本特殊的関係の探求に向けて」『一橋大学スポーツ研究』30巻, 31-42頁。

中澤篤史　2014,『運動部活動の戦後と現在 ―― なぜスポーツは学校教育に結び付けられるのか』青弓社。

中澤篤史　2017,『そろそろ、部活のこれからを話しませんか ―― 未来のための部活講義』大月書店。

中澤渉　2012,「なぜパネル・データを分析するのが必要なのか ―― パネル・データ分析の特性の紹介」『理論と方法』27巻1号, 23-40頁。

野口裕二　2005,『ナラティヴの臨床社会学』勁草書房。

荻上チキ　2018,『いじめを生む教室 ―― 子どもを守るために知っておきたいデータと知識』PHP研究所。

岡田有司　2009,「部活動への参加が中学生の学校への心理社会的適応に与える影響 ―― 部活動のタイプ・積極性に注目して」『教育心理学研究』第57巻第4号, 419-431頁。

岡安孝弘・高山巌　2000,「中学校におけるいじめ被害者および加害者の心理的ストレス」『教育心理学研究』第48巻第4号, 410-421頁。

Olweus, D. 1993, *Bullying at School: What We Know and What We Can Do*, Oxford; Blackwell Publishers (=1995, 松井賚夫・角山剛・都築幸恵訳『いじめ　こうすれば防げる——ノルウェーにおける成功例』川島書店).

小野雄大・庄司一子　2015,「部活動における先輩後輩関係の研究」『教育心理学研究』第63巻第4号, 438-452頁。

大久保智生・加藤弘通　2006,「問題行動を起こす生徒の学級内での位置づけと学級の荒れおよび生徒文化との関連」『パーソナリティ研究』第14巻第2号, 205-213頁。

大村英昭・宝月誠　1979,『逸脱の社会学——烙印の構図とアノミー』新曜社。

大西彩子　2007,「中学校のいじめに対する学級規範が加害傾向に及ぼす効果」『カウンセリング研究』第40巻第3号, 199-207頁。

大西彩子・黒川雅幸・吉田俊和　2009,「児童・生徒の教師認知がいじめの加害傾向に及ぼす影響——学級の集団規範およびいじめに対する罪悪感に着目して」『教育心理学研究』第57巻第3号, 324-335頁。

大野俊和　1996,「被害者への否定的評価に関する実験的研究——『いじめ』の被害者を中心として」『実験心理学研究』第36巻第2号, 230-239頁。

大阪市立大学社会学研究室　1985,『いじめ集団の構造に関する社会学的研究』。

太田佳光　2007,「『逸脱と教育』に関する社会学的考察（Ⅱ）」『愛媛大学教育実践総合センター紀要』第25号, 153-160頁。

大坪治彦　1999,「いじめ傍観者の援助抑制要因の検討」『鹿児島大学教育学部研究紀要　教育科学編』第50巻, 245-256頁。

Quadagno, J. S. and Antonio, R. J. 1975, "Labeling Theory as an Oversocialized Conception of Man: The Case of Mental Illness," *Sociology and Social Research*, vol. 60 (October), pp. 33-45.

Rogers, J. W. and Buffalo, M. D. 1974, "Fighting Back : Nine Modes of Adaptation to a Deviant Label," *Social Problems*, vol. 22, No. 1 (October), pp. 101-118.

酒井朗　2000,「いじめ問題をどうとらえるか？」苅谷剛彦・濱名陽子・木村涼子・酒井朗編『教育の社会学——〈常識〉の問い方、見直し方』有斐閣, 2-23頁。

坂本昇一編　1996,『教育にとって「いじめ」とは何か』明治図書出版。

阪根健二　2009,「非行防止・犯罪被害防止教育への提言——実態調査から見えてくる対策と指導方略」『生徒指導学研究』第8号, 19-25頁。

作田誠一郎　2016,「『スクールカースト』における中学生の対人関係といじめ現象」『佛大社会学』第40号, 43-54頁。

作田誠一郎　2020,『いじめと規範意識の社会学——調査からみた規範意識の特徴と変化』

ミネルヴァ書房。

佐藤恵　2000,「被レイベリング者の受容的抵抗 ―― レイベリング論における抵抗観の再検討」『ソシオロジ』44巻3号, 39-55頁。

佐藤静一　1993,「学級『集団』・生徒『個人』次元の学級担任教師のPM式指導類型が生徒の学校モラールに及ぼす交互作用効果」『実験社会心理学研究』第33巻第1号, 52-59頁。

澤田涼・藤川寛之・古殿真大・内田良　2023,「四層構造論における教師の位置関係の再考 ―― 中学生によるいじめ相談に着目して」『名古屋大学大学院教育発達科学研究科紀要（教育科学）』第69巻第2号, 147-158頁。

澤田敏志　2012,「学校教育における『特別活動』再考の視点」『人文学研究所報（神奈川大学）』第48号, 25-34頁。

澤海崇文・望月正哉・瀧澤純・吉澤英里　2023,「『いじり』行為のもたらす感情経験 ――『からかい』および『いじめ』との比較による検討」『感情心理学研究』第30巻第1号, 1-10頁。

Schwartz, R. D. and Skolnick, J. H. 1964, "Two Studies of Legal Stigma," in Becker, H. S., ed., *The Other Side*, Free Press, pp. 103-107.

Seidman, D. and Couzens, M. 1974, "Getting the Crime Rate Dawn: Political Pressure and Crime Reporting," *Law and Society Review*, vol. 8, No. 3 (Spring), pp. 457-493.

芹沢俊介　2007,『「いじめ」が終わるとき ―― 根本的解決への提言』彩流社。

Sherif, M., Harvey, O. J., White, B. J., Hood, W. R., and Sherif, C. W. 1961, *Intergroup conflict and cooperation: The Robbers Cave experiments*. Norman, OK: University of Oklahoma Press.

志田未来　2020,「中学生の逸脱をめぐるエスノグラフィ ―― インタラクション・セットを手がかりとして」『教育社会学研究』第107集, 5-26頁。

清水貴裕・瀧野揚三　1998,「いじめの加害者に影響する被害者と第三者の反応」『大阪教育大学紀要　第Ⅳ部門』第46巻第2号, 347-363頁。

神藤貴昭・齊藤誠一　2001,「中学校におけるいじめとストレス」『研究論叢（神戸大学教育学会）』第8号, 23-35頁。

白石義郎　1985,「学校文化と生徒文化 ―― 生徒の社会学」柴野昌山編『教育社会学を学ぶ人のために』世界思想社, 128-144頁。

白岩玄　2004,『野ブタ。をプロデュース』河出書房新社。

白松賢　1997,「高等学校における部活動の効果に関する研究 ―― 学校の経営戦略の一視角」『日本教育経営学会紀要』第39号, 74-88頁。

白松賢・久保田真功・間山広朗　2014,「逸脱から教育問題へ ―― 実証主義・当事者・社会的構成論」『教育社会学研究』第95集, 207-249頁。

白松賢　2017,『学級経営の教科書』東洋館出版社.

週刊少年ジャンプ編集部編・土屋 守監修　1995,『ジャンプいじめリポート——1800通の心の叫び』集英社.

Simmons, R. 2000, *Odd Girl Out: The Hidden Culture of Aggression in Girls*, Harcourt（=2003　鈴木淑美訳『女の子どうしって、ややこしい！』草思社）.

Smith, P. K. and Sharp, S. (eds.) 1994, *School Bullying: Insights and Perspectives*, London, UK: Routledge（=1996　守屋慶子・高橋通子監訳『いじめととりくんだ学校——英国における4年間にわたる実証的研究の成果と展望』ミネルヴァ書房）.

Smith, P. K. 2014, *Understanding School Bullying: Its Nature and Prevention Strategies*, Sage Publications, London, UK（=2016　森田洋司・山下一夫総監修　葛西真記子・金綱知征監訳『学校におけるいじめ——国際的に見たその特徴と取組への戦略』学事出版）.

Spector, M. and Kitsuse, J. I. 1977, *Constructing Social Problems*, Menlo Park, Calif: Cummings Publishing（=1990　村上直之・中河伸俊・鮎川潤・森俊太訳『社会問題の構築——ラベリング理論をこえて』マルジュ社）.

須藤康介　2022,「外国にルーツを持つ児童のいじめ被害の傾向——全国レベルの量的把握と時系列比較」『生徒指導学研究』第21号, 46-54頁.

菅野盾樹　1986,『いじめ——学級の人間学』新曜社.

杉原一昭・宮田敬・桜井茂男　1986,「『いじめっ子』と『いじめられっ子』の社会的地位とパーソナリティ特性の比較」『筑波大学心理学研究』8号, 63-71頁.

住田正樹　2004,「子どもの居場所と臨床教育社会学」『教育社会学研究』第74集, 93-109頁.

住田正樹　2007,「いじめのタイプとその対応」『放送大学研究年報』第25号, 7-21頁.

スポーツ庁　2018,『平成29年度　運動部活動等に関する実態調査報告書』東京書籍.

鈴木康平　2000,『学校におけるいじめの心理』ナカニシヤ出版.

鈴木翔　2012,『教室内（スクール）カースト』光文社.

鈴木翔　2015,「なぜいじめは止められないのか？——中高生の社会的勢力の構造に着目して」『教育社会学研究』第96集, 325-345頁.

Sykes, G. M. and Matza, D. 1957, "Techniques of Neutralization: A Theory of Delinquency," *American Sociological Review*, vol. 22, No. 6, pp. 664-670.

高木修　1986,「いじめを規定する学級集団の特徴」『関西大学社会学部紀要』第18巻第1号, 1-29頁.

高野清純編　1986,『いじめのメカニズム』教育出版.

竹川郁雄　1993,『いじめと不登校の社会学——集団状況と同一化意識』法律文化社.

竹川和久・高木修　1988,「"いじめ"現象に関わる心理的要因——逸脱者に対する否定的態度と多数派に対する同調傾性」『教育心理学研究』第36巻第1号, 57-62頁.

竹村明子・前原武子・小林稔　2007,「高校生におけるスポーツ系部活参加の有無と学業の達成目標および適応との関係」『教育心理学研究』第55巻第1号, 1-10頁。

武内清　1981,「高校における学校格差文化」『教育社会学研究』第36集, 137-144頁。

滝充　1992a,「"いじめ"行為の発生要因に関する実証的研究——質問紙法による追跡調査データを用いた諸仮説の整理と検証」『教育社会学研究』第50集, 366-388頁。

滝充　1992b,「"いじめ"行為の発生・推移状況に関する実証的研究——"いじめ"行為の恒常化と加害・被害経験の一般化」『教育学研究』第59巻第1号, 113-123頁。

滝充　1996,『「いじめ」を育てる学級特性——学校がつくる子どものストレス』明治図書出版。

滝充　1999,『学校を変える、子どもが変わる』時事通信社。

詫摩武俊　1984,『こんな子がいじめる、こんな子がいじめられる』山手書房。

手塚洋介・上地広昭・児玉昌久　2003,「中学生のストレス反応とストレッサーとしての部活動との関係」『健康心理学研究』16巻2号, 77-85頁。

知念渉　2017,「『いじめ』問題がつくる視角と死角」片山悠樹・内田良・古田和久・牧野智和編『半径5メートルからの教育社会学』大月書店, 193-213頁。

知念渉　2018,『〈ヤンチャな子ら〉のエスノグラフィー——ヤンキーの生活世界を描き出す』青弓社。

戸田有一　1997,「教育学部生のいじめ・いじめられ経験といじめに対する意識」『鳥取大学教育学部教育実践研究指導センター研究年報』第6号, 19-28頁。

徳岡秀雄　1987,『社会病理の分析視角——ラベリング論・再考』東京大学出版会。

徳岡秀雄　1988,「自己成就的予言としてのいじめ問題」『関西大学社会学部紀要』第20巻第1号, 159-180頁。

友清由希子　2005,「女子グループ内でのいじめ場面における第三者の体験(1)——行動特徴の質的検討」『福岡教育大学紀要』第54号第4分冊, 153-161頁。

外山美樹・湯立　2020,「小学生のいじめ加害行動を低減する要因の検討——個人要因と学級要因に着目して」『教育心理学研究』第68巻第3号, 295-310頁。

塚本伸一　1998,「教師の勢力資源が中学生のモラールと学級雰囲気に及ぼす影響」『上越教育大学紀要』第17巻第2号, 551-562頁。

土屋基規・P. K. スミス・添田久美子・折出健二編　2005,『いじめととりくんだ国々——日本と世界の学校におけるいじめへの対応と施策』ミネルヴァ書房。

上間陽子　2002,「現代女子高校生のアイデンティティ形成」『教育学研究』第69巻第3号, 367-378頁。

上野耕平　2006,「運動部活動への参加による目標設定スキルの獲得と時間的展望の関係」『体育学研究』51巻1号, 49-60頁。

上野耕平・中込四郎　1998,「運動部活動への参加による生徒のライフスキル獲得に関す

る研究」『体育学研究』43巻1号, 33-42頁。

上地広昭 1999,「中学生のいじめの対処法に関する研究」『カウンセリング研究』第32巻第1号, 24-31頁。

梅田崇広 2018,「〈いじめ〉をめぐる語りの構築過程──流動的な語りから語りの一元化へ」『教育社会学研究』第103集, 69-88頁。

内田良 2017,『ブラック部活動──子どもと先生の苦しみに向き合う』東洋館出版社。

内田良・斉藤ひでみ編 2018,『教師のブラック残業──「定額働かせ放題」を強いる給特法とは⁈』学陽書房。

山岸竜治 2019,「『いじめの四層構造』を描いたのは誰か──いじめにおける教師の位置に関する考察」『社会臨床雑誌』第26巻第3号, 82-88頁。

山口季音 2010,「女性間ハラスメント被害者の語りとジェンダー規範」『教育科学セミナリー（関西大学教育学会）』第41巻, 16-28頁。

山口季音 2013a,「『被害者』による暴力の肯定的な受容に関する考察──異年齢の生徒集団における『通過儀礼』としての暴力」『教育社会学研究』第92集, 241-261頁。

山口季音 2013b,「児童養護施設の児童集団における暴力と仲間文化──施設でのフィールドワークから」『子ども社会研究』19号, 77-89頁。

山口昌男 1988,『学校という舞台──いじめ・挫折からの脱出』講談社。

山本雄二 1996,「言説的実践とアーティキュレイション──いじめ言説の編成を例に」『教育社会学研究』第59集, 69-88頁。

山崎洋 1996,「いじめにおける第三者の援助態度を抑制する要因」『日本教育心理学会第38回総会発表論文集』266頁。

山崎森 1985,『いじめの構図』ぎょうせい。

柳治男 2005,『〈学級〉の歴史学──自明視された空間を疑う』講談社。

保田直美 2003,「臨床心理学における科学性規準の変遷」『教育社会学研究』第72集, 131-149頁。

八並光俊 2002,「いじめを原因とする不登校生徒へのチーム援助効果の分析」『生徒指導学研究』第1号, 106-115頁。

吉田道雄 1992,「中学生における担任・非担任学級の生徒に及ぼす教師のリーダーシップ」『熊本大学教育学部紀要（人文科学）』第41号, 227-237頁。

和久田学 2019,『学校を変える　いじめの科学』日本評論社。

渡部雅之・奥田陽子・太田祥子 2001,「いじめへの介入における傍観者と教師の意識と役割」『滋賀大学教育学部紀要（人文科学・社会科学）』第51巻, 19-33頁。

初 出 一 覧

　本書の一部については筆者がすでに発表した以下の論文をもとにして、それぞれ加筆修正を施したものである。

序　章　久保田真功　2012, 「国内におけるいじめ研究の動向と課題——いじめに関する3つの問いに着目して」『子ども社会研究』18号, 53-66頁。

第1章　久保田真功　2003, 「学級におけるいじめ生起の影響要因の検討——学級集団特性と教師によるいじめ予防策に着目して」『日本特別活動学会紀要』第11号, 95-104頁。

第2章　久保田真功　2003, 「いじめ体験が小学生の心身に及ぼす影響——学級集団認知に着目して」『生徒指導学研究』第2号, 78-88頁。

第3章　久保田真功　2004, 「いじめへの対処行動の有効性に関する分析——いじめ被害者による否定的ラベル『修正』の試み」『教育社会学研究』第74集, 249-268頁。

第4章　久保田真功　2003, 「いじめを正当化する子どもたち——いじめ行為の正当化に影響を及ぼす要因の検討」『子ども社会研究』9号, 29-41頁。

第5章　久保田真功　2013, 「なぜいじめはエスカレートするのか?——いじめ加害者の利益に着目して」『教育社会学研究』第92集, 107-127頁。

第6章　久保田真功　2010, 「逸脱傾向にある子どもたちはなぜいじめを黙って見ているのか?——中学生を対象とした質問紙調査をもとに」『生徒指導学研究』第9号, 57-66頁。

第7章　久保田真功　2018, 「クラス内ステイタスの構造とその発生メカニズムの検討——中学生を対象とした質問紙調査をもとに」『教職教育研究』第23号, 43-54頁。

第8章　久保田真功　2020, 「部活動におけるいじめはなぜ起きるのか?——大学生を対象とした回顧調査をもとに」『教職教育研究』第25号, 49-63頁。

終　章　書き下ろし

##　あとがき

　本書は、2024年4月に広島大学大学院人間社会科学研究科より博士学位（教育学）を授与された論文、『いじめをめぐる子どもたちの意識と行動に関する実証的研究――「いじめ集団の四層構造論」の批判的検討』に加筆修正を施したものである。私にとっては、初めての単著となる。本書では、いじめについて検討するにあたり、次の2つを重要な切り口とした。1つは、「いじめ集団の四層構造論」である。この考え方は、いじめに関する多くの調査研究において理論的枠組みとして採用されている。もう1つは、ラベリング理論である。この理論は、代表的な逸脱の社会学理論の1つである。これら2つとの出会いがなければ、本書は誕生することはなかった。以下では、「いじめ集団の四層構造論」およびラベリング理論との出会いを、私自身のライフヒストリーを交えてお話ししたい。

　まずは、「いじめ集団の四層構造論」との出会いについてである。私が大学に入学したのは、1993年4月のことである。その当時、いじめに関する人々の関心は、すでに高かった。1986年の「いじめ自殺事件」を契機に、いじめは社会問題化の第1のピークを迎えていたからである。そのため、私もいじめに対して漠然とした関心を抱いており、卒業論文のテーマをいじめにした。いじめについて卒業論文を書くことを決めてはみたものの、当初はどのように書き進めていけばよいのか、まったくわからなかった。このような状況のなか、指導教員であった原田彰先生（広島大学名誉教授）から、ある本を勧めていただいた。その本が、森田洋司氏・清永賢二氏の両名によって執筆された、『いじめ――教室の病い』（金子書房）である。これが「いじめ集団の四層構造論」との出会いだった。当時の私は、恥ずかしながら、論文を書いた経験がほとんどないばかりか、論文や学術書を読むこともあまりなかった。そのため、「本に書かれている内容をどこまで理解することができてい

たのか」ということを問われれば、かなり怪しいと言わざるを得ない。その一方で、「いじめ集団の四層構造論」の考え方に興味を持つとともに、"社会学、とりわけ犯罪社会学の知見にもとづき、いじめという現象にアプローチする"という研究上のスタンスに、新鮮さを感じた。『いじめ——教室の病い』との出会いにより、卒業論文の方向性がある程度定まった。"学級集団のあり様がいじめの発生状況を左右する"という考えにもとづき、『学級集団といじめ』というタイトルで卒業論文を執筆した。

　ただし、卒業論文については、苦い思い出がある。卒業論文を書き終えたあと、指導教員である原田先生の許しを得ずに、勝手に印刷会社に卒業論文の製本をお願いした。そのことを事後的に原田先生にお伝えしたところ、普段穏やかである原田先生が激怒された。卒業論文には、「はじめに」と「おわりに」がない上に、ページ数も記載されていなかったからである。慌てて印刷会社の方に連絡し、卒業論文の製本を一時中断していただいた。その日は雪が降っていたが、大学から印刷会社までの道をトボトボと歩いていった。この件は、その後に「笑い話」となった。原田先生は一緒にお酒を飲んでいる際に、よくこの話をされたが、今でも思い出すと恥ずかしい気持ちでいっぱいになる。

　次に、ラベリング理論との出会いについてである。大学を卒業したあと、「もっといじめや教育社会学について勉強したい」という気持ちから、大学院に進学した。大学院に進学してからは、「自分には絶対的に知識が不足している」という自覚があったため、論文や学術書を手当たり次第に読んでいった。そのような状況のなか、懇意にしていただいていた先輩から、ある本を勧めていただいた。その本が、ベッカー氏によって執筆された、『新装アウトサイダーズ——ラベリング理論とはなにか』（新泉社）である。村上直之氏の翻訳が素晴らしかったこともあり、とても読みやすく、内容にも興味を引かれた。この本との出会いにより、社会学の面白さと魅力に気づいた、と言っても過言ではない。その後、「ラベリング理論についてもっと知りたい」という思いから、宝月誠氏によって執筆された、『逸脱論の研究——レイベリング論から社会的相互作用論へ』（恒星社厚生閣）を読んだ。この本で

は、"ラベリング理論がこれまでの逸脱の社会学理論とどのように異なるのか"ということや、ラベリング理論の意義や問題点などが丁寧に説明されているとともに、ラベリング理論に関連する文献も多数紹介されていた。これらの文献についても読み進めていくなかで、ラベリング理論に対する理解が深まっていくとともに、より一層ラベリング理論に興味を引かれることとなった。それと同時に、「ラベリング理論の知見をもとに、いじめという現象を説明できるのではないか」という直感的な思いが強くなっていった。このような思いのもと、修士論文を執筆した。そのタイトルが、『いじめ問題への逸脱論からのアプローチ —— ラベリング理論を中心に』である。

　卒業論文にしろ、修士論文にしろ、今読み返してみると、とても拙いものである。正直なところ、到底人に見せられるものではない。しかし一方で、本書のアイデアが、卒業論文と修士論文の双方にすでに散りばめられている、ということもまた事実である。このことを踏まえると、本書は、学部生時代および大学院生時代に、未熟ながらもいろいろと考えたことの積み重ねの上に成り立っている、と言える。

　ただし、学生時代、とりわけ大学院生時代については、今自分がしていることが将来につながる、という実感をほとんど持てずにいた。学部で卒業した友人たちから取り残されたような気持ちとなり、いささか卑屈にもなっていた。すでに社会人となった友人と大学院生であった私とでは、生活水準が大きく異なっていたからである。焼肉屋に行くにしても、お互い学生であったときには「食べ放題3000円」の店で満足していたのが、社会人である友人が選ぶ店は食べ放題ではなく、1人当たり5000円以上の店となった。そのため、焼肉を食べている間も、「一体いくらになるのだろう」ということが気になり、食べることに集中することができなかった。また、私が大学院生時代に結婚する友人も多数出てきて、結婚式に参加するための費用を捻出するのに大変苦労した。今、私が大学院生時代の自分に会うことができるとしたなら、「あなたがやっていることは、決して無駄にはならないよ」と言って励ましてやりたい。そのようなことはできるはずはないし、知らないおじさんからそのようなことを言われたとしても怖いだけだと思うが。

本書を世に出すことができたのは、「いじめ集団の四層構造論」やラベリング理論との出会いだけではなく、様々な方々との出会いがあったからである。最後に、お世話になった方々に感謝の言葉を述べさせていただき、「あとがき」を締めくくることとしたい。いじめに関する研究を進めていく際、指導教員であった原田彰先生と山田浩之先生（広島大学）からは、様々なご助言をいただくとともに、公私ともに大変お世話になった。先生方との出会いがなければ、いじめについて研究を続けていくことは難しかったかもしれない。この場をお借りして、心より感謝申し上げます。

　また、本書が博士学位請求論文に加筆修正を施したものである、ということは先述した通りだが、論文を審査してくださった、山田浩之先生、佐々木宏先生（北海道大学）、滝沢潤先生（広島大学）、尾川満宏先生（広島大学）からは、数多くの貴重なご助言をいただいた。本当にありがとうございました。

　さらに、私の両親は、私の大学院進学を快く認めてくれた。両親には、多大な金銭的負担をかけた。就職するまでの間、実家で居候をさせてもらった。大学院生のなかには、親からの援助をほとんど受けず、研究に励んでいる人たちもいる。そのことを考えると、私はとんだ「甘ちゃん」であるとともに、家庭的にとても恵まれていたと思う。私が今、曲がりなりにも「研究者」という立場でいられるのは、両親の応援があったからにほかならない。本当にありがとう！

　出版に際しては、関西学院大学出版会の田村和彦先生、戸坂美果氏、松下道子氏にお力添えをいただいた。また、本書は、『関西学院大学研究叢書』として出版補助を受けた。本書の出版に関わってくださった方々に厚く御礼申し上げます。

　末筆ながら、本書が何らかの形で、現在いじめに苦しんでいる子どもたちや、過去に受けたいじめによる心の傷に今も苦悩している人々の助けに少しでもなれば幸甚である。

著者略歴

久保田真功（くぼた・まこと）

1974年広島県生まれ。広島大学教育学部教育学科卒業、広島大学大学院教育学研究科教育科学専攻博士課程後期単位取得退学。富山大学教育学部講師、富山大学人間発達科学部准教授を経て、現在、関西学院大学教職教育研究センター教授。博士（教育学）。

主要論文として、「いじめへの対処行動の有効性に関する分析——いじめ被害者による否定的ラベル『修正』の試み」（日本教育社会学会『教育社会学研究』第74集）、「国内におけるいじめ研究の動向と課題——いじめに関する3つの問いに着目して」（日本子ども社会学会『子ども社会研究』18号）、「保護者や子どもの問題行動の増加は教師バーンアウトにどのような影響を及ぼしているのか？」（日本教育経営学会『日本教育経営学会紀要』第55号）、「なぜいじめはエスカレートするのか？——いじめ加害者の利益に着目して」（日本教育社会学会『教育社会学研究』第92集）、「なぜ少年は万引きをするのか？——少年の万引き被疑者および一般の中高生を対象とした質問紙調査をもとに」（関西学院大学教職教育研究センター『教職教育研究』第26号）など。

関西学院大学研究叢書　第266編

いじめをめぐる意識と行動
　　「いじめ集団の四層構造論」の批判的検討

2025年3月31日初版第一刷発行

著　者　久保田真功

発行者　田村和彦
発行所　関西学院大学出版会
所在地　〒662-0891
　　　　兵庫県西宮市上ケ原一番町1-155
電　話　0798-53-7002

印　刷　株式会社クイックス

©2025 Makoto Kubota
Printed in Japan by Kwansei Gakuin University Press
ISBN 978-4-86283-389-1
乱丁・落丁本はお取り替えいたします。
本書の全部または一部を無断で複写・複製することを禁じます。